中原民兵研究(1973—1985）

——转型中的中原民兵

张 勇 著

新华出版社

图书在版编目（CIP）数据

中原民兵研究：1973—1985：转型中的中原民兵 /张勇著

北京：新华出版社, 2021.3

ISBN 978-7-5166-5735-5

Ⅰ.①中… Ⅱ.①张… Ⅲ.①民兵－研究－河南－
1973－1985 Ⅳ.①E287.61

中国版本图书馆CIP数据核字(2021)第049190号

中原民兵研究：1973—1985：转型中的中原民兵

作　　者：张　勇

责任编辑：唐波勇	**封面设计：**优盛文化

出版发行：新华出版社

地　　址：北京石景山区京原路8号		**邮　　编：**100040
网　　址：http://www.xinhuapub.com			
经　　销：新华书店、新华出版社天猫旗舰店、京东旗舰店及各大网店			
购书热线：010-63077122		**中国新闻书店购书热线：**010-63072012

照　　排：优盛文化

印　　刷：定州启航印刷有限公司

成品尺寸：170mm×240mm

印　　张：12.75		**字　　数：**230千字
版　　次：2021年3月第一版		**印　　次：**2021年3月第一次印刷

书　　号：ISBN 978-7-5166-5735-5

定　　价：68.00元

前　言

　　1973—1985 年是中国社会发生重大转型的时期。在这一时期，我国结束了文化大革命，进行了经济体制改革，社会的政治、经济、社会生活等发生了巨大变化。在此时期，我国的民兵工作也发生了重大转型，是社会的变革，尤其是经济体制的变革决定了民兵工作的变革。民兵制度是毛泽东人民战争思想的体现，它作为我国国防体制的一部分，是要服从和服务于我国社会经济发展的，符合社会发展规律的民兵制度的变革也会极大地促进中国社会经济的发展。对于这一历史现象，本书以武汉军区领导下的中原民兵为切入点，主要从四个方面开展研究。

　　本书第一章介绍中原民兵的政治生活。阐述了从政治运动中的急先锋到为社会主义"两个文明"服务这一历史过程。第二章介绍中原民兵的组织调整、战备训练、武器装备。民兵的训练经历了由大规模的普遍训练到集中化、正规化的重点训练这一转变过程；党的十一届三中全会以后，随着城乡经济体制的逐步改革以及各种承包责任制的出现，民兵组织也在发生渐进性的调整，直至 1981 年开始的民兵组织全面调整；随着城乡流动人员的增多，民兵武器的保管制度也发生了变化。第三章介绍中原民兵在经济建设中的作用。计划经济体制时期，民兵以成建制的集体劳动为主，在当时由于生产力落后以至于很多劳动还要靠手工来完成的社会条件下，民兵在生产劳动中发挥了主力军作用。改革开放历史新时期，民兵在各级人民武装部门的领导下，充分发挥自身优势，带头勤劳致富，农村民兵中涌现的众多"万元户""专业户"以及大量经济联合体，起到了很好的辐射带动作用；城市民兵也积极开展为工厂改革献计献策、技术革新、进行承包等活动，对改革开放初期党的城乡经济体制改革政策的顺利推进起到了极大地促进作用。第四章介绍中原民兵在社会功能方面发挥的作用。民兵始终是一支应对突发事件的生力军，在应对抗洪抢险、救火等突发事件中发挥了重大作用；民兵还是公安部门的有力助手和保护国家财产的坚强卫士，在协助公安部门打击刑事犯罪，巡逻执勤，守卫重要铁路、桥梁、隧道等方面做出了突出贡献。中原民兵还是精神文明建设的主力军，在各级人民武装部门的领导下，开展学雷锋"为您服务"、建设文明村、创建文明城市等，对改变城乡风貌、形成良好的社会风气起到了巨大的辐射和带动作用。

本书的最后将重点从经济体制转变、国际形势改变、国防思想变化以及政治背景等四个方面对中原民兵转型的这一历史原因进行论述分析，并对我国民兵未来的发展，尤其是民兵在未来高科技战争中的作用提出了一些见解和看法。

本书在写作过程中参考和借鉴了一些专家学者的研究成果，在此对他们表示衷心的感谢。由于时间以及作者的水平所限，书中难免有不足之处，真诚地欢迎各位读者提出宝贵的意见和建议。

张　勇

2020 年 6 月

目　录

绪　论

一、选题意义

民兵是我国"三结合"武装力量的重要组成部分，是中国人民解放军的得力助手，是开展人民战争的社会基础，是一支具有光辉战斗历程的武装力量。我国民兵在长期的革命战争和社会主义现代化建设事业中发挥了极其重要的作用。为适应改革开放和以经济建设为中心的社会主义现代化建设需要，我国从 1985 年至今已经历了数次大规模的裁军，这得益于在精干的常备军基础上，有一支强大的民兵预备役作后盾。搞好新时代的民兵工作，对于巩固国防，增强国防威慑力量，维护国家安全和祖国统一，维护社会主义建设成果，具有重大的战略意义。

《中华人民共和国兵役法》规定："民兵是不脱离生产的群众武装组织，是中国人民解放军的助手和后备力量。"[①] 这一规定明确了我国民兵的性质。我国民兵是中国共产党领导下的不脱离生产的群众性武装组织，是中华人民共和国武装力量的组成部分，是中国人民解放军的助手和后备力量。我国民兵的性质，既体现了一般意义上民兵的性质，又确切地反映了我国民兵的特殊性质。因此，我国民兵具有以下特点。①群众性，是指民兵的组成成分。在革命战争年代，广大劳苦大众在中国共产党的领导下，为了自己的翻身解放，积极投身于革命的行列，除一部分人参加红军外，更多的人参加了农民自卫军和工人纠察队，他们是农民不离田、工人不离厂，一边坚持生产，一边坚持斗争。民兵的这一群众性的本质特征一直保持到今天，在今天的社会主义市场经济的新形势下，民兵坚持这一性质，可以做到平时少养兵、战时多出兵，既有利于集中财力、物力加强经济建设，又有利于实行精干的常备军与强大的后备力量相结合。②普遍性，是指民兵

---

① 　全国人民代表大会常务委员会. 中华人民共和国兵役法 [M]. 北京：中国法制出版社，1999.

的广泛参与性。我国的乡镇和企业、事业单位都建立了民兵组织，民兵人数众多，民兵组织遍布全国广大城乡。③军事性，是指民兵要执行军事任务。因此，在编组上，是按照班、排、连、团的序列编成，并且有严密的组织和严格的纪律，因此它的成员具备一定的军事素质。

在当今新的历史条件下，坚持我国民兵的这些特点，有利于民兵在保卫祖国的安全和社会稳定中充分发挥作用，尤其是在我国现役部队减少的情况下，保持民兵的群众性和普遍性，既可以节省军费开支，又能保持相应的国防实力。

我国民兵在革命战争年代和社会主义现代化建设时期都发挥了重大作用。在新的历史时期，民兵的地位依然十分重要，它不仅是巩固国防、抵御侵略、维护和平的一支重要力量，也是建设社会主义物质文明和精神文明的一支重要力量。它的作用主要体现在以下五个方面。

第一，民兵是进行高技术条件下人民战争的基础。在未来高科技局部战争条件下，不管武器装备如何发展，都改变不了人民战争的基本规律，改变不了"兵民是胜利之本"的根本原理，在处于高技术条件下的人民战争中，民兵在配合部队作战、补充部队兵员、支援前线作战、巩固后方等方面都将发挥巨大作用，可以充分发挥"三结合"武装力量的整体威力，民兵将是人民解放军的助手和强大的后备力量。

第二，民兵是遏制战争的战略威慑力量。前英国元帅蒙哥马利1958年访问中国，在参观了广州市的民兵表演后说："战争，光靠原子弹解决不了胜负问题，谁要想入侵中国，碰到了中国的民兵，是进得去，出不来的。"①这显示了我国民兵的强大威慑力量。帝国主义、霸权主义之所以不敢对我国轻举妄动，不仅因为我们有一支强大的常备军，还因为我们有一支强大的后备力量，有一支陷敌人于灭顶之灾的、犹如汪洋大海的民兵队伍。

第三，民兵是实行精兵政策的强大后盾。"兵少则不足卫，兵多则不胜其养"这句话充分说明了养兵和出兵的矛盾。在和平时期，建设和发展是任何一个国家的战略重点，我国也不例外。在以经济建设为中心的今天，我们不可能也没有必要保持一支庞大的常备军，因此，保持一支强大

---

① 刘宗武，刘光明. 毛泽东捍卫民族独立的理论与实践 [M]. 武汉：华中师范大学出版社，1998: 13.

的后备力量将是解决这个问题的关键。加强民兵建设，实现真正意义上的"平时少养兵，战时多出兵"，常备军的精简才不会导致国防实力总体水平的降低。

第四，民兵是巩固人民民主专政的重要工具。在战时，民兵的主要任务是作战；在平时，民兵的任务则主要体现在用暴力手段与极少数敌视和破坏社会主义事业的敌对分子及各类刑事犯罪分子作斗争。民兵配合公安部门维护社会治安，具有独特的优势，能起到其他武装组织不能替代的作用，尤其在边远地区和没有军队以及警力不足的地区，由于民兵人多地熟，可以招之即来，快速应对突发事件，是公安部门维持地区稳定的得力助手。

第五，民兵是社会主义建设的骨干和生力军。民兵是由广大人民群众中的优秀分子组成的，他们分布于各行业、各条战线，大多数是青壮年；且民兵组织还具有组织严密、纪律严格、作风过硬、突击力强等特点，这是其他群众组织所不能比拟的，这些特点决定了民兵在社会主义建设中能发挥骨干和生力军作用。在国家大型工程建设中，如葛洲坝、京九铁路、三峡工程等，民兵都做出了重要贡献，而且民兵也是保卫人民群众生命财产的坚强卫士，如1998年抗洪抢险、2008年抗雪灾等，民兵都充分发挥了主力军和突击队的作用。

实践证明，民兵工作无论是在革命战争年代，还是在进行社会主义经济建设的今天，都是极为重要的，因此，对民兵的研究也极具现实意义。

本书拟以1973—1985年期间的中原民兵为切入点。这13年中，中原民兵经历了从以阶级斗争为中心到以经济建设为中心的转型。在此期间，中原民兵在政治生活、战备、生产建设、社会功能等方面，也体现出不同的特点。本书主要是想通过对这个时期的中原民兵个人、基层组织等组成民兵的具体"单元"进行研究，突出民兵作为"民"和"兵"的双重身份，但更注重民兵在社会中的作用，从而摆脱以往只从整体理论上研究，而忽视民兵作为个体的研究方法。民兵是参与社会变革的重要力量，这是由它的群众性、普遍性的特点决定的，但社会变革（转型）也会深深地影响民兵，使其思想行为发生重大变化。由于其自身的特点（以青壮年为主，且具有较强的组织性、纪律性），他们对于新事物的接受能力也是比较快的，如果对民兵思想有正确的引导，将使民兵作为"群众标兵"的功能得到充分的发挥，这将对社会产生巨大的榜样示范带动作用，从而更好地推动社会变革的发展。从改革开放到今天蓬勃发展的社会主义市场经济，社会在经历新的转型，民兵也在经历新的变化。民兵作为社会变革中的一分子，其思想行为也在发生改变。本书通过对 1973—1985 年这个典型的转型时期的中原民兵个体或基层思想行为的研究，来探讨民兵工作发展的一般规律，对于确立我们今天民兵工作的指导思想，将具有重要的借鉴意义。

我们首先回顾一下古今中外民兵的发展历史。

在世界古代史上，几个著名的文明古国在初始阶段都曾采用民兵制度。在欧洲，希腊和罗马各城邦最初都是依靠自由民组成民兵，"共和初期，罗马沿袭公民兵制和重装步兵方阵制"。[①] 而最终"征服罗马帝国的日耳曼游牧民族，是人人都能打仗的部落……民兵理论更作为一种遗产留传下来"。

在古代的亚洲，西亚的苏美尔人就建立了属于民兵性质的军队。古代埃及前 2000—前 1786 年就有了民兵，到了"第 18 代的埃及王朝……古老的埃及民兵逐渐变成了一支组织良好的陆军"。[②]

在北美洲，早期的英法殖民者把他们的民兵制度移植到了北美。这种民兵的组织性质在 1611 年的弗吉尼亚法典中得到了阐明，短短的几年之后便完全按照英国民兵的模式组织起来。

在近代，民兵伴随着资产阶级革命的序幕同新兴的资产阶级一起登上了历史舞台。1642 年，英国爆发内战。代表资产阶级和新贵族革命势力的国会阵营在支持自己的城市平民和广大农民群众中组织了民兵队，在同拥有军队的国王阵营对抗中发挥了巨大的作用。在 18 世纪中叶的美国，以民兵为主体的大陆军在华盛顿的领导下，经过 8 年奋战最终赢得了独立战争的胜利。

在现代，无产阶级领导下的俄国工人民兵在十月革命中发挥了巨大的作用。而在第二次世界大战后期兴起的民族、民主解放运动中，革命的民众武装积极配合苏联红军和盟军的正面战场，以其斗争的正义性和彻底性，向世人展示了真正的人民战争的无比威力。

在中国，中国人民在中国共产党的领导下，走农村包围城市、武装夺取政权的道路，依靠民众进行人民战争，最终推翻了压在中国人民头上的三座大山，取得了中国革命的胜利。民兵始终是不可缺少的重要武装力量，为世

---

① 吴于廑，齐世荣.世界史：古代史编（上卷）[M].北京：高等教育出版社，1994：326.

② 富勒.西洋世界军事史（第一卷）[M].钮先钟，译.桂林：广西师范大学出版社，2004：7.

界民兵的历史写下了新的篇章。

直到今天，世界上的许多国家仍采用民兵制度，如瑞士的武装民兵、朝鲜的工农赤卫队、美国的国民警卫队、伊拉克的民兵、罗马尼亚的爱国卫队、澳大利亚的国民训练兵……这一切似乎都在说明：古老的民兵制度不仅依然存在，而且仍具有很强的生命力。

民兵制度在我国也有悠久的历史，我国早在周代就开始了"井田学校之天下，寓兵于农"，即建立了兵农合一的制度。

秦汉时期，"观诸少吏，皆佩服武装，则其所督率之伍长里魁之民，皆为兵可知，此所谓普通民兵也"，同时出现了特殊的民兵——家兵，"其次后汉朱锈攻交趾之家兵，与其击张燕于河内之家兵，则特殊民兵也"。可见，在秦汉时期，不仅出现了普通民兵，还出现了"家兵"这一特殊的民兵形式。

而"民兵"一词正式出现则是在唐朝时期。在唐代"列道之守御府兵，以折冲果毅都尉教练而番上之，即普通民兵也"。唐代的府兵制在其本质上也是一种民兵制度。

在宋代，"宋元熙中取诸路义勇为保甲，熙宁四年诏京内保丁肆习武事"，可见，宋代保甲兵制度也是一种民兵制度。

元代时，由于蒙古人实行高压政策，规定汉人、南人、高丽人不得持兵，故元代的民兵不是很兴盛。

明代时，"于分红工兵外，各县设有民壮，千百数人至百十人不等"。民兵——即民壮成为其正规军的重要辅助力量。

在清代，"清之普通民兵，仍沿明代弓兵民壮之旧制，及乎平三省教匪，与咸同时之团练乡勇，则特殊民兵也"。[1]清代的民兵沿袭了明朝的旧制，在镇压人民起义的过程中发挥了重大作用，不仅镇压了白莲教的起义，而且后来在曾国藩的领导下也镇压了太平天国起义，为维护清朝统治发挥了极重要的作用。

在近现代，民兵在中国共产党的领导下，在反帝反封建的革命斗争中发挥了巨大的作用。

在大革命时期，在中国共产党的领导下，民兵是人民群众反帝反侵略的一种重要组织形式，也是帮助北伐军反对北洋军阀的重要辅助力量。如

---

① 徐炳龙.历代民兵考略 [M].武汉：武昌椿华楼，1934.

在河南，1923年7月京汉铁路总工会郑州铁路分会委员史文彬、李震瀛等组织工人成立"铁路工人纠察团"。[1] 在湖北，自1924年1月中国共产党第四次全国代表大会作出《对于农民运动之决议案》后，湖北农民运动日见高涨。受广东影响，"湖北的农民也渐渐起来组织农民协会了"，并建立了农民自卫军，以反封建地主、土豪劣绅的封建压迫，以防土匪和兵灾。1927年3月4日，在湖北省党部指挥湖北省农民部召开第一次全省农民代表大会后，在中共的领导下，有30多个乡村的封建统治被打得落花流水。[2]

在土地革命战争、抗日战争以及解放战争中，中国共产党领导下的中原民兵成为反对蒋介石独裁专制统治以及日本帝国主义侵略的重要力量，如在第二次国内革命战争中，郑州市人民积极响应中国共产党的"八七会议"号召，广泛组织暴动。在14年抗战中，郑州市民兵参加大小战斗近百余次，配合人民解放军消灭日伪汉奸2万余人。在第三次国内革命战争中，郑州民兵大力支援人民解放军的战略防御、战略反攻，踊跃参军参战。[3]

在中国共产党领导下的民兵组织，成为反帝反侵略的重要力量，但北洋军阀、蒋介石政府所领导下的巡缉队、民团、保安队等民兵组织则成为人民的敌人，如1912年，郑州地区各县相继成立警备队或巡缉队，队长均由豪绅担任。在第二次国内革命战争时期，1933年河南郑县设保安队。1934年12月，郑县改保安队为壮丁总队，县长兼总队长，下辖7区、679保，共有壮丁7 309人。在第三次国内革命战争时期，如1946年秋，国民党以"巩固郑州治安"为由，将郑州军、警、宪及一切地方武装等组成"郑州军、宪、警联合稽查处"。[4]

新中国成立后到1966年前，中原民兵的发展经历了三个重要的阶段。

中华人民共和国建立初期（1949—1957年）。这一阶段民兵的历史贡献主要表现在消灭国民党反动派的残余势力、建立稳固的社会秩序、迅速恢复国民经济、巩固新生的人民政权。据不完全统计，1950—1952年，湖北全省民兵单独配合部队剿匪作战7 496次，参战人数96 353人，毙、伤

[1] 郑州市地方史志编纂委员会.郑州市志（第2分册 军事卷）[M].郑州：中州古籍出版社，1998：577.

[2] 解放军武汉军分区.武汉民兵简史[M].武汉：武汉出版社，1988：24-25.

[3] 郑州市地方史志编纂委员会.郑州市志（第2分册 军事卷）[M].郑州：中州古籍出版社，1998：608.

[4] 同上书，第575-577页。

敌 4 523 名，俘敌 7 405 名，瓦解敌 237 名，缴获步马枪 5 480 支，土枪 16 936 支，其他长短枪 6 568 支，轻重机枪 176 挺，各种炮 326 门，刀矛 69 046 把，各种子弹 515 358 发，炮弹 9 865 发，手榴弹 9 506 枚，火药 5 096.4 公斤，为保卫土地改革的成果、巩固新生的人民民主政权做出了巨大的贡献。①

大办民兵时期（1958—1966 年）。当时基于对国际国内阶级斗争形势的分析，1958 年，中央政治局北戴河会议通过了《中共中央关于民兵问题的决定》，指出必须在全国范围内，把能拿起武器的男女公民武装起来，以民兵组织的形式，实行全民皆兵。同时，毛泽东先后发表了"大办民兵师"和"民兵工作三落实"的指示，在全国掀起了大办民兵的热潮，民兵的人数得到了迅猛的发展，如河南省"到 1959 年初，全省共建民兵师 329 个、民兵团 3 814 个，民兵总数达 1 890 万人，占全省总人口的 39.1%"。②

1966 年后，受政治运动的影响，民兵组织也受到了严重的冲击，政治运动"严重冲击和破坏了各级民兵的领导机构，干扰了民兵建设的方向，挫伤了广大民兵和人武干部的积极性，民兵组织处于瘫痪半瘫痪状态"。③但这场政治运动从一开始就受到广大民兵和专职人民武装干部不同程度的抵制，广大民兵始终坚守在生产工作岗位，民兵工作在艰难中开展。

特别是在 1973 年，"四人帮"插手民兵工作，号召学习上海"新鲜经验"，组建"民兵司令部"，建立听命于他们的"第二武装"。因此，这一时期的民兵既体现了毛泽东时代大办民兵的特点，又体现了"四人帮"对民兵工作的破坏，以及广大民兵群众和专职人民武装干部对"四人帮"和政治运动的抵制这一鲜明特征，选取这一时间段的民兵工作来研究民兵工作的转型具有典型意义。本书将从这一时间段开始。

二、研究现状

（一）中华人民共和国成立后对民兵的研究

在民兵研究方面，以军队政工部门、群工部门为主的宣传、教育材料

① 湖北省地方志编纂委员会.湖北省志（军事志）[M].武汉：湖北人民出版社，1996：630.

② 河南省地方史志编纂委员会.河南省志（第二十二卷 军事志）[M].郑州：河南人民出版社，1995：636.

③ 湖北省军区.湖北民兵史话 [M].武汉：湖北人民出版社，1984：297.

是不少的，如《以路线教育为纲 加强民兵建设》①《加强民兵建设 做好反侵略战争的准备》②《学习无产阶级专政理论》③ 等，但这些材料往往政治意义突出，学术研究性不强，因此不再一一介绍。对于民兵的研究成果，从总体上来说是比较少的，仅有几本重要的专著。

韩怀智主编的《当代中国民兵》④ 是《当代中国》丛书中的一部，此书主要分为三编：第一编，中华人民共和国建立以来民兵建设的发展历程；第二编，民兵的基本建设和领导体制；第三编，民兵在建设和保卫社会主义祖国中的重要作用。本书可以说是中华人民共和国成立以后关于民兵的比较全面的通史性著作，正如徐向前元帅对此书评价："《当代中国民兵》一书，翔实地记录了新中国民兵的战斗历程，展示了中国民兵建设和发展的崭新面貌，总结了民兵工作的历史经验，赞扬了民兵在保卫祖国和建设祖国中的巨大贡献。"⑤ 我认为此书是从整体上、理论上研究民兵的鸿篇巨著，但对于民兵个体的研究很少，或根本没有涉及，这是其研究的缺失之处。其他以省为单位的地方性研究成果，如《当代广西民兵》⑥《四川民兵》⑦ 等书，分别进行了各具特色的研究，如《当代广西民兵》分别介绍了民兵在当地的基本建设、在保卫海陆边疆及巩固人民民主专政、在社会主义建设中的作用等。但对民兵个人或民兵基层组织的研究涉足甚少。

相关论文如胡娟娟的硕士论文《我国大办民兵师时期（1958—1985）的民兵建设探析》，该文探讨了中华人民共和国成立后，在当时特殊的历史环境下，在中国广阔的国土上开始的长达 27 年的大办民兵师运动。该文总结了民兵建设尤其是其中的"全民皆兵"方针在这一时期呈现的不同特点，包括 20 世纪 50 年代末轰轰烈烈的大办民兵师、20 世纪 60 年代初期到 1966 年前民兵工作的稳步调整、以"三落实"方针指导民兵建设、1966—1976 年民兵建设在动乱中求发展以及 20 世纪 70 年代末到 20 世纪 80 年代初民兵建设的调整改革与开拓前进等。同时对大办民兵师运动的意

① 黑龙江省军区政治部 . 以路线教育为纲 加强民兵建设 [M]. 哈尔滨：黑龙江人民出版社，1974.

② 天津人民出版社 . 加强民兵建设 做好反侵略战争的准备 [M]. 天津：天津人民出版社，1989.

③ 辽宁省军区政治部 . 学习无产阶级专政理论 [M]. 沈阳：辽宁人民出版社，1975.

④ 韩怀智 . 当代中国民兵 [M]. 北京：中国社会科学出版社，1989.

⑤ 同上书，第 1 页。

⑥ 《当代广西民兵》编写组 . 当代广西民兵 [M]. 南宁：广西人民出版社，1989.

⑦ 四川省军区 . 四川民兵 [M]. 成都：四川人民出版社，1990.

义与影响进行了探讨分析，即其意义在于这一个时期的民兵建设不仅对于保卫当时新中国的国家安全、发展经济建设起到了重要的作用，而且这一个时期的民兵建设为如何加强国防后备力量建设，怎样平衡国防建设与经济建设的矛盾以及应该如何将民兵既是生产的主力军、又是战斗队的双重特点发挥出来提供了实践和理论的双重借鉴等。① 徐家荣的硕士论文《从民兵到正规军——美国军队职业化体制的建立》② 主要描述了美国军队从以民兵为主的体制过渡到以职业军队为主的体制这一漫长的过程，同时对美国军事体制的改革过程以及军队职业化思想的形成进行了深入细致的分析研究。赵宝中的硕士论文《人力资源计分卡在民兵组织建设中的作用》③ 主要探讨了如何对人力资源进行管理的问题，作者尝试引进了一种平衡记分卡的思想，"即通过实证分析展示了人力资源记分卡在民兵组织中的应用过程，同时证明了人力资源计分卡是一种有效的战略管理工具，它不仅可以应用于企业组织，而且可以运用于军事组织建设之中"。唐鹏的硕士论文《北美殖民时期的新英格兰民兵制度》④ 以唯物史观为指导，借鉴了国内外诸多军事学、政治学、社会学以及历史学等学科的研究方法和成果，运用了分析、归纳和推理等方法，全文共分五部分，初步探讨和研究了殖民地时期最具典型意义的新英格兰地区民兵体制。其相关研究方法可以为本书提供参考。范科琪的硕士论文《建国后上海城市民兵运动研究（1958—1966年）》⑤ 对中华人民共和国建立后上海城市民兵运动的情况（1958至1966年的时间段）进行了考察，主要探讨了上海城市中民兵运动兴起的背景、组织和发展的状况，分析了民兵运动中的人员组成、领导编制、政治教育以及军事训练等各方面的具体状况，并对运动的特点和实际意义进行了分析评述。石佳佳的硕士论文《太行抗日根据地民兵组织建设研究》⑥ 分三个部分对太行山根据地的民兵组织开展了研究，首先是介绍了太行抗日根据地和民兵的发展演变，其次介绍了民兵的领导机构人民抗日武装委员会，主要是阐述了武委会委员选举产生过程，以此我们可以看出中国共

① 胡娟娟. 我国大办民兵师时期（1958—1985）的民兵建设探析 [D]. 长沙：中南大学, 2010.
② 徐家荣. 从民兵到正规军——美国军队职业化体制的建立 [D]. 济南：山东师范大学, 2007.
③ 赵宝中. 人力资源计分卡在民兵组织建设中的作用 [D]. 天津：天津大学, 2004.
④ 唐鹏. 北美殖民时期的新英格兰民兵制度 [D]. 长沙：湖南师范大学, 2009.
⑤ 范科琪. 建国后上海城市民兵运动研究（1958—1966年）[D]. 上海：复旦大学, 2009.
⑥ 石佳佳. 太行抗日根据地民兵组织建设研究 [D]. 临汾：山西师范大学, 2016.

产党对于人民民主的重视。再次则是研究了民兵组织的政治建设和军事建设。在抗日战争的年代中，民兵组织建设的目的是为了使他们能更快地适应战争，使他们能承担起保护人民的基本任务。文章的最后则对民兵组织建设的成绩做出了肯定。上述硕士论文仅有胡娟娟的《我国大办民兵师时期（1958—1985）的民兵建设探析》一文对民兵的转型有所涉及，但也仅偏重于从理论上分析，对具体的案例则涉及较少或没有涉及。因此，这也是本书研究的空间所在。

除了以上关于民兵的硕士论文外，还有一些文章或论文发表于《中国民兵》《国防》《华北民兵》《西南民兵》等期刊或杂志上，这些文章或论文主要对近期民兵建设中的一些现实问题进行了探讨。大致有以下几个方面：①对于非公有制企业民兵问题，如《民营企业，如何真正成为民兵工作新的增长点？》[1]《民营企业民兵工作初探》[2]《下足工夫 成效自见——对非公企业民兵政治教育的探索与思考》[3]；②当今农村民兵建设问题，如《春运：返乡的流动民兵知多少？——春运对加强流动兵员组织建设的启示与对策》[4]《当前农村民兵建设存在的问题、成因与对策》[5]《积极组织民兵预备役部队参加和支援新农村建设》[6]；③民兵的社会功能方面，如《浅谈民兵预备役人员如何在构建和谐社会中求作为》[7]《冰雪考验后备军——湖南省军区民兵预备役部队抗击雪灾闻思录》[8]④民兵的组织建设：《以科学发展观指导民兵预备役建设》[9]《着眼边防实际，加强民兵党支部建设》[10]《对调整加

---

[1] 丘斐运.民营企业，如何真正成为民兵工作新的增长点？ [J]. 中国民兵，2007(2): 10–12.

[2] 谷钢.民营企业民兵工作初探 [J]. 国防，2007(6): 55–56.

[3] 杨文龙.下足工夫 成效自见——对非公企业民兵政治教育的探索与思考 [J]. 中国民兵，2007(3): 36–37.

[4] 喻军.春运：返乡的流动民兵知多少？——春运对加强流动兵员组织建设的启示与对策 [J]. 中国民兵，2007(2): 28–29.

[5] 邱启建.当前农村民兵建设存在的问题、成因与对策 [J]. 国防，2007(10): 48–49.

[6] 郑治栋.积极组织民兵预备役部队参加和支援新农村建设 [J]. 国防，2007(3): 30–34.

[7] 蔡文武.浅谈民兵预备役人员如何在构建和谐社会中求作为 [J]. 国防，2008(3): 70–71.

[8] 炎林彭，曾政雄.冰雪考验后备军——湖南省军区民兵预备役部队抗击雪灾闻思录 [J]. 中国民兵，2008(3): 8–10.

[9] 高山.以科学发展观指导民兵预备役建设 [J]. 华北民兵，2007(1): 38.

[10] 朱延军，赵长印，客宪辉.着眼边防实际，加强民兵党支部建设 [J]. 军队党的生活，2008(4):57.

强民兵组织建设的若干认识》^①等。总之，民兵研究所涉及的方面是很广泛的，这里不再一一介绍。这些文章比较全面系统地对在当今市场经济条件下如何开展民兵工作、如何更好地发挥民兵的社会作用、如何更有效地加强新时期民兵建设等方面进行了研究，但这些文章受篇幅限制，不能从历史的角度对民兵工作的发展变化进行更深入的探讨与分析。

（二）中华人民共和国成立后对中原民兵的研究

由于本书的选题范围界定为河南、湖北两省，因此对于中原民兵的研究成果将对两省分别介绍。

著作部分：《湖北民兵史话》^②一书，这本书分两个阶段，前一阶段介绍了 1949 年前的湖北民兵斗争史，后一阶段介绍了湖北民兵在社会主义建设中的巨大作用。《武汉民兵简史》^③这本书介绍了从 1923 年"二七"大罢工诞生的第一支工人纠察队和 1926 年武昌县保福诞生的第一支农民自卫军到 1984 年的经济体制改革，系统、完整、翔实地记录了武汉民兵 60 多年的战斗历程和重大贡献。该书对 1949 年前 26 年的历次革命战争中的群众武装斗争和发展进行了生动叙述，进而又对 1949 年后各个历史阶段的民兵组织建设、政治工作、军事训练、武器装备、征集动员等进行了基本概括。《当代河南民兵》^④这本书是大型丛书《当代河南》中的一部，叙述了 1949—1995 年河南民兵的建设发展历程。

地方志部分：地方志对于研究民兵也有一定的帮助，如《湖北省志》^⑤《武汉市志》^⑥《汉南区志》^⑦《河南省志》^⑧《郑州市志》^⑨等，这些地方志或简或详地叙述了本地区民兵的发展历程，基本上分政治工作、组织建设、领导体制等方面，叙史性较强；但限于地方志自身的特征，往往缺乏深刻的分析，研究性不强。

---

① 朱正怀.对调整加强民兵组织建设的若干认识 [J].国防 , 2007(4): 40.
② 湖北省军区.湖北民兵史话 [M].武汉：湖北人民出版社 , 1984.
③ 解放军武汉军分区.武汉民兵简史 [M].武汉：武汉出版社 , 1988.
④ 当代河南历史丛书编委会.当代河南民兵 [M].北京：当代中国出版社 , 1996.
⑤ 湖北省地方志编纂委员会.湖北省志（军事志）[M].武汉：湖北人民出版社 , 1996.
⑥ 武汉地方志编纂委员会.武汉市志（军事志）[M].武汉：武汉大学出版社 , 1992.
⑦ 武汉市汉南区地方志编纂委员会.汉南区志 [M].武汉：武汉出版社 , 2006.
⑧ 河南省地方史志编纂委员会.河南省志（第二十二卷 军事志）[M].郑州：河南人民出版社 ,1995.
⑨ 郑州市地方史志编纂委员会.郑州市志(第2分册 军事卷)[M].郑州: 中州古籍出版社 ,1998.

综上所述，在民兵研究领域，除了军队政工部门和群工部门围绕民兵如何开展工作、如何进行政治教育、如何训练、基本常识等方面进行了研究外，在研究方面所做的工作是很少的，研究性著作是屈指可数的，在这方面的硕博研究论文也较少。

这些研究大致反映了如下共同特征：①注重从整体理论上研究，而对于民兵个体的思想行为的研究很少涉及或根本没有涉及；②以往的研究只是单纯地描述民兵组织、体制等方面的发展沿革，而对为什么会发展变化以及有什么影响等方面缺乏对比分析，尤其是缺乏对于民兵个人精神层面上的分析研究；③对改革开放时期民兵在精神文明建设中的作用研究不够深入，如《当代中国民兵》也涉及到这些方面，但没有把它作为一个具体的专题来研究，是不够深入的。

因此，本书试图对1973—1985年这一时期的中原民兵进行研究，同时把这一时期的民兵放在一个宏大的社会历史背景下。这一时期，中国经历了从全面阶级斗争到城乡经济体制改革的巨大变化，民兵作为参与社会变革（转型）的广大人民群众中的优秀分子，受社会变革转型的影响，同时也推动社会转型的发展。本节探索民兵工作发展规律与社会发展规律之间的关系，同时，在研究过程中力图对学术界以往研究的上述薄弱环节做尝试性研究。

三、本书创新点、重点与难点

（一）创新点

（1）笔者试图对1973—1985年的中原民兵进行研究，目前学术界对此领域的专门研究较为欠缺，以此为研究对象，做一些尝试性研究，并以此为切入点对民兵的一般发展规律进行探索，对我们今天的民兵工作是有指导意义的。

（2）在研究方法上，本书以历史唯物主义为指导，把历史考察与深刻的理论分析相结合，运用历史学、军事学、社会学、心理学的相关理论和方法，综合分析研究1973—1985年的中原民兵，以求得全面、科学的结论。

（3）在研究角度上，本书将打破从宏观上、整体上、理论上对民兵进行研究的传统范式，而对民兵进行微观研究，深入到组成民兵的具体"单元"的个体行为、思想等方面。注重民兵作为"民"和"兵"的双重身份，但更注重民兵的社会作用，通过对民兵的个体行为、思想的研究，对民兵的发展规律进行探索。本书还将对民兵与社会变革（转型）之间的关系进行研究。

（二）重点

全面客观地描述 1973—1985 年的中原民兵的发展变化，并对其转型的原因进行分析与总结，进而对我们社会主义新时代的民兵工作提供一定的借鉴。

（三）难点

本书的分析论述主要采用军事学、社会学、心理学的分析方法。本书试图采用这些理论和方法对 1973—1985 年的中原民兵进行综合研究。

四、概念说明及时间断限

（一）概念说明

中原民兵：中华人民共和国成立后，在相当长的一段历史时期内，民兵是隶属于军队建制的。民兵的工作是受军事部门领导的。武汉军区于 1955 年 5 月成立，1985 年 9 月撤销，是设在中原战略区的合成军队指挥部，隶属于中央军事委员会。武汉军区下辖河南省军区和湖北省军区。依据武汉部队《中原民兵》杂志（1972—1985 年）对这一时期武汉部队领导下民兵的称呼，我们依然称之为"中原民兵"。1985 年 6 月，中央军委命令武汉军区分别与济南、广州军区合并。同年 8 月，武汉军区驻河南的部队、学校等移交济南军区，驻湖北的部队、单位移交广州军区。同年 9 月 30 日，武汉军区停止办公。[①] 本书所述中原民兵的历史也到此结束。

转型：指事物的结构形态、运转模型和人们观念的根本性转变过程。不同转型主体的状态及其与客观环境的适应程度，决定了转型内容和方向的多样性。转型是主动求新求变的过程，是一个创新的过程。本书所说的转型主要是指从 20 世纪 70 年代到改革开放初期这一时期，随着我国经济社会发展的转型，民兵工作在政治生活，组织、训练、武器装备、经济生活、社会功能等方面发生的变化与革新。

---

① 湖北地方志编纂委员会.湖北省志（军事志）[M].武汉：湖北人民出版社，1996：519—521.

（二）时间断限

本书的选题时间定在 1973—1985 年，对于这一时间段的选择，下面我将对它做出说明。

起点时间划为 1973 年的理由如下。一、1973 年是"四人帮"严重干涉民兵工作，并妄图建立听命于他们的"第二武装"的时期，据《湖北民兵史话》记载，1973 年后，"四人帮"加紧篡党夺权的步伐，妄图建立与人民军队相对抗的"第二武装"，在理论上提出民兵要改造、重建的谬论，煽动民兵冲向社会，参加阶级斗争，在领导体制上自成体系，成立"民兵指挥部"，并鼓动全国学上海"新鲜经验"，干扰了民兵建设方向。在此影响下，湖北省 149 个县、市、城镇成立了民兵指挥部，部分区社成立了分部，武汉等大中城市还试建了"三位一体"，据 1974 年不完全统计，湖北省组织 2 000 多个农村社队民兵小分队，参加所谓阶级斗争的民兵总数达到 149 万余人，造成了不良的后果。① 二、1973 年的民兵也反映了民兵制度在计划经济体制下以及大办民兵师、全民皆兵这个典型时期的民兵特点。三、本书的重要资料来源《中原民兵》期刊对于这一时期的民兵生活也有很好的反映（《中原民兵》期刊创刊于 1972 年）。综合以上几点因素，故把起点时间定为 1973 年。

把截止时间定为 1985 年的理由如下。一、1978 年党的十一届三中全会后，民兵的工作重心发生了转移，突出以经济建设为中心，为"两个文明"建设服务。1984 年党的十二届三中全会召开，会议通过了《中共中央关于经济体制改革的决定》②，开始了城乡大规模的经济体制改革。把时间截止到 1985 年，能更好地突出民兵工作的转型，更好地展现本阶段中原民兵在"两个文明"建设中的巨大作用，尤其是在经济体制改革中，民兵对于经济建设的巨大贡献。二、武汉军区于 1985 年撤销，因此，武汉军区领导下的中原民兵工作也随之结束。这也是截止到 1985 年的一个重要原因。

---

① 湖北省军区 . 湖北民兵史话 [M]. 武汉：湖北人民出版社 , 1984: 2.

② 中国共产党第十二届中共委员会第三次全体会议 . 中共中央关于经济体制改革的决定 [M]. 北京：人民出版社 , 1984.

第一章 中原民兵的政治生活

1973—1985 年，中原民兵的政治生活经历了从政治运动中的急先锋到恢复了民兵正常的政治教育，为社会主义物质文明、精神文明服务这一历史过程。

第一节 在"批修整风"和"批林批孔"运动中

一、参加"批修整风"运动

1966 年 5 月，各地群众组织大量出现，社会上出现了大鸣、大放、大辩论的现象，大字报也在这一阶段逐步发展，整个社会局势开始出现混乱，民兵工作也未能幸免，以城市民兵为主的多个地方民兵卷入了派系斗争，甚至出现了武斗。从城市到农村，民兵普遍参加各派群众组织，参加了派系斗争；更有少数民兵在反革命代理人的唆使下，抢劫武器参加武斗；还有一部分策划或参与揪斗各级民兵干部，民兵正常的工作基本停顿。这种情况一直持续到 1969 年的珍宝岛事件之后，出于战备的需要，毛泽东发出了"要准备打仗"的号召，强调"打起仗来，还是要依靠人民战争，靠民兵，要加强民兵的军事训练"。[1] 民兵工作此时开始恢复，同时将民兵地位提高到了战略高度，实行"整军备战"，大力发展核武器，打破苏联和美国的核垄断。1970 年 8 月召开了全军民兵工作座谈会，会议决定整顿民兵组织，加强民兵战备训练，调整充实民兵武器装备，并且以县为单位组建了民兵独立营、团。但由于"四人帮"的插手，刚刚有所好转的民兵工作又一次出现了反复。[2]

---

[1] 李茂林 . 大办民兵师 [J]. 七一 , 1960(4): 6.

[2] 《当代中国民兵》编辑委员会 . 当代中国民兵 [M]. 北京：当代中国出版社 , 2009: 46.

1973 年 8 月 24 日，中共十大召开。之后，江青、张春桥、王洪文、姚文元在中央政治局内结成一个小集团——"四人帮"①，加紧了篡党夺权的阴谋，并提出"民兵改造"的谬论。同年 11 月"四人帮"抛出了所谓上海"新鲜经验"，把武斗起家的"文攻武卫"组织作为"改造民兵的基础，重建民兵"②，妄图建立听命于他们的"第二武装"，"到了 1973 年，上海已建立了数十万民兵队伍"，③开始营造"第二武装"。"四人帮"阴谋策划攫取民兵的领导权和指挥权，妄图把这支在人民群众中享有盛名的人民武装力量，变成他们篡党夺权的工具。为了达到这个目的，他们对民兵建设进行了一系列阴谋破坏活动。虽然他们在全国建立"第二武装"的阴谋最终没有得逞，但由于他们的破坏，一些原则问题出现了混乱，严重干扰了民兵的正常建设。

随着"四人帮"插手民兵的政治生活，"批修整风"运动也在中原民兵中更加深入地开展。

民兵这个具有武装性质的群众组织，理所当然地成为开展运动的重点。

中原民兵的工作始终是把"批修整风"当作头等大事来抓的，在"批修整风"运动中，中原民兵始终把加强理论学习看做"批判"的重要武器。为了加强中原民兵的理论学习效果，他们采取了多种方式，主要为个人学习和集体学习。

个人学习通过一些民兵的个人思想汇报即可反映出来，如沔阳县窑湾大队民兵排长："起初，我学习马列和毛主席著作，只注意摘录和背诵一些自己认为重要的段落和句子，没有理论联系实际、认真领会精神实质，结果效果不好。……而党支部委员、老贫协主任的发言，话不多，却很有力，这是什么原因？我仔细分析，发现老支委虽然识字不多，但他认真攻读原著，而我虽然读了一些书，但不求甚解，没有把理论学习同斗争结合起来。从此，我坚持毛主席倡导的理论联系实际的革命学风，刻苦攻读原著，运用马列主义的观点和方法观察认识和处理问题，提高很快，收效很大。""现在我深刻认识到：马列主义、毛泽东思想是引导无产阶级革命事业走向胜利的科学，

---

① 程中原，夏杏珍. 历史转折的前奏：邓小平在一九七五 [M]. 北京：中国青年出版社，2003：5.

② 本报记者. 大办民兵师的伟大意义 [N]. 解放军报，1973(9)：7.

③ 高皋，严家其. "文化大革命"十年史 [M]. 天津：天津人民出版社，1986：560.

干革命，非认真学习不可，今后我一定继续努力看书学习，坚持理论联系实际，不断地改造思想，更好地完成党和人民交给的光荣任务。"[1] 这种观点不只是出现在个别民兵干部身上，在民兵干部身上均有一定的反映。

在学习理论的运动中，集体学习主要充分利用了政治夜校和读书室。如工程兵某部十四连党支部组织了一个辅导组，帮助驻地尚堰公社四大队民兵连办起了政治夜校，学军事、学文化、批判资产阶级，提高了民兵的路线斗争觉悟，推动了"批修整风"运动，加强了民兵建设。学习理论运动采取了建立联席会议制度（即连队党支部和生产大队党支部每月召开一次联席会议）、抓好典型等措施。[2] 方城县杨楼公社宋庄大队第十二民兵排"为了加强对民兵读书学习的领导，还建立了有政治队长、民兵排长、政工员参加的领导小组，正副班长为学习组长，并坚持在忙时五天、闲时三天集体学习辅导一个晚上，民兵们在读书室里学政治、学军事、学文化、学科学技术，不断提高文化水平和路线觉悟"。[3]

1973 年"两报一刊"元旦社论明确提出了"广大干部和群众攻读马列主义的书"，读马列主义的书是好的，但这里有一个问题，像党支部委员、老贫协主任这样"识字不多"的人能不能读懂马列毛的原著，是不是每位普通干部群众都能读懂马列毛的原著？因此，我们可以对这种情况作一种推论：首先，当时的大多数民兵干部和群众受自身文化水平限制，不可能完全读懂马列毛的原著，他们看到的也只是原著的只言片语。其次，广大中原民兵是在错误的引导下进行读书活动的，他们的出发点在于"保卫和发展文化大革命"的成果，为"批修反修"寻找依据，迫于当时的政治高压，出于对毛泽东盲目的个人崇拜，广大中原民兵干部群众只能从马列毛的原著中去寻找只言片语作为批判的依据，而不可能去完整准确地理解原著。总之，这些情况决定了当时的民兵思想是不可能有主心骨的，因此，在运动中随风倒也就成为其主要特点。

中原民兵"批修整风"运动进入高潮的标志是 1973 年初武汉部队会议的召开。"批修整风"运动不仅在学习方面给中原民兵广大干部群众带来一次马列主义、毛泽东思想理论学习的高潮，而且在民兵的政治工作、生

① 本刊通讯员.干革命非认真看书学习不可 [J].中原民兵，1973(2): 5.

② 本刊通讯员.我们是怎样帮助民兵办好政治夜校的 [J].中原民兵，1973(8): 15.

③ 本刊通讯员.俺排办起了读书室 [J].中原民兵，1973(2): 7.

产和训练等方面全面展开，而全面展开的标志就是武汉部队会议的召开。

武汉部队召开了专门的民兵政治工作座谈会议，这次会议要求省军区、军分区（警备区）党委、政治机关和县（市）人民武装部门"要进一步学习中央两报一刊1973年元旦社论，进一步明确'批修整风'是全党全军和全国的头等大事，也是民兵的头等大事，在各级地方党委的统一领导下，抓好这个头等大事，就能从根本上提高民兵的阶级斗争和路线斗争觉悟，增强战备观念，不断加强民兵建设"。把"批修整风"运动作为民兵工作的头等大事，这说明了武汉部队对这项工作的高度重视。

这次会议还对民兵工作中的"批修整风"进行了定性："'批修整风'，首先是批修，其次才是整风，这是深入进行'批修整风'的根本方针和指导思想，批修是解决敌我矛盾问题，整风是解决人民内部矛盾问题。"这一定性进一步强调了运动的重点，同时会议还提出了批判的指导性原则：以毛主席提出的"要搞马克思主义，不要搞修正主义；要团结，不要分裂；要光明正大，不要搞阴谋诡计"三个基本原则进行批判，并指出了民兵批判的几个方面。①

这次会议的召开，也标志着中原民兵的"批修整风"运动由地方主抓上升到由高层与地方一起抓的全体性政治运动，虽然武汉部队的批判指导原则是不对的（这已为历史所证实），但这次会议却使整个中原地区的民兵参与了一场轰轰烈烈的大批判运动。

"批修整风"运动逐渐在中原民兵中全面展开并产生了广泛的影响。首先表现在对地方政治工作的影响上。在政治工作上，地方充分发挥了政工部门的作用，采用了多种多样的形式，如河南省平舆县和店公社党委、人民武装部门采取的措施是分期举办政工干部学习班，组织他们反复学习党的基本路线和毛主席有关政治工作的论述以及采用典型事例做深入细致的干部思想工作等，② 可以说这是地方党委、人民武装部门在武汉部队召开会议后对民兵"批修整风"运动的一个重要反应。

"批修整风"运动对生产建设也产生了重要的影响，"批修整风"在短期内似乎也能促进民兵群众的工作热情，使生产建设在短期内形成一个高潮，造成一种促进生产发展的假象，如宁陵县逻岗公社张庄大队党支部、

---

① 本刊通讯员. 武汉部队召开民兵政治工作座谈会 [J]. 中原民兵, 1973(3): 9.
② 本刊通讯员. 认真培养民兵政工干部 加强民兵政治工作 [J]. 中原民兵, 1973(3): 14.

民兵营，通过党的社会主义建设总路线教育、批判反革命修正主义路线的实质，民兵和社员们提高了路线斗争觉悟，调动了革命积极性，扎扎实实地做好了春耕生产工作，全大队男女劳动力出勤率由原来的80%提高到95%。前耿生产队女基干民兵班在运送肥料的工作中和男基干民兵班开展劳动竞赛，每天运肥一二百车，比原计划提前4天完成了任务。精神变物质，干劲出成果。截至1973年3月底，全大队已积肥3 400多车，平整土地321亩，75%的小麦施了追肥，浇了反青水。这个大队的民兵和社员们，在大队党支部领导下，决心以总路线精神，抓革命、促生产，鼓足干劲，搞好春耕，夺取农业大丰收。[①]

"批修整风"所带来的这种所谓的"生产热潮"，不仅反应在农业生产中，在工业生产中也有同样的反应。

鹤壁市铸造厂民兵营"在组织民兵开展社会主义劳动竞赛中，民兵营干部走在前面，厂里和各车间的竞赛委员会都有民兵干部参加，大家深入基层调查研究，及时地发现和解决竞赛中的各种问题。铸铁管车间有两个排是用同一台机器，有一段时间，个别同志为了赶超对方，交班不够认真，为下班的生产造成困难。民兵干部发现后，就组织大家批判'锦标主义'，认清竞赛的根本目的不是为了争锦标、出风头，而是为了增加生产，加速建设社会主义。二连有的同志一度不够节约，焦炭消耗过多，民兵营干部就及时对民兵进行路线教育，说明开展社会主义建设应当全面贯彻'多快好省'的原则。通过教育，二连民兵多次改造化铁炉，为国家节省了大批冶金燃料"。[②] 这说明"批修整风"运动短期内对提高民兵群众的工作热情，似乎是起到一定积极作用的。而且一些地区的民兵还注意到了提高产品的质量，如宜昌棉纺织厂的女工就是一个很好的例子。有一次，车间接到兄弟单位寄来的一封信，对她们出厂的疵布提出了批评，该民兵连利用这件事对全连民兵进行实际的路线教育，使大家认识到质量问题是个路线问题。民兵们深有感触地说："我们手里的一纱一线，关系到人民利益，连着世界风云，丝毫不能马虎。"从这以后，每个民兵都以对人民、对祖国高度负责的精神，把影响布匹质量的疵点当作"敌人"来消灭，决不放走。[③]

---

① 本刊通讯员 . 总路线精神光辉照 春耕生产掀高潮 [J]. 中原民兵 , 1973(4): 10.

② 本刊通讯员 . 鼓足干劲争上游 多快好省搞建设 [J]. 中原民兵 , 1973(5): 20.

③ 本刊通讯员 . 车间就是战场 [J]. 中原民兵 , 1973(5): 21.

这种在"批修运动"中对民兵起到的所谓"反面教材"的作用，以及对民兵工作热情的鼓动作用，造成了一种促进生产的假象，表现为民兵对于农业生产热情的短暂高涨；工业领域开展了劳动竞赛、节约运动，以及使民兵注重产品的质量，但是这些都是短期的行为，甚至包含着一些形式主义。这些影响在民兵的军事训练方面也得到了一定的体现，如胭粉庄大队女民兵护线班坚持劳武结合，苦练护线技术，做一个又红又专的护线兵，她们经常学习毛主席关于政治与经济的统一及政治和技术的统一"这是毫无疑义的，年年如此，永远如此"的伟大教导，不断提高训练的自觉性。

"批修整风"运动虽然在短期内对提高民兵的工作热情似乎起到了一定的作用，但在这场运动中所批判的许多内容都是错误的，如对于刘少奇"民兵的中心任务就是搞生产""民富国强"等观点的批判。[①]

在"批修整风"运动中，虽然通过教育使民兵生产训练热情有了短暂的提高，但由于批判的内容都是错误的，这决定了它不可能对生产建设起很大的促进作用。据湖北省志记载："1967—1976 年的 10 年中全省工农业总产值平均每年增长只有 5.2%，其中，工业总产值平均每年增长 7.0%，农业总产值增长 2.2%，与 1950—1956 年相比较，工农业总产值平均增长数低 4.5%，其中，工业低 9.0%，农业低 3.6%。"[②]这说明经济总体水平在下降，甚至出现了一方面在利用所谓"路线"作为"反面教材"促进生产，另一方面却在批判否定民兵的"中心任务是搞生产"以及"民富国强"的正确言论，这是一种自相矛盾的现象。靠暂时的说教、精神变物质，只能暂时提高民兵的生产积极性，而这种所谓的"积极性"只是一种假象，随着运动高潮的结束而结束，不可能持久而稳固地坚持下去。要真正调动民兵生产的积极性，需要的则是正确的政策、科学的管理等。因此，中原民兵开展"批修整风"运动不可能促进生产的发展，相反，它从根本上来说对生产是极不利的。

二、参加"批林批孔"运动

1973 年 8 月 24—28 日，中共十大的召开揭开了"批林批孔"运动的序幕，中原民兵开始了一场轰轰烈烈的"批林批孔"运动。

---

① 本刊通讯员. 民兵的性质不容篡改 [J]. 中原民兵, 1973(4): 21.

② 湖北省志编纂委员会. 湖北省志（经济综述）[M]. 武汉：湖北人民出版社, 1991: 193.

　　十大的召开，迅速掀起了中原民兵学习十大文件、声讨林彪反革命罪行的高潮："全区广大城乡呈现一派欢欣鼓舞的动人景象，从长江南北到黄河两岸，从中州大地到江汉平原，广大民兵同社员群众一起，在地头田间，在工厂、矿山、机关、学校，在练兵场上、政治夜校里，认真聆听，深刻领会，热烈地讨论着党的十大和十届一中全会的新闻公报、周恩来的政治报告……。许多单位连夜举行庆祝会，热烈欢呼毛主席革命路线的伟大胜利，愤怒声讨林彪反党集团的滔天罪行，墙报、黑板报、大批专栏一批一批地涌现出来。"① 接着，基层民兵组织中迅速有连锁反应，一些基层的民兵单位纷纷表决心，一场轰轰烈烈的政治运动展开了。

　　在工业生产领域，如武汉国棉一厂民兵团："今天，在举国上下欢庆十大的大喜日子里，我们民兵团决心在毛主席路线指导下，认真学习大会的各项文件，坚决贯彻落实，继续把'批林整风'放在首位，认真看书学习，深入进行思想和政治路线教育，大力开展工业学大庆运动，抓革命，促生产，促工作，促战备，坚持劳武结合，搞好军事训练，提高战备观念，为加速社会主义建设，保卫社会主义祖国而奋斗。"②

　　在农业生产领域，民兵基层组织也纷纷响应，如许昌县桂村公社水道杨大队民兵营："当前，国内外形势一派大好，我们决心响应党的十大号召，继续把'批修整风'放在首位，充分利用林彪反党集团这个反面教员，向民兵进行阶级斗争和路线斗争的教育，按照毛主席的人民战争思想，搞好民兵建设，做好反侵略战争的准备，努力抓革命，促生产，促工作，促战备，沿着党的十大指引的航向，团结起来，争取更大的胜利。"③

　　在十大发出号召之后，随着中原地区民兵基层组织的纷纷响应，运动的前期思想准备工作也迅速完成。从这些民兵的反应中我们可以看出，运动在起始阶段，只是明确提出了"批林整风"，且是把"批林"作为反面教材，与促工作、促战备、促生产联系在一起的，并没有提出"批孔"，只是后来由于四人帮为了影射周恩来总理，才硬把"批孔"加上的，这完全是"四人帮"对运动的破坏。

　　随着"四人帮"的破坏，运动又加上了"批孔"这一内容，但这个过

① 本刊通讯员 . 全区广大民兵热烈欢呼"十大"的胜利闭幕 [J]. 中原民兵 , 1973(9): 35.

② 本刊通讯员 . 热烈欢呼 坚决拥护 [J]. 中原民兵 , 1973(9): 39.

③ 本刊通讯员 . 永远沿着毛主席革命路线胜利前进 [J]. 中原民兵 , 1973(9):40.

程是逐步转变的，首先仍然是《人民日报》起了舆论的宣传带动作用。《人民日报》1974年2月2日社论发表了《把批林批孔的斗争进行到底》一文，对孔子的"克己复礼""生而知之""德""仁义"等观点进行了批判，同时号召"批林批孔"是我国当前的一场严肃的阶级斗争，是意识形态领域里一场彻底革命。[①]紧接着《红旗》杂志短评也发表了《广泛深入开展批林批孔的斗争》一文，要求各级党委要加强领导，带领群众切实抓好"批林批孔"这件大事，领导干部要做出榜样，要掌握斗争的大方向，要严格区别和处理两类不同性质的矛盾，在"批林批孔"运动中促进和加强广大人民群众的团结，抓革命、促生产、促工作、促战备。[②]《人民日报》和《红旗》杂志在全国人民群众中有巨大的影响力，这两篇文章的发表，带动了"批林批孔"运动在中原民兵中的全面展开。

但广大中原民兵对"批孔"并不理解，并不支持，并不重视，甚至是抵制的。武钢耐火材料厂民兵连二连一些民兵认为民兵是武装组织，是搞武的，"批林批孔"是文人的事，抓不抓关系不大。中原民兵对"批孔"是抵制的，对批判的内容他们也不理解。[③]

面对中原民兵的抵制，"四人帮"的信徒们硬把批林和批孔联系在一起，甚至歪曲事实，生拉硬套，"资产阶级野心家、阴谋家、两面派、叛徒卖国贼林彪是一个地地道道的孔老二的信徒，他的一切反动思想，都是从孔家店里贩出来的破烂货，他的反革命修正主义路线浸透了孔孟之道，断源要截流，斩草要除根。"[④]把林彪硬说成孔子的信徒，把林彪的路线说成浸透了孔孟之道，这完全是一种胡乱联系，生拉硬套。

不仅在理论上他们生拉硬套。为了把中原民兵拉进"批林批孔"的运动中，一些基层民兵组织还采取了许多措施，如宣恩县椒园公社椒园大队民兵连就采用了典型引路的方法，"他们培养了三名典型：土地技术员黄胜银用自己创造的杂交苞谷优良品种的事例，狠批孔子唯心论的天命观；基干民兵刘招富站稳阶级立场，用与其地主分子舅父划清界限的事例，痛斥孔子反动的人性论；回乡青年吴国清用自己扎根农村干革命的事例，清

① 本刊通讯员.把批林批孔的斗争进行到底[N].人民日报, 1974-02-02.

② 本刊通讯员.广泛深入开展批林批孔的斗争[J].红旗, 1974(2): 3.

③ 本刊通讯员.不断提高认识 深入批林批孔[J].中原民兵, 1974(2): 16.

④ 本刊通讯员.紧密联系实际 深入批林批孔[J].中原民兵, 1974(3): 14.

算了孔子散布的'学而优则仕'的资产阶级世界观"。同时一些基层组织还采取了领导带头的措施，如椒园大队民兵连长在全连"批林批孔"大会上第一个发言。① 密县超化公社王村大队民兵营"在'批林批孔'的运动中，运用对比的方法，把批判孔子的反动思想和反党集团的罪行紧密结合起来"。②

在批判的过程中，把林彪和孔子牵强附会地放在一起批判，这就使一些民兵不可能有丰富的内容材料，于是就产生了多种多样的批判方式。

漯河市磷肥厂民兵业余学习小组采用了"四对照"的方法，"一些民兵对林彪和孔老二的反动谬论非常气愤，但抓不住要害，讲不出更多的道理，批判的水平不高""他们采取了四对照的方法，边学边议边批。就是对照马列和毛主席怎么教的，孔老二是怎么讲的，林彪是怎么效法的，帝、修、反、右是怎样利用的，进行深入地剖析和批判"。③

一些民兵为了激发自己对林彪、孔子的阶级仇恨，进一步达到批判的效果，进行了诉苦、新旧社会对比等多种形式："民兵们还针对自己大都是生长在新中国、长在红旗下、没有亲身经历过旧社会痛苦生活的特点，请老工人给他们诉旧社会的苦，一同学习，一同批判。1974年上半年，他们先后请了五位苦大仇深的老工人，讲述了旧社会的黑暗和工人阶级、贫下中农受剥削、受压迫的悲惨情景；厂党委委员、民兵连长赵明详过去在逃荒要饭时，被地主家的恶狗咬伤几处，老工人薛盘协12岁当童工，胳膊被资本家烙铁烧伤。这些血泪斑斑的历史，使民兵们受到极其深刻的阶级教育，更加激起了他们对林彪复辟阴谋的仇恨。"④

批判大会也是中原民兵在"批林批孔"运动中广泛采用的一种方式。在长垣县恼里小学办公室，一个双目闪着怒气的老民兵打响了第一炮。他攥紧了双拳，愤怒地说："孔老二鼓吹天命，林彪叫嚷天才，这两个家伙是一个茅坑里的蛆，今儿个俺就要看看他们那个'天命''天才'的葫芦里装的药。在长垣县司坡大队的一次批判会上，民兵们则联系本队阶级斗争实际，利用本乡一个富农分子的虚伪做人表现对民兵进行了批判教育。而在落阵屯，五排民兵范洪贵则摆出了本队这样的阶级斗争事实：地主邱喜

① 本刊通讯员.不断提高认识 深入批林批孔 [J].中原民兵，1974(2): 16.

② 本刊通讯员.运用对比的方法把批林和孔结合起来 [J].中原民兵，1974(2): 18.

③ 本刊通讯员.认真看书学习 深入批林批孔 [J].中原民兵，1974(4): 10 .

④ 同上，第15页。

峰新中国成立前言必称"仁爱"，口不离"忠恕"，可是他对穷人一点都不仁，半点也不恕，灾荒年他的堂弟邱喜发穷得揭不开锅，无奈向他暂借五升高粱，他狠似蛇蝎，一升也不借，邱喜峰屋里粮食大囤满、小囤流，邱喜发顿顿做饭、顿顿愁，这叫什么"仁"，这叫什么"恕"。①

在文化领域，一些民兵组织还把学唱革命样板戏作为"批修整风"运动中的一项重要内容，如江岸机务段民兵团在段党委的领导下，热情地支持新生事物，积极组织广大民兵学唱革命样板戏。这个民兵团特别把学唱《红灯记》当做对广大民兵进行"二七"革命教育的一个重要内容，积极开展意识形态领域里的阶级斗争。②

民兵是带有军事性质的群众武装，在军事领域也必然同时要对林彪的军事路线进行批判，但在批判的过程中，往往不加区别，带有盲目性。如张楼大队民兵营在批判林彪破坏辽沈、平津战役的罪行时，先组织民兵学习了毛主席《关于辽沈战役的作战方针》《关于平津战役的作战方针》《目前我们的形势和我们的任务》等，认识到"林彪反对关于东北野战军提早入关的指示，充分暴露了他右倾机会主义的嘴脸，平津战役如果按照林彪的想法去打，只能打成击溃战，就不可能取得彻底胜利""林彪从右倾机会主义立场出发，在辽沈战役中拒不执行毛主席关于南下北宁线、封闭蒋军在东北加以各个歼灭的作战方针，就是妄图把歼灭战打成击溃战，把敌人赶跑，这充分暴露了林彪所执行的是一条右倾机会主义军事路线"。③林彪在平津战役中的一些观点是不正确的，但对林彪的批判显然有些扩大化，且在批判的过程中，一些民兵也是临时学习了一些材料，不可能真正地从历史事实上去认识这些历史事件。对林彪的关于群众工作的言论，也进行了批判："林彪抗拒毛主席的指示，不敢同敌人实行战略决战，编造种种谎言，污蔑东北群众'不愿打仗''群众基础薄弱'。"④而黄石市华新水泥厂一位武装部副部长认为，林彪完全站在右倾机会主义的立场上，用唯心史观错误地估量形势，根本看不到人民群众的伟大力量，更不可能去依靠这个力量，在辽沈战役中，

---

① 本刊通讯员. 长垣县民兵批林批孔侧记 [J]. 中原民兵, 1974(4): 36.

② 本刊通讯员. 江岸机务段民兵团组织广大民兵坚持学唱革命样板戏 [J]. 中原民兵, 1974(4):43.

③ 本刊通讯员. 认真学习毛主席军事著作 [J]. 中原民兵, 1974(10): 28.

④ 本刊通讯员. 批判林彪否定群众作用的罪行 [J]. 中原民兵, 1974(10): 32.

林彪极力否定和歪曲人民群众的伟大作用，干尽了破坏、干扰毛主席伟大战略部署的坏事，一定要彻底清算。[①]

民兵们对林彪的"六个战术原则"也进行了批判。林彪的六个战术原则，即"一点两面""三三制""四组一队""三种情况三种打法""三猛战术"等。南里大队党支部民兵营组织民兵在对毛泽东的十大军事原则和林彪的六个战术原则对比之后认为，十大军事原则是我军几十年作战经验的科学总结，是克敌制胜的法宝，而六个战术原则则是地地道道的资产阶级战术思想。而另一位民兵营长来会什说，所谓六个战术，实际是六个骗术，林彪妄图用这套欺人之谈抵制和代替十大军事原则。[②]十大军事原则和六个军事原则分别是毛泽东和林彪对战争规律的总结，本身是没有优劣之分的，而强要把他们放在一起比较批判，显然是不对的。这也显示了这一时期的民兵思想是毫无主心骨的，在对事物的批判上，存在着全部肯定或全部否定的极端认识，这也是由那个时代的社会环境所决定的。

"批林批孔"运动对生产建设同样产生了重要的影响，"批林批孔"同"批修整风"运动一样，短期的精神鼓舞对增长民兵的干劲起到了一定的作用的，但这种促进同样是一种假象，它反映了这一时期经济发展的特点。

如黄陂县人民武装部采取了抓典型的方式推动工作。在春耕中，武装部带领了7名军队干部和4名地方干部一起发动了"批林批孔"，通过批判，大家进一步认清了林彪修正主义路线的既有实质，提高了阶级斗争觉悟，激发了更大的革命热情，全大队春耕工作热火朝天，棉花种子已经选完，积肥选肥76 700多担，草籽用清沟滤水，平整土地、修整塘堰也在加紧煞尾。阳新县白沙公社八一队党支部民兵连，遵照毛主席关于"抓革命、促生产"的伟大教导，在"批林批孔"运动中，站在斗争前列，大胆领导运动，主动指挥春耕生产，使全大队出现了一派抓革命、促生产的大好形势。[③]

在工业领域，郑州石油总站党支部领导民兵积极参加"批林批孔"斗争，抓大事，促大干，使革命和生产的形势大好。民兵们以大干社会主义的革命精神，坚守革命岗位。1974年头5个月，月月超额完成进油

---

① 本刊通讯员. 批判林彪否定群众作用的罪行 [J]. 中原民兵, 1974(10): 32.

② 本刊通讯员. 学习毛主席的十大军事原则 划清两条军事路线的界限 [J]. 中原民兵, 1974(11): 19.

③ 本刊通讯员. 黄陂县人民武装部抓好典型推动春耕 [J]. 中原民兵, 1974(4): 12.

任务和销售任务以及运输任务指标，创造了建站以来的最高记录，成为郑州市抓革命、促生产的先进单位。① 黄石煤矿机械厂锻造车间二排全体民兵，在"批林批孔"运动中，狠批林彪效法孔老二"克己复礼"的反动纲领，大大激发了干社会主义的积极性，民兵们以战斗的姿态狠抓革命，猛促生产，提前35天完成了上半年的生产任务。

这场运动对民兵的战备训练短期内也起到了一定的作用。如安阳化肥厂民兵认真学习党的基本路线和"五·二〇声明"，"批林批孔"运动增强了民兵的战备观念；这个厂的广大民兵在"批林批孔"运动的推动下，积极开展了军事训练，到1974年上半年为止，他们结合"批林批孔"，已经举办了6期民兵军政训练班，先后对投弹、刺杀、射击、打坦克等项目进行了训练。尿素车间民兵采取了就地、分散、小型的训练方法，利用班前班后的业余时间，见缝插针，开展"三五枪"活动，提高了军事素质。职工医院民兵班根据业务特点，努力学习战地救护技术，掌握了伤口包扎、骨折固定等知识，同时，他们还对职工进行战地治疗、"三防"等教育，培养了一批民兵卫生员。②

但是这种短期的促进作用也只能是随着运动的开展而昙花一现。据湖北省志记载："在1967—1976年的10年中有4年的工农业总产值比上一年下降，其中1974年比1973年下降3.4%。"③ 精神变物质只能是空想，这也反映了这一时期经济发展的特点，运动来了"一阵风"，而造成的却是长久持续的混乱以及对经济建设和各项工作的巨大破坏。

第二节　在"批邓反击右倾翻案风"运动中

1975年，随着邓小平的复出，邓小平开始了全面整顿，提出了以"三项指示为纲"，这为"四人帮"所不能容忍。在"四人帮"煽动下，毛泽东又发动了"反击右倾翻案风"运动，邓小平为扭转混乱局面的努力被全盘否定，全国刚刚趋于稳定的形势再度陷入混乱。

随着《要害是复辟资本主义——北京大学师生员工批判"三项指示为

① 本刊通讯员．深入批林批孔 促进生产发展 [J]. 中原民兵，1974(7): 24.

② 本刊通讯员．深入批林批孔 促进战备落实 [J]. 中原民兵，1974年 (7): 20.

③ 湖北省志编纂委员会．湖北省志（经济综述）[M]．武汉：湖北人民出版社，1991: 193.

纲"的修正主义纲领》^①等文章的发表，"批邓反击右倾翻案风"运动在中原民兵中全面展开。

运动一开始，首先是对邓小平的教育政策进行了批判。如河南某高校民兵营歪曲事实：1975 年七、八、九三个月，教育界刮起了一股右倾翻案风，出现了种种奇谈怪论；在散布的种种奇谈怪论中，有一种谬论，就是攻击开门办学是"只开门，不办学"，并恶毒地污蔑和攻击大学生无论在政治上、业务上都不如过去的中级技工水平高，"这些奇谈怪论的制造者们，否定教育革命，妄图改变党的基本路线，复辟资本主义"。^②邓小平的改革反映了实情，却遭到了恶毒的攻击。湖北艺专民兵"运用今昔对比的方法，批判修正主义鼓吹的种种奇谈怪论，痛击右倾翻案风，决心用实际行动保卫和发展运动的成果，党内至今不肯改悔的走资派散布种种奇谈怪论，妄图否定运动的胜利，否定教育革命的成果。他们以唯心论的先验论作为精神支柱，以阶级斗争熄灭论和唯生产力论为理论基础"。^③这完全是对邓小平纠正教育界错误的歪曲和污蔑。

他们对邓小平恢复招生制度也进行了攻击、批判。以郏县的一位民兵知识青年、基干民兵的发言为例："在毛主席光辉的《七·二一指示》的引导下，工农兵学员一批又一批地跨进了新型的社会主义大学，培养了自己的一代大学生，可是教育界的奇谈怪论的制造者对这一新生事物大泼冷水，横加指责，胡说什么要'挑中学学习好的直接上大学'，他们顽固地坚持反革命修正主义路线，要恢复以前的招生制度。"甚至一些盲目的民兵青年，还决定用自己的实际行动来抵制邓小平的教育政策，如下乡知识青年、禹县马栀乡民兵副营长表态说："我是 1973 年 3 月下乡的初中毕业生，我决心要同旧的传统观点进行彻底的决裂，立志在农村干一辈子革命，所以，在去年贫下中农又推荐我上技校时，我又一次谢绝了。"^④

邓小平的科技政策也受到了批判。舞阳县张楼大队女民兵科学实验班代表发言："广大工农兵群众是社会主义的主人，也是科学技术的主人。他们站在地主资产阶级的立场上，摆出一副贵族老爷的姿态，挥舞起'科学

①　人民日报记者.要害是复辟资本主义——北京大学师生员工批判"三项指示为纲"的修正主义纲领 [N]. 人民日报，1976-03-05(01).

②　本刊通讯员.开门办学硕果累累 回击右倾翻案风 [J]. 中原民兵，1976(2.3): 27.

③　武昌区人民武装部报道组.运用今夕对比 批驳奇谈怪论 [J]. 中原民兵，1976(2.3): 32.

④　本刊通讯员.在斗争中扎根 在风浪中成长 [J]. 中原民兵，1976(2.3): 38.

神秘论'，恶毒污蔑劳动人民的'脑袋笨，搞不了科研；工农兵文化水平低，不配搞科研'，妄图把广大人民群众排斥在科研的大门之外。在他们看来。搞科研只能靠那些资产阶级的所谓的专家权威。"①

他们还批判邓小平的"三项指示为纲"。郾城县五里庙大队民兵理论组这样批判："前个时期，党内不肯悔改的走资派刮起了一股右倾翻案风，抛出所谓'三项指示为纲'的修正主义纲领，采用折中主义的办法，搞纲目并列、以目乱纲、以目带纲，制造混乱，妄图诋毁毛主席以阶级斗争为纲的伟大思想，改变党的基本路线，推行修正主义路线，复辟资本主义，对此，我们贫下中农和民兵绝不上当，绝不答应。"②

对邓小平各项整顿政策的批判，是对历史的反动。在这场运动中，中原民兵的思想明显地体现出了"跟风"的特点，缺乏自己的辨别力，受"四人帮"的影响和控制。这虽然是受当时的政治环境影响的，但对邓小平的全面整顿造成了极大的破坏，产生了极坏的影响。

1976年4月5日发生了反对"四人帮"的天安门事件，随后邓小平也被撤销了党内外的一切职务。此事在中原民兵中迅速引起了强烈反应，他们把批判的矛头直接指向了邓小平，采取了各种形式的"愤怒批判"方式。①连夜召开会议，"1976年4月7日晚，郑州国棉工厂，从机关到车间，从职工宿舍到家属院，广大工人民兵认真收听了中央人民广播电台的重要广播，连夜召开会议进行声讨"。③武汉水上民兵收听了中央人民广播电台的广播后，立即举行了座谈会和声讨会。②写标语、大字报和广播稿，如武汉市京华厂广大民兵4月7日晚上收听了中央人民广播电台重要广播后，立即进行了严肃认真的讨论，许多工人民兵连夜写标语、大字报和广播稿进行声讨。④③利用政治夜校，如咸宁县龙潭公社东风大队民兵连4月7日晚组织各民兵排在政治夜校认真收听了中央人民广播电台的重要广播，连夜进行了座谈讨论。⑤④利用田间地头等，如孝感县某连的民兵利用劳动休息时间，在

① 舞阳县张楼大队女民兵班.踏破神圣殿堂 勇当科研主人 [J]. 中原民兵，1976(2.3): 32.
② 郾城县五里大队民兵营理论组.批判"三项指示为纲"的修正主义纲领 [J]. 中原民兵，1976(2.3): 24.
③ 郑州警备区报道组.坚决拥护党中央的英明决议 [J]. 中原民兵，1976(4): 19.
④ 武汉京华彩印厂，江汉区人民武装部报道组.保卫毛主席 保卫党中央 保卫毛主席的革命路线 [J]. 中原民兵，1976(4): 21.
⑤ 咸宁军分区报道组.党中央的英明决议代表了广大民兵的心愿 [J]. 中原民兵，1976(4): 22.

田头地边摆开了革命大批判的战场，进行愤怒的批判声讨。[1]⑤举办学习班，孝感县人民武装部党委举办了全县专职武装干部学习班，认真学习毛主席最近发出的重要指示，学习《人民日报》发表的重要社论《翻案不得人心》。[2]

这场颠倒是非的政治运动利用中原民兵组织，采取各种形式，使运动在民兵的各个基层组织中迅速展开，体现了严重的"跟风走"的特点，这种带动作用所起的负面效应是不容低估的。

对邓小平反对"四人帮"言论的攻击也是这次运动的另一个重要特点。1975年，邓小平主持中央日常工作，同"四人帮"破坏民兵工作的行为进行了坚决的斗争。1975年1月17日，针对"四人帮"的破坏，中共中央发出《关于禁止抢夺武器问题的通知》，指出凡有两派的地方，民兵不要搞进去，利用民兵组织搞斗争是错误的。[3]同年7月份，叶剑英、邓小平同志主持召开的军委扩大会议再一次明确民兵要在党委领导下，由省军区、军分区和人民武装部来管；指出要在民兵中持久地讲井冈山传统；要彻底地解决民兵指挥部问题，民兵小分队一律撤销。[4]

邓小平同"四人帮"破坏民兵工作的斗争，引起了民兵中"四人帮"分子或不明真相的民兵群众的仇恨，在"反击右倾翻案风"运动中，他们对邓小平进行了激烈的攻击。河南某县人民武装部批判道："邓小平视民兵参加社会阶级斗争为眼中钉、肉中刺，又恨又怕，公然叫嚷对'民兵指挥部要彻底地解决问题，一律撤销'。"[5]个别基干民兵认为邓小平污蔑"批林批孔"运动中涌现出来的民兵干部"是坐直升飞机上来的"，胡说什么"一般效果都不好"，还攻击他们是"大野心家和小野心家"，在一律不承认的基础上，极力兜售干部要一个台阶一个台阶地提上来。[6]

可见，邓小平对建立民兵指挥部和造反派的越级提升，是坚决反对的，却遭到了他们的激烈攻击。

---

① 孝感县人民武装部报道组.学习毛泽东重要指示 坚决反击右倾翻案风 [J]. 中原民兵，1976(4): 26.

② 同上。

③ 升和，鲁岩.民兵常识 [M]. 哈尔滨：黑龙江人民出版社，1985: 318.

④ 同上书。

⑤ 荥阳县人民武装部."解决"即复辟 [J]. 中原民兵，1976(6): 22.

⑥ 基干民兵苏学思，江武军."台阶"辨 [J]. 中原民兵，1976(6): 23.

第三节　在批判"四人帮"运动中

1976 年 9 月 9 日，毛泽东主席逝世，全国人民沉浸在巨大的悲痛中，而"四人帮"却加紧了篡党夺权的活动。在华国锋和叶剑英的领导下，党中央一举粉碎了"四人帮"，继而中原民兵也开始了轰轰烈烈的"批判'四人帮'"运动，但由于华国锋坚持"两个凡是"的错误观念，这也决定了批判不可能是彻底的。

粉碎"四人帮"后，中原民兵无不欢欣鼓舞，出现了"大快人心""愤怒声讨的局面"。各个基层民兵组织反应强烈，如大冶钢厂—轧钢民兵团认为"华国锋同志任中共中央主席、中央军委主席和粉碎王洪文、张春桥、江青、姚文元'四人帮'篡党夺权阴谋的两件特大喜讯传来，我们大冶钢厂—轧钢厂民兵团全体指战员，心情无比激动，同志们走上街头，愤怒声讨'四人帮'反党集团背叛马克思主义、列宁主义、毛泽东思想，肆意篡改毛主席的指示，阴谋篡党夺权的滔天罪行，最热烈地庆祝粉碎'四人帮'反党集团的伟大胜利"。[①]

另一个民兵的基层组织宣恩县椒园大队民兵连认为"'四人帮'混淆社会主义时期的主要矛盾和革命的主要对象，忽而把矛头向上，到处揪'走资派'，大整革命的领导干部；忽而把矛头向下，大整反对他们的群众。而大野心家江青在发展的关键时刻，别有用心地提出'文攻武卫'的反动口号，明目张胆地对抗毛主席关于'要用文斗，不用武斗'的指示，挑动群众斗群众，挑起'全面内战'，严重破坏了毛主席的战略部署"。[②]

文艺界对"四人帮"破坏文艺工作的罪行也进行了批判："一方面，'四人帮'将无产阶级文化大革命以来，广大文艺工作者在毛主席革命文艺路线指引下所取得的辉煌成果贪为己有，借以抬高身价，标榜自己；另一方面，对像《创业》《园丁之歌》《彩霞》《万水千山》等优秀的革命文艺作品，百般刁难，大肆咒骂，大打出手，拼命扼杀，企图将捍卫毛主席革命文艺

---

① 大冶钢厂——轧钢民兵团. 英明的决策 伟大的胜利 ——坚决同"四人帮"反党集团斗争到底 [J]. 中原民兵, 1976(11): 23.

② 许昌市人民武装部大批判组. 坚持党在民兵建设上的阶级路线 [J]. 中原民兵, 1977(1): 40.

路线的广大文艺工作者置之死地而后快。"①

中原民兵的这些批判反映了广大民兵对文革的觉醒,对"四人帮"的痛恨;虽然这种觉醒还带有"跟风走"的痕迹,但毕竟是一种新的觉醒,一种理性的复苏,对彻底肃清"四人帮"的流毒、恢复民兵正常的工作,具有重大的意义。

粉碎"四人帮"后,1977年8月召开的军委座谈会指出,要认真搞好民兵工作"三落实",彻底批判"四人帮"搞"第二武装"的罪行。而中原民兵对"四人帮"破坏民兵建设的罪行也有了清醒的认识。②主要体现在以下方面:

在1966—1976年间中,"四人帮"妄图建立"第二武装",作为他们进行帮派活动的武力后盾。在1974年9月的一次民兵工作会议上民兵们批判"四人帮"一伙极力鼓吹"用民兵武装来处理人民内部矛盾",要民兵把治安工作"管起来",把公安工作"统起来",不仅要"执法",还要"管法""立法",说什么民兵可以辅助公安机关"抓人""打人",可以"私设公堂""审讯定案"。为了用民兵武装与军队抗衡,他们还说"民兵领导体制不能修修补补,要来个大革命",要"打烂军事一条线"。③

"四人帮"拉不动解放军,为了实现其篡党夺权的目的,他们就想把民兵变成与解放军对立的"第二武装",成为其篡党夺权的工具,民兵们对此也有了清醒的认识。信阳市前进公社红光大队民兵营认识到,他们为了篡党夺权,拉军队拉不动,便把黑手伸进了民兵组织,妄图把民兵搞成一支同解放军相对立的"第二武装"。为此,"四人帮"对民兵工作进行了一系列的污蔑,"他们污蔑广大民兵组织是墙头上的草,抽屉里的兵,要进行整顿、改造、重建。他们提出的'打烂军事一条线'的反动口号,破坏统一的'三结合'的武装力量体制,杀气腾腾地叫嚷要用民兵挤掉地方武装部门,吃掉地方部队,他们自成系统,另立章程,破坏民兵建设"。在组织上,用所谓"三位一体"挤掉基层武装部,用所谓抓"民兵小分队"取代毛主席关于大办民兵的指示;在民兵任务上,以参加社会阶级斗争为幌子,取代毛主席赋予民兵的对内防复辟、对外反侵略的历史任务。民兵们还认识到"四人帮"妄想把民兵的领导机构搞垮:"他们('四人帮'分

① 本刊通讯员.列罪状 剥画皮 深揭狠批"四人帮"[J].中原民兵,1976(12):39.

② 升和,鲁岩.民兵常识[M].哈尔滨:黑龙江人民出版社,1985:319.

③ 许昌市人民武装部大批判组.坚持党在民兵建设上的阶级路线[J].中原民兵,1977(1):40.

子）狂叫'省军区管民兵不放心，是要打烂军事一条线'，从上面来压你，他们居心叵测地说民兵工作的问题是上面的形式把下面框住了，竭力煽动下面来顶住，他们下令把人民武装部的一些工作都可以并过来，妄图取消党对民兵的绝对领导，篡夺民兵的领导大权。"[①]

中原民兵的这些认识反映了"四人帮"想篡夺民兵领导权的事实，这有利于肃清"四人帮"的流毒，确立党对民兵的绝对领导。

在这次运动中，中原民兵还认识到，在"四人帮"的破坏下，一些民兵组织的成分和性质也发生了变化，以下是我们从这一时期《中原民兵》摘录的几则材料。

他们还任意用民兵整人、打人、抓人、关人，公然把枪口对准广大人民群众，"而以造反派为基础加入民兵则是'四人帮'妄图改变民兵成分的基础"，以造反派为基础"重建民兵，是'四人帮'妄图从组织上改变我国民兵的无产阶级性质、拼凑帮派武装而采取的一个反革命步骤"。[②]"四人帮"心目中的所谓造反派就是那些打砸抢分子、流氓阿飞、监狱里的大派，"四人帮"就是把这些无产阶级专政的对象统统作为民兵建设的基础的。[③]

在1966—1976年间中，毛泽东和党中央对民兵工作早就有明确的规定，经毛泽东批准，中共中央、国务院在关于民兵工作的文件中明确规定，民兵武装只能用于对付反革命和维持社会秩序，绝不能用来处理人民内部矛盾，"任何干部和个人都不许使用民兵捆绑、扣押或收查群众"。但"四人帮"等却无视毛主席和党中央的规定，他们攻击不准用民兵处理人民内部矛盾是"取消阶级斗争"，狂叫民兵就是在处理人民内部矛盾中"打出来的""动动手也没关系"。[④]

"四人帮"的干扰和影响，导致了民兵组织严重不纯。混入民兵组织的一小撮坏人，打着"造反"的旗号，大搞打砸抢，煽动武斗，镇压群众，破坏生产；有的坏分子披着民兵干部的外衣，在光天化日之下，持刀行凶，大搞流氓诈骗和坑害群众的罪恶勾当，广大革命人民对这帮坏蛋的胡

---

① 信阳市前进公社红光大队民兵营. 对"四人帮"破坏民兵建设罪行的认识 [J]. 中原民兵, 1977(1): 16.

② 许昌市人民武装部大批判组. 坚持党在民兵建设上的阶级路线 [J]. 中原民兵, 1977(1): 40.

③ 同上.

④ 郑州市警备区大批判组. 民兵武装绝对不能用来处理人民内部矛盾 [J]. 中原民兵, 1977(2): 17.

作非为切齿痛恨，强烈不满。

"四人帮"在河南的"黑干将"也大打出手。郑州国棉四厂的一个坏人狂叫："叫我抓武装，我就要抓他一批，管他一批，杀他一批。"他拼凑帮派武装，镇压人民群众，为非作歹，干尽了坏事，他头戴柳条帽，眼戴黑墨镜，手持红白棒，腰挂手电筒，在车间任意恫吓、训斥工人；他"以走向社会抓阶级斗争为名，抢夺诈骗群众的财物"，群众愤怒地说这没有一点民兵的味道，简直像国民党的搜索队。当广大干部职工找他说理时，这个坏人恶狠狠地叫喊："把机枪架起来，把手榴弹抬出来，打死了我负责。""四人帮"要用民兵处理人民内部矛盾，就是要镇压广大革命群众，把民兵变成法西斯专政的工具。[①]

从以上材料我们可以看出，中原民兵对"四人帮"破坏民兵工作已经有了比较清醒的认识，这也反映了在"文革"期间"四人帮"破坏民兵工作、妄图篡夺民兵领导权的事实。这些认识对于端正民兵思想，重新树立民兵的双重领导体制，恢复武装部的正常工作，清除民兵队伍中的"不良分子"，具有重大的意义。

为了彻底肃清"四人帮"的流毒、恢复正常的民兵工作，中原民兵进行了"六个坚持，六个反对"的教育。如1978年，湖北省47 944个民兵连进行了"六个坚持，六个反对"的教育，即坚持毛泽东关于民兵建设的理论、路线，反对"改建""重建"民兵的修正主义路线；坚持党中央、中央军委领导下的地方党委和军事系统对民兵的双重领导制度，反对自成体系、另立帮派机构；坚持野战军、地方军和民兵三结合的武装力量体制，反对分裂统一的战斗整体；坚持党的阶级路线，反对以"造反派"为基础的资产阶级帮派路线；坚持无产阶级专政的职能，反对篡改民兵的性质任务；坚持劳武结合的原则，反对制造劳武对立。通过教育，广大民兵逐步澄清是非，清除"左"的和"右"的影响。[②]这次运动的进行对于彻底肃清"四人帮"的流毒、坚持民兵的双重领导体制，具有重大意义。

---

① 郑州市警备区大批判组.民兵武装绝对不能用来处理人民内部矛盾[J].中原民兵，1977(2):17.

② 湖北省地方志编纂委员会.湖北省志（军事志）[M].武汉：湖北人民出版社，1996:318.

第四节　新时期中原民兵的政治工作

民兵的政治运动结束后，民兵的政治生活转入了正常的轨道。1981年2月3日，中央办公厅转发总政治部《关于加强民兵政治教育的意见》，要求各级党委和有关部门与军事机关一起把民兵教育搞好。[①] 同时，这个文件明确规定了教育的三项制度（即民兵训练时军政教育时间比例为9∶1，基干民兵每月上一堂政治课，普通民兵每月上四至五次政治课）。在这一文件的指导下，"总政治部编写了民兵政治教育课本，各级军区和人民武装部相继建立、健全了教育制度，培训了大批教学骨干，改进了教学方法，使民兵政治教育从内容安排到组织实施，都有了新的发展"。[②]

在这种背景下，中原民兵也恢复了正常的民兵政治工作。党的十二届三中全会通过的《关于经济体制改革的决定》中指出："在新的历史时期，党的思想工作和组织工作，必须坚定地贯彻执行为实现党的总任务、总目标服务，密切结合经济建设和经济体制改革的实际来进行的指导方针。"[③] 随着全党工作重心的转移，民兵政治工作的指导思想也发生了转变。"新时期民兵政治工作的重心应该放在服从和服务于'四化'建设、部队建设和民兵建设上来。"[④] 这也意味着新时期民兵政治工作主要体现在为两个文明建设服务。"实践证明，做民兵工作，凡是服从和服务于党的中心任务好的，发挥民兵在两个文明建设中的作用突出的，就得到地方党委、政府的赞扬、各部门的支持和民兵群众的拥护，民兵工作也搞得有声有色。否则，就会脱离中心，脱离实际，脱离群众，民兵工作也就不可能搞好"。[⑤]

为两个文明建设服务，为经济体制改革做好民兵的政治思想教育工作。在精神文明建设方面，1982年以后，湖北省进行了以"五讲、四美、

---

① 升和，鲁岩. 民兵常识 [M]. 哈尔滨：黑龙江人民出版社，1985：321.

② 韩怀智. 当代中国民兵 [M]. 北京：中国社会科学出版社，1989：84.

③ 中国共产党第十二届中共委员会第三次全体会议. 中共中央关于经济体制改革的决定 [M]. 北京：人民出版社，1984.

④ 成都军区政治部群联部，四川省军区教导大队. 民兵政治工作概述 [M]. 成都：四川省社会科学院出版社，1985：17.

⑤ 同上书，第25页.

三热爱（讲文明、讲卫生、讲礼貌、讲秩序、讲道德；心灵美、语言美、行为美、环境美；热爱社会主义、热爱祖国、热爱党）为中心内容的教育。在物质文明建设中，1983 年民兵政治工作的主要任务，是组织民兵和民兵干部深入学习党的十二大文件，提高贯彻执行党的路线、方针、政策的自觉性，坚定社会主义信念，坚持"四项基本原则"。1984 年，民兵政治教育工作本着要为党的总任务、总目标服务，为民兵建设服务，进行了改革，主要是减少次数，提高质量，形式多样，讲究实效。民兵教育走上了为社会主义精神文明、物质文明服务的轨道。[①] 在河南，民兵的政治教育工作也发生着同样的变化，民兵的政治教育强调抓好党的基本路线教育，抓好坚持四项基本原则，反对资产阶级自由化的教育，抓好共产主义理想、道德和人生观的教育，以及社会主义民主和法制的教育。这些内容的教育使民兵"成为有理想、有道德、有文化、有纪律的"的一代新人，动员他们参加两个文明建设，带头执行改革开放政策，成为建设和保护祖国的一支坚强力量。[②] 民兵的政治教育为社会主义建设服务，成为改革开放新时期民兵政治教育工作的主题。

小　结

批判"四人帮"运动的结束，标志着中原民兵参加政治运动的彻底终结。中原民兵在参加的政治运动中，体现出了以下特点。

从总体上来说，中原民兵的思想是比较混乱的。历次批判的政治运动都以学习马列主义、毛泽东思想为批判依据，这其实是一种特殊的政治教育。但民兵们是为批判寻找依据，再加上自身文化水平的限制，不可能完全理解这些原著。在中原民兵参加的这些政治运动中，一些民兵还是抵制的，如在"批林批孔"运动中，一些民兵并不赞成"批孔"。

批判内容绝大多数是错误的，如对刘少奇的批判、对邓小平的批判；对林彪"六个突击"军事原则的批判也是不科学的。在运动中，都以批判促生产，虽然在有些地方起到了暂时的作用，但并不可能从根本上促进生

---

① 湖北省地方志编纂委员会 . 湖北省志（军事志）[M]. 武汉：湖北人民出版社，1996: 615.

② 河南省地方史志编纂委员会 . 河南省志（第二十二卷 军事志）[M]. 郑州：河南人民出版社，1995: 642.

产的发展。相反却造成了巨大的破坏，"运动来了一阵风"，这也反映了这一时期经济发展的特点。历次运动都采用了新旧社会对比的方式，这些都反映了运动的目的是"反修防修""防止资本主义复辟"。

中原民兵参加这些政治运动是有极其深刻的历史原因的。

其一，当时民兵在全国人口中占有很大的比重，在民兵中开展政治运动"强调以阶级斗争为纲"，进行"路线教育"目的是为了"反修防修""防止资本主义复辟"，使民兵成为维护"无产阶级专政"的坚强柱石。

其二，"四人帮"鼓动民兵参加社会阶级斗争，妄图篡夺对民兵的领导权并使民兵成为其夺权的工具，提出了以"造反派"为基础改造民兵，使民兵的组成成分发生了变化，混进了许多打、砸、抢分子。对毛泽东盲目的个人崇拜也是民兵在批判中没有辨别力的一个重要原因。通过回顾这一时期的民兵建设我们不难发现，国家整个局势在1966—1976年间发生了极大的动乱，国家的经济建设、社会主义事业的发展都受到了极大的影响。在这种状况下，民兵建设也遭到了严重破坏，特别是部分民兵受到了反革命集团的控制，走到了人民群众的对立面，做出了危害人民的事情。但是这一时期，由于老一辈无产阶级革命家邓小平、叶剑英等对于纠正民兵工作的努力和广大基层民兵的积极配合，民兵工作仍有一定程度的发展，其整体特点为动乱中求发展。

粉碎"四人帮"后展开的批判，对肃清"四人帮"的流毒起到了重要作用，但由于受华国锋"两个凡是"思想的影响，中原民兵工作并没有完全摆脱"以阶级斗争为纲"的错误影响。真正的民兵工作转型则是在党的十一届三中全会之后，中原民兵工作恢复了正常的政治教育制度，开始为社会主义的两个文明建设服务。

第二章 组织、训练、武器装备的调整与变革

1973—1985 年，民兵的训练经历了由大规模的普遍训练到集中化、正规化的重点训练的转变。党的十一届三中全会以后，随着城乡经济体制的逐步改革，各种承包责任制开始出现，民兵组织也在发生渐进性的调整，直至 1981 年民兵组织开始全面调整。随着城乡流动人员的增多，民兵武器的保管制度也发生了变化。

第一节 中原民兵组织调整前的状况

一、全民皆兵的备战阶段

自从 1969 年珍宝岛事件后，20 世纪 70 年代苏联在中苏边界一直制造磨擦[①]，面对这种严峻的国际形势，1969 年 11 月 5 日，人民日报在社论《注意工作方法》一文中指出："一切工作都要从'备战、备荒、为人民'这个战略思想出发，用这个观点观察一切、检查一切、落实一切，这就是全局观念，没有全局观念的工作，就是单纯业务的观点。"[②]毛泽东提出了"要准备打仗""八亿人民八亿兵""万里江山万里营"等口号。[③]毛泽东反复强调，打起仗来，还是要靠人民战争、靠民兵，要加强民兵的军事训练。根据毛泽东、中央军委、解放军总部和武汉军区的指示，中原民兵恢复了在 1966—1976 年一度停顿了的民兵军事训练。1973 年，根据总参谋部《1973—1975 年民兵军事训练纲要》和武汉军区关于民兵军事训练的指示精神，他们开始有重点、有计划地训练。以河南为例，1973 年 10 月 9 日，

---

① 郑毅,李东梅,李梦.共和国要事珍闻（中卷）[M].长春:吉林文史出版社,2000:924.

② 《人民日报》社论.注意工作方法 [N].人民日报,1969-11-05(01).

③ 郑毅,李东梅,李梦主.共和国要事珍闻（中卷）[M].长春:吉林文史出版社,2000:924.

河南下发了《河南省军区贯彻执行总参谋部 <1973—1975 年民兵军事训练纲要 > 的规划》（以下简称《规划》）。《规划》对训练的指导思想、训练重点和任务、训练的领导等问题提出了要求。《规划》明确规定，训练的重点是专职人民武装干部、民兵排以上干部、武装基干连和高炮、高机、地炮分队的技术、战术基础训练，以及打坦克班、组训练。专职人民武装干部训练，每年由军分区教导队轮训一次，每次一个月，军政训练时间比例为 8：2；民兵营（连）长由县（市）人民武装部负责，每年集训 10 ～ 15天；民兵正副排长和营连副职干部由公社负责，每年集训 10 天左右；武装基干连的训练，由公社组织实施，每年利用农闲季节和生产间隙，以连排为单位，采取小集中或集中授课。民兵高炮、高机、地炮分队应搞好技术训练，每年训练时间可不少于 20 天，三年内进行两次实弹射击。《规划》还规定了民兵打坦克训练、"三防"训练、反空降训练、地雷爆破训练。其中打坦克训练，要求豫东、豫北地区每个武装基干连要培训一、二个确能执行战斗任务的打坦克班（组），作为民兵开展打坦克训练的骨干。《规划》要求民兵训练应坚持劳武结合，采取小型、就地、分散的方法，开展经常性的练武活动。[①] 针对这种情况，中原民兵开展了广泛的群众大练兵运动，如打坦克训练、高炮训练、射击训练以及为战备储粮运动。

在这一时期，由于当时中苏关系紧张，苏联是中国的假想敌，训练也主要是针对苏联进行的。

在打坦克的训练中，中原民兵得到了人民解放军的大力支持，"武汉某部炮营积极帮助民兵，从未来反侵略战争的需要出发，采取'请进来''走出去'的方法，积极帮助民兵开展打坦克训练"。

在训练的过程中，确实遇到许多困难，如民兵的思想情绪、训练器材、训练的教员[②] 等。在训练初期，一些民兵是存在着一些畏难情绪的：在训练之前，有的民兵对打坦克缺乏信心，说咱们民兵这两下子，对付那么大块"铁疙瘩""恐怕不行"。在这个民兵营的党委做了民兵的思想工作以后，部队对民兵的训练技能进行了指导，"除了让民兵一般了解和掌握火炮、火箭筒等反坦克武器的基本知识和操作要领外，还着重帮助民兵学习利用手中武器和简便器材打坦克的本领"。经过指导后，民兵的信心大

---

① 王英洲，张建中 . 当代河南民兵 1949–1995 年 [M]. 北京：当代中国出版社，1996：108.

② 《中原民兵》报道组 . 某炮营积极帮助民兵学习打坦克本领 [J]. 中原民兵，1973(4)：15.

增，女民兵崔荣就表示，敌人的坦克看起来了不起，其实也是纸老虎，只要我们敢打善打，以我之长击敌之短，就一定能战胜它。"他们（部队指导人员）边讲边示范，民兵们边练边体会。大家说：这样训练，结合实际，看得见，摸得着，记得住，学会了打坦克的真本领"。①

在克服民兵打坦克存在的畏难思想情绪后，训练教员和训练器材不足也是迫切需要解决的问题。为此中原民兵采取各种方法解决这些问题。首先是解决教员不足的问题，如留庄民兵营，他们除邀请解放军和专职武装干部当教员外，还从复员退伍军人和有经验的老民兵中选拔了一些教员，以及从 9 个生产队抽出 40 多名基干民兵，进行短期培训，作为分散开展打坦克的训练骨干。例如，老民兵爆破英雄范瑞礼就被邀请担任爆破教员，他根据留庄民兵的传统打法，传授如何用土地雷、石雷炸毁坦克，讲起来通俗易懂，做起来得心应手，效果很好。采用这种相互结合的方法，有效地解决了民兵的教员短缺问题。②

训练器材不足也是急需解决的问题。在训练中，民兵们充分发挥自身的主观能动性，创造性地解决这些问题。他们因陋就简，就地取材，利用土堆砌成坦克模型，练习打静止坦克；把履带式拖拉机稍加改变，当作坦克，练习打运动中的坦克；用破麻袋、塑料布、木棍等材料做成了各种不同形状的炸药包，民兵吴长荣和李承禹等，还利用晚上时间自制炸药，研制成功了 6 种对付敌坦克的土地雷。③一些工厂还利用自身条件，制作训练器材：武汉市灯具厂党支部、民兵连发扬艰苦奋斗的革命精神，就地取材，自己动手，制作各种打坦克的训练器材。该连民兵积极想办法，收集废料，精心研制，制成了反坦克训练器材 70 余件，保证了打坦克训练的顺利进行。④

在训练方法的具体实施中，中原民兵一般坚持劳武结合和小型分散的训练方法。一般是先集中讲课，再分散复习演练。分散时，由经过培训的骨干当小教员，协助民兵干部进行辅导，利用生产间隙时间，在田间地头开展训练活动；大队民兵干部和军事教员分别深入生产队和民兵一起劳

---

① 《中原民兵》报道组 . 某炮营积极帮助民兵学习打坦克本领 [J]. 中原民兵 , 1973(4): 15.

② 坚持劳武结合 小型分散的训练方法 [J]. 中原民兵 , 1973(5): 12.

③ 同上，第 12 页。

④ 江汉区人民武装部报道组 . 自制训练器材 [J]. 中原民兵 , 1973(4): 16.

动，进行检查指导。经过一段时间的分散训练后，大队组织检查考核，交流经验，同时提出下一步的训练任务，统一训练方法和步骤。就这样，打坦克的群众性练兵活动扎扎实实地开展开来。①

在训练中，解放军教员以身作则，广大民兵刻苦训练，形成了一种互相激励的局面。例如，谷城县北河区决定训练一批民兵打坦克骨干，驻地人民解放军某部知道后，即派出一名教员和一个示范班，带着各种训练器材，到民兵训练班帮助开展打坦克训练。在讲课时解放军教员认真负责，"张教员讲得仔细，做得逼真，亲自摸爬滚打，坚持跟班作业"。民兵们说："解放军这样关心我们，我们一定要严格训练，严格要求，尽量掌握打坦克的本领。"解放军的热情帮助激励着民兵们，民兵们的刻苦训练也感动着解放军官兵。训练中，民兵们以解放军为榜样，课中认真学，课后认真练，不懂就问；解放军教员认真辅导，帮助民兵解决训练中的问题。有的民兵抓不准时机，炸药包送出不是过早就是过晚，心里很着急，解放军教员就耐心地讲要领做示范，组织反复演练，一个动作一个动作地纠正，使他们较好地掌握了爆破时机。由于解放军教员认真地传帮带，民兵虚心学习，刻苦演练，绝大多数民兵都掌握了打坦克的"剖腹""掏心""挖眼"的动作要领，不少民兵还做到了会做、会讲、会教，为民兵打坦克训练打下了良好的基础。②

在训练中，一些民兵能克服骄傲情绪，坚持刻苦训练，这是难能可贵的。例如，新野县杜岗大队基干民兵在一次精彩的表演之后，受到了上级的表扬，但杜岗大队有的干部和民兵没有经得住荣誉的考验，产生了骄傲自满情绪。有的民兵说："汗水流了，表扬得了，技术练得差不多了。"因此，在以后的训练中，有的民兵动作马虎，投掷手榴弹时不做拧盖、拉火技术动作；有的民兵单纯追求荣誉，射击练习失去准星，又受到了上级的批评。但经过教育学习之后，民兵们感到按实战技术要求不是"差不多"，而是"差得远"，于是决心苦练军事技术本领。如民兵杜恩兰在练匍匐前进动作时累昏过去，苏醒后领导让她休息，她却说平时不多流点汗，将来在战场上怎么能打胜仗？"在最近一次考核中，这个大队民兵连又受到了

---

① 《中原民兵》联合报道组.坚持劳武结合小型分散的训练方法 [J]. 中原民兵，1973(5): 12.

② 谷城县人民武装部报道组.军民合练打坦克 [J]. 中原民兵，1973(5): 15.

上级的表扬，可是民兵们却一致说，我们训练得还不够，离实战要求还相差很远。我们一定要为革命苦练杀敌本领，随时准备消灭帝反修"。[①]

城市为了防备空袭，广泛进行了高炮训练。由于高炮训练多集中在城市，在训练中也遇到了一些问题，首先要解决的是生产与训练之间的矛盾，而要解决这个矛盾首先就要解决编组问题。由于缺乏经验，解决编组问题的方法也经过了一段时间的摸索。开始，某纺织机械委员会民兵营是这样做的："在便于领导、便于指挥的思想指导下，把配给他们的高炮放在少数车间，基本上是把一个生产班组的基干民兵编为一个高炮班。他们认为这样比较集中，一有任务可以拉出来。谁知恰恰相反，后来开展的军事训练和战备执勤任务与生产发生了矛盾，使生产受到了一定的影响。"[②]

在遇到这样的问题之后，这个纺织机械委员会民兵营进行了认真的探讨："究竟怎样编组才能适应工厂的特点呢？我们多次召开民兵干部座谈会，广泛征求意见。根据大家的建议，采取适当分散、合理集中的方法，把高炮分配到各个车间，一门炮建一个班，实行男女民兵分编。并且考虑到民兵临时外出、病假和关键工序的人员离不开等问题，把原来的一班一套人员增加到两套，关键工序和技术高的工人、干部一般不编入，人员选定按武装基干民兵的条件，选配有专业技术的复退军人和家务少的职工。"这样的编组有效地解决了生产和训练之间的矛盾，适合民兵的训练，同时他们还对民兵组织进行了巩固，建立了各种制度，经常开展活动。高炮连的民兵活动与基干民兵的活动有分有合，训练执勤分开，其他活动回原民兵组织；在火炮维护保养方面，经常对民兵进行爱护武器装备的教育，操作前检查，操作后擦拭，每月一大擦，擦后检查评比，半年一检查，使火炮处于良好的战备状态；在训练方面，采取集中训练打基础、经常训练抓巩固的方法，坚持一年一度的集中训练，每次 15 至 20 天，坚持经常训练。每半月 1 次，每次训练 3 至 4 小时，此外，还利用节假生产空隙和民兵执勤等机会，分单位进行训练。

该民兵单位由于坚持了这种分散与集中相结合的训练制度，取得了相当好的效果。"经考核，有 60% 的炮手达到了良好成绩，1973 年下半年进行了一次实弹射击班单炮射击和连集火射击，有效弹迹均达 80% 以上"。[③]

由于高炮训练属于专业技术训练，在训练中同样也需要克服一些困

---

① 新野县人民武装部通讯组 . 受到表扬之后 [J]. 中原民兵 , 1973(5): 16.

② 本刊通讯员 . 搞好民兵高炮连的组织建设.[J]. 中原民兵 , 1973(11): 18.

③ 同上。

难，如教员少、器材紧缺、协调动作不易配合等问题。针对这些问题，中共电信总局五三五厂委员会民兵是这样解决的：他们从复员退伍军人中选拔了一些有高炮技术的骨干，请解放军帮助培训；同时举办各种班以上骨干培训班，进行短期培训。这样较好地解决了教员短缺的问题。训练发扬军事民主，实行"官教兵，兵教官"的群众练兵方法，如教员何学老在辅导好班协调操作时，讲要领，做示范，一次不行，两次、三次甚至十多次耐心施教。在协调动作上，本着先易后难的原则，先练单项动作，后练协调动作；先练静止目标，后练运动目标。对于训练的难点，实行重点辅导，反复演练，有效地解决了训练中的动作不协调问题。在训练器材上，"还发动群众、自己动手，解决了简易炮库、小型训练场、飞机模型等训练器材，为训练打下了坚实的物质基础，保证了训练顺利地开展"。[①]

　　总之，在训练中，中原民兵克服了种种困难，取得了可喜的成绩。如射击刺杀训练，这种训练在当时是比较普遍的，而且在训练中民兵们是十分刻苦的，特别是一些女民兵。七里界大队女民兵班在射击刺杀训练中取得了可喜的成绩。这个女民兵班开始练刺杀时，因为力气小，达不到要求，有人就说，女伢们总不是拼刺的料子。她们坚定地说："毛主席给我们发了枪，我们一定要练出过硬的本领，为毛主席争光。"训练一开始，她们就向男民兵提出了挑战。端枪，男同志一次端20分钟，她们也端20分钟；突刺，男同志连续刺100下，她们同样也刺100下。出枪是刺杀的基本动作，她们一练就是几十次。班里年龄最小的王金莲，练突刺踏地出脚动作，把腿练肿了，可是她一声不吭，第二天照常参加训练。功到自然成，就这样，她们日复一日，经过勤学苦练，终于达到了训练要求。

　　不仅如此，民兵们还对训练技术精益求精，如山地训练受温度、阳光、风向的影响较大，为了能在各种条件下命中目标，七里界大队民兵连邵国民班长带领全班民兵认真进行研究，把实践经验上升为理论，每次射击预习，打一发子弹就跑到山下检查靶上的弹着点，然后再打第二发、第三发，一次射击预习往往要上下跑多次。几个月的时间里该民兵班记下了数十个不同气候条件下射击的顺序，经过研究分析，发现了山地射击的规律。[②]

　　为了响应毛泽东提出的"备战、备荒、为人民"的号召，中原民兵开

---

① 本刊通讯员. 加强战备 为打而练 [J]. 中原民兵，1973(11): 20.

② 鄂城县人民武装部报道组. 为了做好反侵略战争的准备——七里界大队民兵连军事训练侧记 [J]. 中原民兵，1973(11): 23.

展了"为战备多打粮""节约用粮"等活动。大冶县刘辅公社民兵排长张建新就是一个典型的例子。老民兵排长张建新是 1971 年到农村落户的知识青年,为了多打粮食,他带领民兵种试验田,他们选了一块土质比较差、离村子比较远的田做试验。初春,他一遍又一遍地深翻土地,嘴唇冻得发青;盛夏,骄阳似火,他在试验田拔草,热得汗流浃背,有时深更半夜还在试验田里观察禾苗的生长情况。他的辛勤努力,终于使试验田获得了单产 802 斤的好收成,比这个队的一般亩产高出了 20% 左右。

他不仅努力多打粮,还积极护粮。1973 年夏末,该村河水猛涨,眼看洪水就要吞没全大队的 30 多公顷旱稻,张建新和二十几个民兵组成防洪抗险突击队,日夜战斗在河堤上。时间久了张建新的身体消瘦了,队长劝他回家休息几天,他坚决不肯,就在这时,他家打来电话,说他久病的父亲去世了,他这才回家安排父亲的丧事。可是他只在家里待了 5 天,就急忙赶回队里。社员们见他这么快就回来了,都说:"抗洪夺粮再紧张,你也得在家多待几天呀!"他说:"收到手的粮食,被洪水淹没,我不忍心,多一粒粮食,就是多一粒消灭帝反修的炮弹呀!"接着他就投入了抗洪抢险的战斗。经过张建新和广大民兵们一个多月的努力,终于保证了全大队的旱稻未受损失。①

中原民兵还为战备开展了"节约用粮"的活动。以兴山县高华公社一大队民兵连为例,一些基层的民兵开始了"节约用粮"的群众活动,全大队 106 户,在民兵的带动下,户户开展节约用粮,其中 82 户已节约用粮100 300 多斤,同时进一步巩固和发展了集体储粮成果。

在"节约用粮"的活动中,也涌现出一批先进典型,如女民兵钟帮秀,坚持勤俭持家、精打细算,1972—1973 年全家节约粮食达 800 多斤。五排原来大部分家庭没有储备粮食,通过教育,大家都提高了认识,由民兵带头节约,虽然由于旱灾粮食略有减产,但民兵和群众胸怀全局,能够正确处理国家、集体和个人之间的关系,不仅超额完成了国家的征购任务,而且大部分民兵家庭还有储备粮。老贫农王孝真十一年如一日,坚持为革命节约,处处精打细算,他家只有三口人,却节约粮食 3 000 多斤。基干民兵王正英以王孝真为榜样,自觉坚持勤俭持家,不到两年时间就节约粮食 600 多斤。

---

① 大冶县人民武装部报道组 . 他为战备多打粮——记下乡知识青年民兵排长张建新 [J]. 中原民兵 , 1973(11): 31.

这个民兵连还对民兵群众进行了认真的思想教育，取得了较好的效果。"坚持节约教育常抓不懈，不断地宣扬典型；坚持开展'坛子口上紧，节约一把米'活动，切实做到先算后吃，计划用粮。合理地安排副业生产，做到瓜菜三分粮"，该民兵连大小队都建立了节约用粮的领导班子，分工专人抓生活管理。特别是对蔬菜抓得很紧，1973年该大队除集体收菜159 000多斤外，民兵、群众家庭还收菜60 000多斤，每户平均2 700多斤，为节约用粮、改善生活打下了基础。①

这一时期，中原民兵的训练反映出当时的装备技术条件是落后的，由于当时"大办民兵师""全民皆兵"，民兵采取的是普遍训练，这也使中原民兵的训练面临教员以及训练器材不足等许多困难。但在当时中苏关系紧张的情况下，民兵们还是克服重重困难，积极认真开展训练，并且积极为战备多打粮、储粮。在20世纪70年代中苏关系持续恶化的国际背景下，这对于妄图入侵我国的苏联也是一个极大的威慑。

二、粉碎"四人帮"后的中原民兵训练以及民兵组织的初步调整

（一）粉碎"四人帮"后的中原民兵训练

粉碎"四人帮"后，民兵的工作重心逐步向经济建设领域转移。为了不使民兵的训练与经济建设冲突，各个民兵的基层单位开展了灵活多样的训练方式，充分体现了劳武结合的特点，各个单位根据自身生产的特点，见缝插针地展开训练。

在农业生产领域，蕲春县刘河公社民兵连为了搞好劳武结合、做到劳武两不误，采取了连包作业面、排分片、班分段的训练方法；统一分配劳动任务时也安排上军事课目，逢五的早晨练刺杀，逢十的中午练战术，三六九晚上学兵器和在开会集合时学队列、练步伐，结合布置检查施工任务练习指挥能力。此外该社民兵还见缝插针，开展瞄三枪、投三弹活动。在劳动和练武中，开展赛学习、赛思想、赛作风、赛功效、赛比武、赛质量活动，定期检查评比，极大地激发了民兵们劳动练武的热情。②

公路维修单位，如河南郸城县公路段民兵工兵连，想到战时敌机会对路面进行轰炸，就抓好抢修公路的训练。1977—1978年，他们结合洪水、

---

① 本刊通讯员.他为战备多打粮 [J]. 中原民兵，1973(11): 32.

② 邓斧，宋兵.劳武巧安排 建设练兵两不误 [J]. 中原民兵，1978(2): 20.

冰冻给路面造成的损害，多次进行了模拟在敌机轰炸的情况下抢修公路的演练。当"敌机"在公路上投掷炸弹使路面遭到破坏时，他们就迅速到达出事地点，一边组织力量防空，一边投入填弹坑的紧张战斗。经过多次演练，该连民兵基本上掌握了正弹坑、偏弹坑、双弹坑、密集弹坑等多种弹坑的填塞方法，刚开始填塞一个直径为 2.5 米、深 1.5 米的弹坑需 30 分钟，经过训练后只需要 20 分钟即可完成。同时，这个公路段的民兵还分析了敌人破坏公路的重点，抓好架设木便桥的训练："我们还针对我段分管 40 多座桥涵的实际情况，狠抓了民兵架设木便桥的训练。1977—1978 年，我们组织民兵在各种条件下经过不断实践，摸索总结架设木桥的规律，初步学会了有桥墩、无桥墩、有栏、无栏四种木桥的架设方法"。[①]

工业领域为了更好地落实"劳武结合"的方针也开展了具有其自身工作特点的练兵运动，如河南省新密矿务局水泥支架厂民兵营，他们结合自身生产特点开展了军事训练，取得了较好的效果。为了解决生产与训练争时间、争人力的矛盾，他们认真地分析了本厂的生产特点，制定出结合本厂实际的训练计划。一是利用重大节日、民兵活动日和厂内停产大修的时间组织训练，培训民兵骨干，为业余训练解决教员不足的问题；二是结合各车间的生产特点组织民兵训练。1978 年冬，正当该厂提出大战四季度，实现超额完成生产任务目标的关键时刻，武装部下达了进行第二次实弹射击的任务。该厂各连积极出主意、想办法，开展了小型的练兵活动。水泥车间民兵连根据本车间生产不能断线的实际情况，统筹兼顾，合理安排，组织民兵见缝插针找时间，利用班前、班后和中午休息时间开展"三五枪"训练，突击大干抢时间；有的工种伸缩性较大，就先突击生产，在保证完成任务的前提下挤时间训练。[②]他们紧密联系本厂的生产实际，因地制宜，就地取材，开展了多种形式的练兵活动。预制水泥支架的民兵就造水泥雷，并负责全厂的装备制作；安装和维护的民兵就练瞄准、登高；采石车间的民兵开采时需要打眼放炮，他们就组织民兵讲爆破知识，逐步摸索出一线连放多炮的方法。[③]

这一时期的训练也是存在一些问题的，如上蔡县人民武装部政委卢春海认为，1978 年，县里为了落实民兵"三落实"的工作，上级先后组

① 郸城县公路段民兵连工兵连.平战结合 苦练战时过硬本领 [J].中原民兵，1978(4): 21.

② 同上。

③ 张文虎，刘天竞.结合生产特点 开展军事训练 [J].中原民兵，1978(5): 5.

织四次（小的检查不记在内）检查验收。为了迎接检查，大队民兵营每次都得忙一阵子，组织民兵练军事、学政治，每检查一次得花去 10 天以上的时间，增加了生产队的负担。四次检查，每个民兵就需要付出 40 多个劳动日，既增加了生产队的负担又影响了生产。检查尤其强调民兵要会笔答、口答、背诵等，给训练和生产带来了较大的副作用。有的大队为了应付这种检查，立了"土政策"，会背的奖励工分，不会背的则没有。这种检查给民兵带来了很大的负担。按照中央军委政治部规定"三落实"检查需要 15 至 20 天时间，加上应付上边检查再多出 40 多天，加在一起就是 60 多天。采取搞突击、"大呼隆"的办法，检查组来了哄哄嚷嚷，好不热闹；检查组走后冷冷清清，万事大吉。① 这也说明了当时的民兵工作是存在着一些形式主义问题的。

粉碎"四人帮"后，民兵的工作重心逐步向经济建设转移，这也使得庞大的民兵组织在频繁训练与参加经济建设之间产生了冲突。因此，很多单位采取了因地制宜、小型分散、见缝插针的训练方法，这也是为了适应经济建设的需要而改变的。但这毕竟是一种"治标不治本"的办法，同时一些形式主义的检查工作也影响了民兵的工作与训练，民兵工作亟待改革。

在此期间对越自卫反击战对中原民兵的军事训练也起到了巨大的精神鼓舞作用，我们以宜昌市服装厂出口一车间党支部民兵连为例。出口一车间的生产特点是"一条龙"式的流水线，武装基干民兵抽不出正式时间搞训练。他们科学安排，利用班前班后的时间进行训练。训练中他们以英雄为榜样，苦练杀敌本领，努力做到一枪消灭一个敌人。民兵蔡发义在夜间训练时认真学习，并经常请人给他做检查，终于掌握了要领，实弹射击六发五中。1979 年 5 月 7 日雨后，地面很湿，民兵们说自卫反击战的英雄们在那样艰苦的条件下都能打胜仗，自己这点困难算什么！大家趴在地下，衣服浸湿了，但都没有怨言，一直坚持进行夜间射击训练。一天，女民兵蔡红珍患重感冒，高烧到 39 度，医生开了两天病休假，她只吃了点退烧药，又照常上班，下午照常训练。②

在一些民兵训练中，利用对越自卫反击战的宣传经验对民兵进行宣传鼓舞教育，起到了很好的作用。对越自卫反击战中，边防部队和广大民

① 上蔡县人民武装部政委卢春海 . 我对领导机关干部下来检查工作的一些看法 [J]. 中原民兵，1979(2): 13.

② 魏昌军 . 学习英雄精神 争为四化出力 [J]. 中原民兵，1979(7): 3.

兵、支前民工英勇顽强，艰苦奋战，现场政治鼓舞工作起了很大的作用，如孝感县人民武装部运用这些经验，在训练场地广泛开展了"学英雄，见行动；谁好汉，比比看"的活动，使训练热情节节高涨。每上一节课，都要进行一次提问，搞好课堂"点将台"，促进学员比看学；每一次野外操炮，都要进行一次操作动作的比赛，表彰先进，促进落后。[①]

中原民兵虽然没有直接参加对越自卫反击战，但对越自卫反击战对民兵个人起到了巨大的影响作用，成为他们克服困难的重要精神力量。对越自卫反击战一级战斗英雄吴志平率领民兵炮兵观察组深入敌后、多次荣立战功的英雄事迹在报纸上刊登以后，英雄吴志平的妹妹、24岁的民兵副排长吴友珍，在哥哥英雄事迹的鼓舞下，组织全排民兵从实战出发，利用早晚业余时间刻苦练习军事技术。全排有不少新民兵基础差，要搞好这次训练，困难还是很多的。吴友珍想：自己是一排之长，一定要以哥哥为榜样，带领全排民兵搞好训练，使人人都能掌握杀敌本领。在训练中，吴友珍以身作则，刻苦训练，腰练痛了、臂练酸了，不叫一声苦，不说一句累。哥哥吴志平机智勇敢、不怕牺牲的英雄事迹，使妹妹吴友珍浑身充满了力量，带领民兵摸爬滚打，苦练杀敌本领。民兵吴元斌在训练中，思想上产生了松劲麻痹思想，训练的劲头不大，吴友珍耐心做思想工作，用哥哥的英雄事迹启发教育吴元斌，使他增强了敌情观念，鼓起练兵的劲头，高高兴兴地投入到紧张的训练中。[②]

对越自卫反击战中，中原民兵虽然没有直接参战，但他们积极训练，表现了他们保卫祖国的坚强决心，这也体现了民兵始终是维护我国国防安全的强大后备军这一重要特色。

（二）中原民兵组织的初步调整及面临的问题

党的十一届三中全会后，全国工作重点转移到了社会主义现代化建设上来。发展国民经济、改变落后面貌，成为全国人民压倒一切的中心任务。随着农村经济体制改革的深入推进，民兵训练与生产发生了新的矛盾。由于各种形式的生产责任制的出现，原有的民兵组织已不适应经济体制改革新时期的训练要求，民兵作为群众性的武装组织，必须与经济体制的变化相适应。因此，民兵组织也开始出现了初步调整。

---

① 周泽炳. 做好军训中的思想政治工作 [J]. 中原民兵，1979(7): 13.
② 蔡明国. 英雄的妹妹学英雄 [J]. 中原民兵，1979(7): 16.

首先，表现在农村的分队上。为了适应生产力的发展，有些生产大队原来是由几个小队合起来的，现在要分队，这就给民兵组织建设和民兵武器管理带来了新的情况，民兵组织一定要随着生产组织的变化而变化。我们以某民兵营为例，他们的措施是你分我也分。如果生产大队一分为二，民兵连队也一分为二，在划分大队、生产队的同时，建立连、排、班的组织；结合配备大队、生产队的领导班子，配齐配好民兵连、排、班干部。根据实际情况，民兵武器装备给其中的一个连队，另一个连队的装备由县重新安排。①

其次，除了由分队造成的问题外，基干民兵过于集中也影响到了民兵的生产训练，民兵组织对此也进行了一定的调整。我们以济源县人民武装部对民兵武装基干团的调整为例，枝城公社原把一个基干连的武装全部分配在西枝城大队，平均每个生产队近20人。调整后，武装部把这个连的武器分配到人口较多的5个大队，平均每个基干小队的民兵只有四五人，编组适应生产。这次调整，武装部明确规定，建排的大队在2至4个生产队编班，建班的大队在3至5个生产队编班，一枪三手必须编在一个班，并且不跨生产队。克井公社武装基干营按照这一规定，在二十几个大队建排，三十个大队建班，覆盖了293个生产队，每个生产队多则3枝枪，少则1支枪，这样既便于生产，也便于训练。在配备民兵干部上，武装部认为，大干四化的新形势要求各级民兵干部必需具备劳武两套本领，他们特别注意把那些既懂训练、又懂生产的优秀民兵，选拔到领导岗位上来。中王大队武装基干民兵连有连排干部11人，其中有8人懂生产，连长是生产上的多面手，指导员和副连长都担任过生产队长，他们带领民兵战斗在水利、机械、科研等各条战线上。②

在一些特殊的民兵单位，如学校，为了适应新的教学训练形势，民兵组织也进行了调整，而且很有特色。其中襄阳地区师范学校民兵营把民兵组织同教学组织统一起来，针对学校的特点，把每一个教学班编为一个民兵排，把每个教学小组编为一个民兵班，把每个专业作为一个民兵连，并分别选拔出思想好、军事素质好、热爱民兵工作的党团员和三好学生担任民兵干部，这样便于领导，便于教学，便于民兵活动，便于执行任务。学

① 姜宏馍.适应重点转移 加强民兵建设[J].中原民兵,1979(3): 8.
② 王洪山，贺保彤.组织建设要适应生产[J].中原民兵,1979(3): 10.

校把民兵军事训练纳入统一教学计划，平时结合体育课教学开展队列、投弹、翻越障碍物、刺杀等军事训练，每周抽出一定的课外活动和早操时间进行瞄准、射击、战术等军事训练。利用节假日训练民兵骨干，在训练安排上采取了集中与分散相结合的原则，分期分批地进行训练。①

　　民兵组织的初步调整是随着经济体制的改革而逐步调整的，调整后的民兵组织更有利于民兵训练和参加经济建设。

　　民兵组织初步调整后，中原民兵的训练仍然面临着一些问题。首先是基干民兵的集中训练，在农村实行经济体制改革后，基干民兵的集中训练对生产以及对民兵个人有多大的影响呢？我们以驻马店军分区司令员张国发带领工作组到各社队的调查结果为例。关于生产队的负担有多重的问题，张司令员同遂平常庄公社党委领导和民兵营干部进行了座谈。公社党委书记李永学谈了他的看法：当前，武器分布比较合理，一般都是 1 个生产队配有 1 件武器、3 名武装基干民兵，每人训练 20 天，每天补助 2 斤粮食，共计也不过 120 斤，这点负担放在一个生产队是微不足道的。关于民兵训练对生产的影响有多大的问题，张司令员在汝南红光公社进行了调查：这个公社共有 47 000 人，23 600 个劳力；武装基干民兵只有 240 人，占总人口的 0.5%，占总劳力的 1%；就武器分布来说，全社 253 个生产队只有 80 件武器，分布在 79 个生产队，占生产队总数的 31.2%；有武器的生产队，3 名持枪手每人训练 20 天，总共也只耽误了 60 个劳动日，这对整个生产的影响也是很有限的。关于训练究竟侵占民兵多少利益的问题，西平县全寨公社郑楼大队党支部书记关全收和一些基干民兵说：一个武装基干民兵每年训练 20 天，只占全年的 5% 左右，不论是搞作业组或者是其他形式，对个人的影响都不大；同时，训练时间一般都安排在冬季，农活较闲；3 名持枪手又是分期训练，一个参训，其他两人可以互相帮助，训练每天记工分，民兵个人并不吃多少亏。②

　　虽然基干民兵训练对生产的影响是微乎其微的，但民兵训练的过程仍存在着一些问题，如在普遍实行生产责任制后，应如何调动参训民兵的积极性的问题。淮阳县委采取了这样的措施：对参训民兵实行帮工，解除了他们的后顾之忧。1980 年 10 月，淮阳县武装部打算在秋收结束后，办一期民兵骨

①　襄阳地区师范学校民兵营 . 围绕教学重点 办好民兵促教学 [J]. 中原民兵 , 1980(2): 2.

②　梁效益 , 刘培原 . 深入调查解疑虑 [J]. 中原民兵 , 1980(12): 5.

干培训班，为全县武装基干民兵"冬训"培养教学队伍。对此，民兵们普遍的反应是关心训练期间民兵的责任田怎么管、误了农时怎么办。淮阳县对参训民兵采取了误工补贴的办法，大体分四种。①让实行专业承包的社队专业组把参训民兵的生产任务担起来，实行专业帮工。②在实行联产到劳、小段包工的社队，由大队统一组织队办工厂、大队农机组人员对参训民兵管理的责任田实行集体帮工。③在实行大包干、口粮田、包产到户的社队，参训民兵家庭可以优先无偿使用集体的生产工具、牲口、农业机械等，大队委托民兵营、团支部组织青年结成帮工小组，实行专人帮工。④对个别单身汉、困难户、家有特殊情况的参训民兵，大队、生产队不仅组织人员帮做农活，还针对具体情况帮做家务、料理病人、喂养牲畜等。[①]由于解决了后顾之忧，民兵们参训的积极性被极大调动了起来。

在工厂领域又是怎样呢？我们以湖北铝厂为例。湖北铝厂自 1978 年以来，每逢民兵训练期间，就抽出厂里的干部到民兵生产岗位上顶班。湖北铝厂是以炼铝为主、铝材加工为辅的多样化生产经营企业，整个工序实行流水作业。由于民兵在生产岗位上是"一个萝卜一个坑"，抽人训练就会抽一个停一处，影响到全厂的生产；然而不这样民兵训练就得落空。为了解决民兵训练与生产的矛盾，该厂党委根据本厂的实际，决定在民兵训练期间，从各科室、车间抽出干部顶班。1980 年 5 月，30 名第一持枪手要参加训练，厂长谷强安带头，从工会、团委组织、宣传、劳资和车间抽出 30 名懂技术的干部，在民兵生产岗位上顶班，使全厂生产程序没打一个"顿"[②]，这样的调整是适合一些工厂生产特点的。

对参加训练的民兵进行补贴也是提高民兵训练积极性的一个重要因素。如五星公社新光大队在实行联产责任制后，由于没注意给参加军训等集体活动的民兵以合理的报酬，影响了民兵参加训练和政治教育的积极性；对于民兵参加军训等集体活动，作业组的社员有意见，民兵家庭也不支持。"经群众讨论，他们采取了误工补贴、误工记工的训练方法，集体经济富裕、条件好的生产队，民兵参加训练等集体活动等实行误工补贴；集体经济薄弱、条件差的生产队，则采取误工记工的方法，保证民兵不减少收入。这些开支均

---

① 李道畅，谢文礼. 农村经济体制改革后——淮阳县委采取措施对参训民兵实行帮工 [J]. 中原民兵，1980(12): 14.

② 邱国新，郭尔圣. 民兵去训练 干部来顶班 [J]. 中原民兵，1980(12): 15.

从生产队积累的公积金和公益金中开支。1980年3月份，第三生产队民兵排长吴建国和民兵胡礼德、徐红敏参加公社组织的武装基干民兵训练，训练期间，队里给与他们每人每天误工补贴，作业组还照常记工分，使他们安心参加训练，在射击、战术、投弹、爆破四项课目中均取得了优秀的成绩"。①

　　民兵组织的初步调整发生在党的十一届三中全会以后，是伴随着经济体制改革的进行而渐进的。经济制度的变革也必然带来生产组织形式的变革，民兵组织作为群众性的军事组织，同时它也是庞大的劳动组织，民兵组织必须进行调整，才能适应变化了的经济体制。而随着城乡经济体制改革的进一步推进，对民兵组织的全面调整也就成为必需了。

第二节　中原民兵组织的调整与加强预备役建设

一、中原民兵组织的调整

　　党的十一届三中全会后，为实现四个现代化，调整国民经济成为当时党和国家一切工作的中心，各条战线都要围绕和服从这个中心，民兵工作也不例外。民兵是在党的领导下，不脱离生产的群众组织。民兵建设同国家经济建设有着紧密的联系，但必须服从于国家经济建设，否则就会偏离方向。但随着国民经济的调整，民兵建设也出现了一些新情况、新问题。这其中首先是民兵组织的调整问题，民兵组织是进行民兵各项工作的基础，但是民兵组织建设长期以来存在着两个主要问题：一是参加民兵的年龄规定过宽，组建面过大，数量过多，编组复杂，党政机关、学校和科研单位的民兵活动难以开展，县民兵师、公社民兵团也因与人民武装部机构重叠，成为有名无实的虚设机构；二是没有把民兵制度同预备役制度、民兵工作同战时兵员动员工作很好结合起来，没有形成一套完善的预备役制度，这对于战时实施快速动员是非常不利的。中共十一届三中全会以后，中共中央、国务院、中央军委在民兵组织建设上采取了一系列措施，逐步排除"左"的思想影响，解决了上述问题。②

① 李寿春，刘国权，杨元忠. 民兵参加训练等活动 影响民兵个人收入怎么办？——信阳郊区五星公社的做法 [J]. 中原民兵，1980(9)：11.

② 王英洲，张建中. 当代河南民兵1949——1995年 [M]. 北京：当代中国出版社，1996：135.

1981 年 3 月，中共中央批转总参谋部、总政治部《关于调整民兵组织问题的报告》。[1] 根据这个报告，调整的基本原则是从"四化"建设和战备的需要出发，本着实事求是的精神，既要适当减少数量、提高质量，又要保持民兵组织的普遍性和群众性，以适应战时兵员动员、配合部队作战、保卫地方和基层单位自卫等各方面的需要。同时，要把民兵制度同预备役制度结合起来，把民兵组织的调整工作迅速在民兵中由点到面开展开来。[2] 根据党中央和中央军委"简化民兵组织层次"的原则[3]，这次调整将普通、基干、武装基干三个层次的民兵组织，改为普通、基干两个层次；普遍取消了县设民兵师、公社设民兵团的建制，农村以生产大队、企业为单位建立民兵组织，公社民兵组织由团编为营；普通民兵、基干民兵则分别编组，城市民兵的调整则体现为缩小了组建面，精简了人数，如武汉市青山区"全区民兵组织取消了师建制，简化组织层次，组建面由 90% 调整到 25.8%，民兵人数减少 31.4%"。[4] 这些调整充分体现了中央军委关于民兵工作"控制数量、提高质量、突出重点、打好基础"的方针[5]，更有利于经济体制改革新时期加强对民兵的管理，更有利于开展新时期民兵的训练，更有利于减轻人民群众的负担。

民兵组织的调整，首先是民兵领导机构的调整。人民武装委员会是在中央军事委员会和各级地方党委下设立的领导各级人民武装工作的机构。1950 年 8 月，中南军政委员会公布了《中南区民兵组织暂行条例》，规定县以下民兵组织在县委领导下实行代表大会及委员会制度，在代表大会闭幕期间，以其所选出的县、区、乡人民武装委员会为权力机关。1950 年 10 月，湖北省委、湖北省军区根据中南军政委员会的规定，发出了《关于建立县区临时人民武装委员会的指示》。1952 年 11 月，湖北省人民武装委员会正式成立。而河南省人民武装委员会于 1962 年 6 月成立。人民武装委员会一直担负对民兵工作的领导职能，对人民武装的发展有着重要的意义。但在 1966—1976 年，受政治运动的影响，各级人民武装委员会中

① 湖北省地方志编纂委员会.湖北省志（军事志）[M].武汉：湖北人民出版社,1996:599.

② 王英洲,张建中.当代河南民兵 1949——1995 年 [M].北京：当代中国出版社,1996:136.

③ 湖北省远安县地方志编纂委员会.远安县志 [M].北京：中国城市经济社会出版社,1990:537.

④ 武汉市青山区地方志编纂委员会.青山区志 [M].武汉：武汉出版社,2006:703.

⑤ 有林,郑新立,王瑞璞.中华人民共和国国史通鉴（第二卷）[M].北京：红旗出版社,1993:218.

断活动，民兵的领导机构受到了严重破坏。[①]

　　1978 年 11 月，湖北省军区党委根据中共中央《关于恢复中央军委和各级地方党委人民武装委员会的通知》精神，向湖北省委、武汉军区写了《关于恢复各级地方党委人民武装委员会的问题》的报告。1979 年 4 月，中共湖北省委发出《关于省委人民武装委员会组成的通知》，通告省委人民武装委员会由 22 人组成，湖北省委第一书记陈丕显为主任委员。湖北省委 8 个地委、6 个市委和 81 个县（区）党委人民武装委员会（以下简称武委会）也于 1979 年 11 月全部恢复，均由第一书记担任主任。湖北省各地、市、县武委会成员，一般由 23 人组成。[②] 河南省人民武装委员会于 1979 年 6 月恢复，河南省各地、市、县人民武装委员会也相继恢复。[③]

　　人民武装委员会是民兵工作的领导机构，是指导民兵工作的中枢神经。各级武委会的恢复，对指导解决经济体制改革新时期民兵建设的重大问题发挥了巨大的作用，是民兵工作转型的必要条件。

　　人民武装部，是本地区的军事领导机关。它既是同级地方党委的军事部，又是同级人民政府的兵役工作机关，接受地方政府和上级军事机关的双重领导。[④] 由于地方体制改革的进行，民兵的领导机构——人民武装部，顺应改革的形势，也进行了调整。

　　1983 年，湖北省农村实行政社分开，建立区、乡政府。为适应地方体制改革的要求，经调查研究，湖北省军区党委于 1983 年底向湖北省委提出《关于在农村基层体制改革中进一步加强民兵建设的意见》。湖北省委于 1984 年 1 月批转了这个意见，并提出"凡建立区、乡（镇）的单位，均设人民武装部，分别定为副区、乡（镇）级。武装部长是区、乡（镇）领导成员之一，其职务与副区、乡（镇）长同级，是党员的一般应参加同级党委"。1984 年，中央组织部等单位《关于基层武装部的设置和专职人民武装干部的配备原则等问题的通知》下发后，省委组织部等单位也联合下发了通知，要求在体制改革中撤销、合并的武装部要尽快恢复机构，配齐干部；省辖区的市区，凡未设人民武装部的，要一律补设，配备专职部

---

① 湖北省地方志编纂委员会 . 湖北省志（军事志）[M]. 武汉：湖北人民出版社 , 1996: 594–595.

② 同上书。

③ 河南省志编纂委员会 . 河南省志（第二十二卷 军事志）[M]. 郑州：河南人民出版社 , 1995:628.

④ 湖北省地方志编纂委员 . 湖北省志（军事志）[M]. 武汉：湖北人民出版社 , 1996: 591.

长、副部长。湖北省委在 1984 年批准的 10 000 名乡（镇）干部指标中，安排有 1 738 名专职人民武装干部指标。据 1984 年 7 月统计，湖北全省区和区级镇 921 个，乡和乡级镇 4 443 个，均设人武干部，配专职人民武装干部 5 549 人。

武装部由军队改归地方建制。为做好县、市、区人民武装部由军队改归地方建制的工作，1985 年 8 月，湖北省军区组成 3 个调查组，到襄樊、武汉等 5 个军分区和襄阳、洪山等 9 个县（市、区）人民武装部进行重点调查，解决人民武装部改归地方建制的一些实际问题。[①] 河南省的工作较迟一些，到 1986 年才开始人民武装部改归地方建制的工作。[②]

1984 年对人民武装部门的调整，明确了人民武装部门的地位，完善了人民武装部门的机构，充实了地方上的人武干部，这些都体现了在经济体制改革新时期依然坚持对民兵工作的双重领导体制，有利于新时期民兵工作的开展。人民武装部门由军队改归地方建制，是符合民兵发展规律的，早在 1954 年 4 月中共中央就指出，整个民兵建设工作必需由各级地方党委切实掌握起来，不能只交由军事系统去单独管理，因为民兵工作仍然是地方群众工作很重要的一部分，这一部分工作必须依靠地方党委的领导，与全部地方工作密切配合。加强地方党委对民兵工作的领导，也是为了更好地贯彻党管武装的原则，保证民兵武装置于中国共产党的绝对领导之下。1978 年 8 月，聂荣臻代表中共中央和中央军委在全国民兵工作会议上讲话时也指出，各级地方党委要重视民兵工作，把它放在重要位置，列入议事日程，切实加强领导。[③]

总之，经济体制改革新时期人民武装部的调整，顺应了改革的形势，符合民兵工作发展的特点，有利于加强党对民兵工作的领导。

伴随着民兵领导机构的调整，基层民兵组织也开始了调整，在农村，旧的民兵组织存在着许多问题，有待于在调整中解决。问题主要表现在以下三个方面。

第一，兵员质量存在着严重的问题。我们从胡场公社武装部长荣德方的叙述中可以看出一些情况："过去民兵年龄规定过宽，有许多'父子兵''母子兵''全家兵'，但质量不能保证。民七大队党支部书记李良兵

---

① 湖北省地方志编纂委员 . 湖北省志（军事志）[M]. 武汉：湖北人民出版社 , 1996: 592—593.

② 河南省地方史志编纂委员 . 河南年鉴（军事）[J]. 郑州：河南年鉴编辑部 , 1987: 215.

③ 聂荣臻 . 聂荣臻军事文选 [M]. 北京：解放军出版社 , 1992: 541.

和爱人是普通民兵，两个姑娘是基干民兵，两个儿子是武装民兵，群众说：'全家兵，图名声，开起会来全上阵，打起仗来可不行。'由于只讲数量，忽视了质量，民兵中有些年大体弱、拖累过多的对象也被编进来了。由于过去民兵人数过多，抓不过来，出现了有名无实的现象，即墙上的名字、大队的册子、公社的数字。"①

第二，在管理层次上，也存在着很多问题。有民兵说道："过去，公社有民兵团，民兵中又分武装民兵、基干民兵、普通民兵，组织层次繁杂。调整后，层次减少了，管理也方便多了。""调整前实行普遍民兵制。我们公社范围内，社直机关、学校、企业等32个单位都组建了民兵组织。不抓吧，民兵有意见；抓吧，又顾不过来。真是'顶着锥窝子唱戏，人又吃了亏，戏又不好看'。"②

第三，面临着富余人员的解决及安置问题。例如，襄阳军分区在宜城县朱市公社进行民兵组织的调整，"调整中，有的民兵干部要免，有的持枪手要调，有的青年不能编入民兵组织"。整组民兵组织，"复员退伍军人和女青年反映比较强烈，有的复员军人说：'复员兵，没人管，搞起战备想起咱。'有的女民兵说：'过去妇女半边天，现在调整不沾边。'"这也意味着要解决一部分复员军人和女民兵干部的安置问题以及做好他们的思想工作，调整工作才能更为顺利地进行。

经过调整，这些问题都得到了解决，民兵人数进行了精简，提高了兵员质量；在管理层次上，取消了武装民兵，只保留了普通民兵和基干民兵。尤其是在对富余人员的安置上，取得了显著的成绩。我们以朱市公社为例。朱市公社免职的4名连长和50多名排长，大部分都得到了妥善安置，他们表示，组织上出了队，思想上不下岗，要继续关心和支持民兵建设。48岁的曾洲大队民兵连连长李德庆从1962年起一直担任副连长，这次准备调整出队，他仍坚持站好最后一班岗，认真细致地做好调整中的每项具体工作，并主动给党支部当参谋，推荐"接班人"，进而"受到民兵一致好评"。

朱市公社针对女民兵干部和复员军人的这些特殊情况，在大队采取"大队分片包干，民兵干部具体负责，群众组织密切协同，采取大会讲、个别谈等多种形式的工作"后，许多复员退伍军人表示要继续保持和发扬

---

① 荣德庆. 调整民兵组织有利于提高兵员质量 [J]. 中原民兵, 1981(8).

② 晏庭荣. 调整民兵组织有利于加强对民兵工作的领导 [J]. 中原民兵, 1981(8): 25.

人民解放军的光荣传统，积极参加民兵组织，随时准备参军参战。不少女青年说："不把我们编入民兵组织，是党和政府对我们的关怀，今后，我们一定要努力生产，多承担一些家务，用实际行动支持民兵建设。"清丰县牙吉村大队民兵营的 11 位女副排长都将调出民兵组织，她们出队后的工作问题如何解决？该公社党支部认识统一后，经过权衡对比、统筹考虑，决定让 11 名女副排长回队担任妇女队长，抓妇女和计划生育工作。大队党支部、民兵连召开座谈会、欢送会，肯定了她们在职期间的工作，公布了这 11 名女副排长担任各队妇女队长的决定，一片掌声过后，这 11 名"穆桂英"愉快地走上了新的工作岗位。[①] 朱市公社通过这些措施成功地解决了富余人员的安置问题。

对于民兵组织的调整，一些基层民兵组织的领导评价是很高的。通海口公社武装部长邓念海认为："就说我们红星公社吧，通过调整，民兵数量减少了。过去民兵总数占劳动力的 60%，现在只占 20%，比例比较适当，加之民兵训练调整改革，由过去 1 枪训 3 人改为 1 枪训 1 人，生产队给参训民兵的粮食、误工伙食费补助也相应减少，减轻了生产队和社队的负担，能集中更多的人力和财力用于发展生产、搞好民兵训练。""这次调整民兵组织，在编组上我们注意了和生产责任制形式结合起来，如星红大队有 15 个队办企业，过去这些单位的民兵和所在生产队的民兵编在一起。现在我们把队办企业的民兵单独编成一个民兵排，并根据行业、工种编成民兵班，便于结合生产开展民兵活动"。这次改革也得到了群众很好的评价，生产队干部反映"今后民兵参加训练不做难"，群众反映"民兵训练要钱要粮我们出得起"，民兵也能安心参加训练和各项活动。[②]

总之，农村民兵组织的调整，是适合农村生产力发展特点的，减少了冗员，提高了兵员质量，减轻了人民群众负担，减少了管理层次，提高了管理效率，对富余人员的安置也充实了劳动队伍，在编组上也更符合生产实际。

在农村民兵组织调整的同时，城市也开始了民兵组织的调整，我们以武汉市为例来具体说明城市民兵组织的调整情况。

在调整前，组织庞大、人员臃肿是武汉市民兵组织面临的主要问题。1973 年，江青反革命集团推出"上海民兵新鲜经验"，武汉于 1974 年 4 月成立市、区民兵指挥部，并组织民兵小分队进驻街道，参加社会阶级斗

① 赵荣强. 把握民兵的思想脉搏 做好调整中的政治工作 [J]. 中原民兵，1981(9): 11.
② 本刊记者. 在调整中前进 [J]. 中原民兵，1981(8): 23.

争。1976 年 12 月 25 日，市、区开始撤销民兵指挥部和进驻街道的民兵小分队，民兵组织恢复原有建制和领导体制。但由于民兵组织的扩大，1978年底民兵总数曾达到 100 余万人，其中基干民兵 50 余万人。武汉军区、湖北省军区、武汉警备区在 1979 年 3—5 月，对武昌、汉阳两区 5 种类型的 68 个民兵组织进行调查时发现许多问题：全市民兵已逾百万；武器装备不平衡，造成部分单位训练任务过重；部分单位组织不扎实，军政训练不落实。① 因此，城市民兵组织必须进行调整，才能适应新时期以经济建设为中心的需要。

1980 年，中共武汉市委转发联合工作组《关于民兵组织调整改革的方案》，全市各单位根据实际情况进行了民兵组织调整改革。② 我们首先看一下武昌区人民武装部长叙述的调整经过。

"原来，我们民兵组织遍布各个行业，重点不突出。在这次调整中，我们从实际出发，缩小了组建民兵的范围，把组建民兵的重点放在较大的厂矿和企业单位，机关、学校、科研、文艺、街道及一些人少、分散的小单位，平时一般不建立民兵组织。对这些小单位的退伍军人和专业技术人员，采用预备役登记的办法，把他们掌握起来。所谓人少、分散的小单位，根据我区情况，主要是指职工人数在 300 人以下的单位。现在我们武昌区民兵组建面比原来减少了 31.5%，民兵人数减少了 26.6%，但武装面扩大了 4.5%，全区基干民兵分布比较平衡，负担比较合理。此外，普通民兵和基干民兵的平均年龄分别下降了 8.5 岁和 2.5 岁。民兵身强力壮，质量有所提高，由于新入伍的民兵都是青年工人，上进心强，家庭负担不大，又不是关键岗位的技术骨干，参加民兵活动，家长支持，各级领导也满意，容易落实。"③

这位武装部长的叙述反映了这样的调整情况。①民兵的组建面大大减小了。改变了以前民兵组建面过于宽泛的现象，取消了学校、科研等单位的民兵组织。而事实上，1978 年以后，武汉的大、中学民兵组织已不复存在。1985 年，根据总参谋部和教育部指示，武汉军分区在武汉大学开展学生军训试点，大学生开始了军训。街道的民兵组织曾于 1981 年民兵组织

---

① 武汉地方志编纂委员会 . 武汉市志（军事志）[M]. 武汉：武汉大学出版社 , 1992: 179–180.

② 同上书，第 180 页。

③ 武昌区人民武装部 . 适应新形势 适当调整民兵组织 [J]. 中原民兵 , 1981(6): 15.

调整中取消，但 1982 年又得到了适当重建。[1] ②民兵的数量大大减少了。武昌区的民兵人数减少了 26.6%，而整个武汉市在调整后民兵人数比原来减少了 64%，到 1985 年，民兵人数占全市总人数的 9.68%，质量也极大地提高了，逐步形成了以突出专业技术队伍为主的稳定建制。[2] ③民兵的年龄降低了，民兵队伍也更加精干。④新的民兵层次也只有普通民兵和基干民兵，层次缩小有利于对民兵的管理和活动的开展。⑤对一些退伍军人和专业技术人员实行预备役登记。这就落实了民兵平时训练和战时动员相结合、民兵和预备役相结合的储备兵员的原则，又可以通过每年对民兵整组的惯例，对民兵组织进行调整改革，进一步对民兵工作进行完善，形成专业队伍的稳定建制。

经过调整，湖北省建立民兵组织的单位比原来减少 62%，农村有 2.1% 的生产队因人口稀少暂不组建民兵；民兵数量由 1980 年的 1 200 多万人减少到 1981 年的 400 多万人，比调整前减少 62.3%。[3] 据郑州、洛阳、开封、平顶山统计，河南省建立民兵组织的单位由 1 699 个调整为 1 355 个，减少了 20%，全省民兵总人数减少 59.2%，占全省总人口的 11.2%，其中基干民兵占全省人口的 1.6%[4]，中原民兵的组建面和人数都大大减少，民兵质量有了很大提高，分布也更趋于合理，更有利于满足改革开放新时期国家对于民兵战时动员和参加国家经济建设的要求，有利于从根本上解决民兵组织工作中长期存在的一些问题。

民兵干部对于搞好民兵工作具有重要的意义，因此，民兵组织的调整，也必将伴随着民兵干部的调整。下面我们以湖北省为例。

1980 年 5 月，湖北省军区党委指示要配齐配好民兵专职副指导员，此后，湖北省落实了专职副指导员的选配。1981 年后，根据"减少数量、提高质量"的指示，湖北省各级地方党委、政府和人民武装部门，按照干部"四化"（革命化、年轻化、知识化、专业化）要求，注意从思想好、身体好、热爱民兵工作、有一定军政素质和文化水平的退伍军人、优秀民兵中

---

① 武汉地方志编纂委员会 . 武汉市志（军事志）[M]. 武汉：武汉大学出版社，1992: 183–184.

② 同上书，第 180–181 页。

③ 湖北省地方志编纂委员会 . 湖北省志（军事志）[M]. 武汉：湖北人民出版社，1996: 599.

④ 河南省地方史志编纂委员会 . 河南省志（第二十二卷 军事志）[M]. 郑州：河南人民出版社，1995: 638.

挑选干部。到 1983 年，全省共调配民兵排以上干部 56 711 人（其中新配38 756 人），民兵连长达到实际应配数的99%；农村民兵连长已配33 556 人，达到实际应配数的 99.5%。同时，较好地解决了民兵干部的生活待遇问题，湖北省农村民兵连长享受固定补助的占 2.5%。1984 年，专职人民武装干部实行招聘制，湖北省共招聘专职人民武装干部 1 041 名。1985 年，按照精简和能专则专、能兼则兼的原则，湖北省调整配备了民兵干部。同年 8 月，湖北省民兵排以上干部比上年减少 7.6 万余人，农村民兵连长配 3 万余人。①

　　湖北省加强了对民兵干部的培训。1980 年以后，湖北省进一步完善干部训练制度，建立健全了责任制，湖北省军区负责培训专业技术干部、教员，军分区负责培训民兵连长。在 1983—1984 年进行的综合考核中，湖北省 80% 以上的专职人民武装干部和基干民兵连、排长达到合格水平。培训不仅使民兵、预备役建设有了得力的干部，也为国家输送了人才。②

　　对民兵干部的调整，充分体现了经济体制改革新时期"减少数量、提高质量"的原则，精干了民兵的干部队伍，为中原民兵在改革开放新时期经济社会转型中发挥重要作用准备了重要条件。对民兵干部进行培训，不仅使民兵、预备役有了高质量的干部队伍，也为地方的经济建设培养了管理人才。

　　民兵组织调整后，仍然存在着一些问题，对民兵组织的调整巩固也就成为了一个急需解决的问题。对于民兵组织的调整巩固，关键是解决一些单位的组织漏建、人员漏编问题，如湖北省从 1982 年 6 月开始，"着重解决部分单位的组织漏建、人员漏编问题，确保民兵调整的质量"。③

　　对民兵组织调整成果的巩固最主要是在农村。一些基层民兵组织为巩固调整的成果，采取了补课的方法。以河南唐河县为例，唐河县民兵组织调整工作于 1981 年 8 月上旬结束，接着县社队三级自下而上进行了检查验收，但有些单位走了过场。全县 515 个民兵连中，有 63 个民兵组织落实不够，占总数的 12%。针对这些问题，该县人民武装部深入到 63 个大队具体帮助指导，及时地进行补课工作，采取了如下措施。

　　一是政治教育。针对少数队受教育面小和宣传教育不深透的问题，采取了由民兵干部分工包干、专门召集外出人员的办法，如对"八大匠"等

① 　湖北省地方志编纂委员会 . 湖北省志（军事志）[M]. 武汉：湖北人民出版社，1996：593.
② 　同上书。
③ 　同上书，第600页。

进行的教育就以举办民兵干部和基干民兵学习班的办法解决。少拜寺公社涧岭店大队有两个生产队因两个领导班子瘫痪，受教育面只有 50% 左右。补课中，这两个队重新召开了民兵会和群众会，副指导员邓文选对新包的队逐个做工作，并到一些没有参加会议的民兵家里进行补课，使这两个队的民兵教育面达 85% 以上。

二是民兵编组。调整中，个别队由于掌握条件偏严，底子摸得不清，漏编、错编较多，把流动外出的民兵一概划在圈外，减少了民兵和基干民兵的数量。补课中，各公社武装干部组织民兵干部认真学习编组原则，然后采取查户口簿、对照花名册、座谈访问的方法，合理编组。城郊龙汰公社的部分大队干部，原先认为队里的小手艺和副业人员平时难抓住、活动难集中、训练难参加，编入民兵是空有虚名，一直倾向不编入。在补课中经过调查，发现这些零散人员并不都是常年在外，而是大部分时间从事生产，不少人甚至是训练有素的。这样一分析，大队干部改变了以前的想法，把外出不到一年的符合民兵条件的零散人员和社直一些厂矿的临时工一律编入民兵组织，使 3 个公社的基干民兵增加了 193 人，民兵增加了 48 人，全县补课后，基干民兵占人口的比例由 0.83% 提高到了 0.97%。

三是配备干部。调整中，由于个别大队缩小、少数民兵干部在改造支部中落选等原因，调整后还缺一些民兵连排干部。补课中，全县新配民兵干部 28 名，调整 51 名，使每个大队民兵连都有 2 至 3 名干部，基本上做到了民兵干部齐全。

四是建立健全制度。这次补课，这个大队从讲究实际出发，把基干民兵的学习制度定为每月 1 次，普通民兵每季度 1 次，对其他制度也进行了改革。[①]

通过这些措施，基层民兵组织及时解决了调整中存在和忽略的问题，巩固了民兵组织的调整成果。

二、加强预备役建设

预备役是指国家平时以退役军人、民兵为基础，以现役军人为骨干组建起来的战时能够迅速转化为现役部队的武装力量。通常分为军种预备役

---

① 河南省群工处 . 唐河县人民武装部认真进行补课——巩固民兵组织调整成果 [J]. 中原民兵，1982(2): 13.

和兵种预备役部队。预备役制度是在义务兵役制的基础上产生和发展起来的，已经有近 70 年的历史。搞好预备役建设、建立和完善预备役制度，是实现我国国防现代化，贯彻平时少养兵、战时多出兵方针的一项战略性措施。而把民兵同战时兵员动员的对象统一起来，使民兵组织成为预备役组织的基本形式，既可以逐步地形成一套适合我国情况的、完善的预备役制度，又坚持了传统的民兵制度，体现了人民战争思想。一旦战争打起来，广大民兵能召之即来，来之能战，战之能胜。

1981 年 3 月，中共中央、国务院、中央军委批转的《关于调整民兵组织问题的报告》，对民兵和预备役相结合的问题作出了原则规定。1984 年 5 月，经第六届全国人民代表大会第二次会议审议通过的《中华人民共和国兵役法》（以下简称《兵役法》）确立了民兵与预备役相结合的制度。《兵役法》规定，凡 18 岁至 35 岁符合服兵役条件的男性公民，除应征服现役的以外，应编入民兵组织服预备役。基干民兵为第一类预备役，普通民兵为第二类预备役。[①] 民兵和预备役相结合，既坚持了传统的民兵制度，又完善了预备役制度，建立起具有中国特色的国防后备力量体制。

根据民兵与预备役相结合的要求，河南、湖北两省继续开展了预备役建设方面的工作。

河南省首先建立了动员资料网。从 1979 年起，河南恢复了 1958 年中断的退伍士兵的预备役登记统计工作。1982 年，根据中共中央 [1981]11 号文件，结合调整民兵组织，河南对全省退伍军人和经过基本军事训练的基干民兵，全部按专业分类进行了预备役登记统计。我们通过下述资料看河南省动员资料网的建设情况：

河南的预备役登记统计工作是从济源县开始的。从 1979 年底开始，济源县对全县复员退伍军人，按其档案逐人填卡登记，并按兵种、分专业进行了统计，同时对历年来经过训练的民兵进行了登记。在此基础上，他们分别建立了"档案资料室""兵员动员资料室"。1980 年，他们又根据总部明确的退伍军人专业技术兵专业名称和专业号码，对预备役登记卡片重新作了分类整理。为适应战时兵员动员的需要，济源县还对退伍军人普通兵和经过训练的基干民兵按其掌握的军事技术进行了分类。退伍军人普通兵分为步枪手、冲锋枪手、轻机枪手、重机枪手、四〇火箭筒手、军械员、

---

① 《世界军事百科系列》编委会 . 世界军事训练 [M]. 郑州：中原农民出版社 ,2015: 22.

文书等19项；经过训练的基干民兵分为步枪手、高射机枪手、八二迫击炮手、报务员、报话员、司号员等14项，亦按专业技术兵的归档办法分类归档，从而较为准确地掌握了预备役兵员的人数、质量和分布情况，做到了手中有兵，眼中有人，心中有数。

济源等县的工作得到了河南军分区、河南省军区、武汉军区的充分肯定和支持。武汉军区在济源召开了由河南、湖北两省分区以上有关部门参加的现场会，任荣副政委亲自到会动员，要求各级领导要大力支持、逐步完善、积极推广，并提出给在这项工作中贡献大的郧金虎同志记功、晋升。1981年3月，河南省军区在检查了部分县的资料室后，进一步提出在全省范围内建立预备役资料网，省、地、县三级建资料室，乡建资料柜，村建资料箱，还规定资料室必须具备五项内容，达到四条标准。五项内容：①可以直接动员的兵力；②兵要地志；③战争动员潜力；④作战预案；⑤古今战例。四条标准：①资料齐全；②分类清楚；③数字准确；④查阅方便。同时规定乡资料柜、村资料箱必须具备预备役登记卡片、登记册和统计表，从而使资料室建设从内容和要求上在全省范围内达到了统一。

为了使这一工作进一步实现标准化、规范化，1982年春，武汉军区和河南省军区在济源又进行试点，讨论产生了《预备役登记统计工作暂行办法》，对预备役登记统计和资料管理工作的程序和办法分别做了规定。

（1）填卡登记。重点是姓名、年龄、专业、住址。结合每年的退伍军人接收安置，由县人民武装部按其档案和退伍证明书，填写预备役登记卡片一式三份，转乡、村各一份，县存档一份。结合年度民兵训练，由乡对符合一类预备役条件者登记卡片一式三份，上送县、下转村各一份，乡存放一份。

（2）分类归档。县在完成年度登记填卡的基础上，对民兵按军兵种、专业技术、年龄和行政区划分类归档，建立统计表并上报。省军区、军分区不存登记卡片，分一、二类预备役进行综合统计。

（3）普查核对。结合整组，以县为单位每年进行一次。其程序方法是一清、二调、三归、四综合。一清，即对普查核对中确定免服预备役和调出本县人员的卡片进行清理，对超龄、身体条件、工作单位变化者注销登记；对被判刑、被剥夺政治权利和死亡者销除登记。二调，即对一类转二类预备役、本县范围内跨乡调动的预备役人员更改其家庭住址、工作单位，调整其卡片位置。三归，即对当年退伍军人和训练合格民兵的登记卡片及已登记在册的预备役人员按规定分类归档。四综合，即搞好综合统计，建立各种表册，按规定上报。

（4）管理使用。从上到下，各级都有领导分管，有一至二人专门负责，并对县以下资料管理人员定期培训。同时，抓好两项制度的落实。一是流动报告制度，对预备役人员变化情况，村每季度向乡表报一次；乡每半年向县表报一次；县向分区、分区向省军区一年表报一次。二是检查验收制度，县对乡、乡对村分别半年和一季度检查一次，主要检查流动变化报告制度的落实情况。一年一度的普查核对结束后，由军分区统一组织检查评比。

由于有了较为完善的工作程序和工作标准，预备役资料室建设大大加强了。目前，全省县以上资料室都有3至5间房子，省军区、军分区和部分县的资料室还搞了隔音层和电动设备，做到了宽敞明亮，保密安全。为了方便工作，乡以上卡片资料柜的款式都以军分区或以县为单位作了统一规定。县以上单位的资料室内的兵员动员统计资料、战争动员资料均以大型壁表显示。兵要地志和作战预案都拍摄了图片，标绘了要图。济源、焦作、沈丘等县、市还堆制了沙盘，采用电动信号显示的办法使之更加直观、形象。①

从以上资料可以看出，济源县人民武装部为适应恢复预备役制度的工作需要建立了"兵员动员资料室"和"档案资料室"，对预备役人员分类归档，较为准确地掌握了预备役兵员的数量和质量分布情况；规定乡资料柜、村资料箱必须具备预备役登记卡片、登记册和统记表，从而使资料室建设从内容和要求上在河南省范围内达到了统一。

1982年3月，武汉军区在济源县召开了预备役登记统计工作现场会，任荣副政委到会作了重要指示，在河南、湖北两省推广了济源县建立预备役资料室、搞好预备役登记统计工作的经验。1982年10月，在总结济源经验的基础上，河南省军区把预备役资料室建设列入民兵预备役工作的四项基本建设之一，民兵工作的四项基本建设即要求在全省普遍建立动员资料室、青年民兵之家、民兵训练基地、基层武器库室；提出了三年建成以

① 《当代中国》民兵分卷河南省军区编写办公室.光辉的历程 巨大的成就——当代河南民兵资料汇编[G].郑州：河南省军区编写办公室,1984:54.

县（市、区）资料室为重点的省、地、县、乡、村五级预备役资料管理网络的目标，即省、地、县建资料室，乡建资料柜，村建资料箱。经过河南省各级人民武装部门的艰苦努力，到 1984 年，已有 92％的县、市建成了预备役资料室，并基本达到了省军区规定的内容标准。①

预备役资料室的建立为实施快速动员提供了准确的数据，加快了工作进程。1983 年，上级赋予河南省组建陆军预备役师和对简编师扩编的动员任务。开封、商丘两分区受领任务后，不出资料室，仅用半天时间就制订了组建计划和动员计划。并做到了兵员分布合理，技术兵使用率高。副总参谋长何正文审定了两个计划后，给予了充分肯定，他指出，如果没有资料室，手头没有这些准确、可靠的数据，迅速作出计划是难以办到的。②可见预备役资料室对于战时军事动员的重要性。

1980 年 8 月，国务院、中央军委《退伍军人预备役登记统计暂行规定》下发后，湖北全省普遍开展了退伍军人预备役登记统计工作，截至1984 年，湖北全省共登记退伍军人预备役人员 47.5 万余人，其中一类预备役22.7 万余人；二类预备役24.8 万余人；35 岁以下的技术兵24.9 万余人。另外，登记统计了经过训练的基干民兵 90 余万人，同时在老河口市进行了地方与军队专业技术对口人员登记统计试点，初步摸索了这方面的作法。在预备役登记统计普遍铺开后，湖北省各单位均建立了资料管理、核对制度，使全省预备役登记统计工作开始向规范化、制度化的方向发展。

湖北省预备役登记统计制度的恢复为进一步完善预备役制度奠定了基础，为建立民兵和预备役相结合的后备力量体制创造了条件。

以民兵组织为预备役的基本组织形式就是通过民兵组织把大部分预备役人员管理起来。为摸索战争初期兵员动员的内容、程序和方法提供了重要依据。

1982 年，湖北省在随县进行了组建新部队的试点。根据两级军区赋予的任务，襄阳军分区赋予随县战时兵员动员任务 7 700 余人，其中在 7天以内应急动员 2 500 余人补充到高炮七十一师，战争初期 20 天内动员5 120 人，分别组建了一个轻装陆军师的步兵团、军分区独立团的两个步兵营，师属通信营和工兵营、随县独立团。5 月中旬，试点工作在上级的

---

① 王英洲，张建中.当代河南民兵 1949—1995 年 [M].北京：当代中国出版社，1996：140-141.
② 同上书.

指导和当地党委、政府的领导下全面展开，由各级人民武装部门具体组织实施。这次动员任务做到了负担平衡、专业对口、相对集中。动员对象主要从退伍军人和基干民兵中挑选。普通民兵在 35 岁以内，专业技术兵一般在 28 岁以内，应急动员对象年龄在 22 岁以内。组建起来的部队本着"就近联片、成建制"的要求进行编组，县编步兵团，公社编连，就近的几个公社编营，管理区编排，大队编班或组；补入七十一师的动员对象与基层民兵混编。所配干部搞好预任，明确职务，落实到人。至于组建部队的装备，轻装备拟从民兵装备调整解决，缺少部分向上级请领。经过一个月的努力，最终圆满完成了任务。

由此证明，把战时兵员动员的准备工作寓于平时的民兵工作之中，使两者有机结合起来，是完全正确、十分必要的。河南湖北两省的预备役登记统计制度的恢复、资料室的建设是大有成效的。

然而在现代条件下，仅恢复预备役登记制度、建设资料室是远远不够的，还要组建预备役部队。预备役部队的发展历史可以追溯到第一次世界大战前，当时世界各国预备役人员都没有建立平时的严密组织。第一次世界大战后，少数国家出现了在平时就把预备役人员按部队编制起来的军事组织形式。预备役部队组织真正在各国广泛出现则是第二次世界大战以后，第二次世界大战给人们一种启示：战争对动员速度提出了更高要求，新的战争方式要求有新的动员方式，新的动员方式要求有与之相适应的新的动员组织，仅靠对预备役的登记已不能满足现代战争初期动员的需要。于是，适合快速组建新部队、质量较高的预备役部队组织应运而生，并成为不少国家武装力量动员准备的重点。

中国人民解放军预备役部队是以现役军人为骨干，以预备役军官和士兵为基础，按统一编制为战时实施成建制快速动员而组建起来的部队，属中国人民解放军建制序列，授予番号和军旗，执行人民解放军的条令和条例，是我军后备力量建设的重要组成部分。它的基本任务：努力提高部队军政素质，增强现代条件下快速动员能力和作战能力，切实做好战时动员的各项准备工作，随时准备转为现役部队，执行作战任务。

湖北省第一个预备役师于 1983 年在襄阳地区组建，全师按照解放军总部颁发的陆军预备役步兵师试行编制，分别在襄阳、枣阳、随县组建 3 个步兵团，在宜城组建 1 个炮兵团，在襄樊、老河口市组建师属专业分队。

全师共 16 个营，97 个连，1.3 万余人。1984 年又在天门组建了一个工程兵预备役舟桥团，共落实预编人员 2 600 余人。预备役师团组建采取自下而上的方法，根据平战结合、相对集中、均衡负担、专业对口、便于领导、便于教育训练、便于快速动员的原则进行。在编组中，按照"干部预任，兵员预定，组织预编"的要求，就近联片，成建制组建；预编分队同基干民兵编组相结合；干部选配同兵员分布相一致，即分队在哪里组建，干部一般就由哪里配。预备役干部主要从转业干部、专职人民武装干部、民兵干部、地方党政干部和专业技术干部中选配。坚持优先选定 28 岁以内的退伍军人和 22 岁以内、经过训练、家庭劳力比较充裕的基干民兵作为预定的兵员。其身体、政治条件按照解放军总部征集新兵规定要求。组建完毕后，师、团即开展了部队的全面建设。[①]

河南省则遵照中央军委和武汉军区的命令于 1983 年 8 月组建了开封陆军预备役师。该师组建时，预编军官中军队转业干部占 28%，党团员占 83%；预编士兵中退伍军人和经过军事训练的基干民兵分别占 18.2% 和 68.7%，党团员占 38.9%。都具有较好的政治质量和军事素质。开封预备役师组建后，坚持在基础建设上下功夫，使部队的全面建设取得明显成绩，最终成为一支组织健全、训练有素的国防新军。[②]

第三节　组织调整后中原民兵的训练

一、组织调整后的民兵训练

民兵组织的调整极大地调动了广大中原民兵的训练积极性。对于这种情景，当时武汉军区的记者进行了如下报道。在 1982 年年度训练开始前夕，我们来到唐山县采访，看到的却是备训忙的景象。郝店公社郝店大队基干民兵左世华接到预训对象的通知书时嘴撅的老高，心里嘀咕"吃亏单，吃苦卡"，不过，青年人思想的天平晃动一下又马上稳定下来了，我们来到了小左的家，当问他现在的想法时，小左惭愧地低下了头，他沉默了片

---

① 湖北省军区.湖北民兵史话 [M].武汉：湖北人民出版社，1989：304.

② 当代河南历史丛书编委会.当代河南民兵 1949—1995 年 [M].北京：当代中国出版社，1996：145.

刻说："要祖国尽快富强，必须首先想到自己对祖国的责任，现在民兵训练有了新政策，别说一个月，就是三月半载，在我们一生中算个啥比例"？小左还没有说完，他母亲接过了话茬："同志，老话说，舍不得孩子打不到狼，都怕吃亏不去训练，'四化'谁个去保卫。"这朴实的话语表达了老一辈劳动人民热爱祖国的思想感情。

在蔡河公社，我们（记者）看到了像战争年代群众忙于支前那样的生动景象：赤日炎炎，山径小道，这个公社 17 名生产队长各挑着 100 多斤（1 斤 =0.5 千克）的"支训粮"出售后把钱交给了民兵连长。他们说："我们合计好了，这个作为参训补助费吧。"民兵们说："我们只有一个心眼，刻苦训练，用优异的成绩报答党和人民的关怀。"[①]

这说明民兵组织的调整是成功的，极大地提高了中原民兵的备训热情。

1981 年的民兵组织调整不仅使民兵人数得到精简、民兵的训练热情有了很大提高，还使训练内容得到了改革。这次民兵训练内容的改革体现了以下主要特点（以河南偃师市为例）：

首先，在训练人数上进行了精简。1981 年民兵组织调整改革试点结束后，偃师市人民武装部重点进行了民兵军事训练的改革。在训练人数上，由训三手改为训一手。以往民兵训练一枪三手都要参加，人数多，浪费了一些人力和物力。1981 年全县齐装后，步兵武器达到了 3 万多件，按三手训练，人员就要达到 9 万多人，这次只训练一枪一手，参训人数减少了三分之二，可以减少 66% 的训练经费开支。在组织为期一个月的武装基干民兵军事训练时，公安县南闸公社人民武装部先精减了兵员。这个公社现有基干民兵 7 000 多人，过去普遍训练时，由于参训民兵多，教员少，不便于组织领导，造成了人力上的浪费。这次训练，各管理区参照新兵入伍的条件选调了 19 名武装基干民兵组建成一个训练排，全公社只训练了 114 人。

其次，适当调整对参训民兵的年龄限制，选拔更年轻的民兵。"参训民兵一般应在 17 岁至 20 岁为好。这部分人多数已初、高中毕业，接受能力强，学习兴趣大，愿意参加民兵训练。他们不是主要劳动力，无家庭负担，能保证训练时间、效果的落实。大口公社 206 个训练人员都在 20 岁以下，并全部按时报到。"

---

① 本刊作者 . 备训忙 [J]. 中原民兵 ,1981(11):14.

最后，调整训练的时间和内容。调整前民兵训练的内容贪多求全，训练时间平均使用，造成蜻蜓点水，样样都不精通。调整后的训练虽然只训了 11 个课目，但重点突出，抓住了射击和单兵战术两个基础课目。如射击（包括基础射击和应用射击）就占了三分之一的时间，最终民兵的结业考核射击率为 89.7%，优秀率为 57%。在训练周期上"由分段训练改为一气呵成，原来的每个民兵要完成《四年训练纲要》规定的科目需 3 至 4 年，这样周期又长，民兵也不能稳定参训，训练内容重复，质量差。改革后，一年训一批，一批 16 天，一气呵成。当年训当年储备，干净利落"。[①]

民兵组织调整后，不仅训练内容有了很大的变化，训练方式也有了很大的变革，产生了多种多样的形式。随着城市经济体制改革的进一步深入，在厂矿企业逐步实行全面改革的新形势下，民兵工作也面临着新的挑战。一些厂矿企业顺应改革，把民兵工作纳入了企业管理，使民兵工作顺应了新时期的形势，为民兵工作开拓了新局面。

这里以郑州市 113 个厂矿单位为例来说明这个问题。郑州市 113 个厂矿企业单位顺应改革把民兵工作纳入了企业管理。一是把民兵工作列入企业经济责任章程，具体规定了有关部门、车间和民兵个人的工作职责，明确了应承担的经济责任，做到了"章程上有一项民兵工作，就有一项经济上的'分'"，使民兵工作与部门、车间和民兵个人的经济利益密切地联系在一起。二是明确规定各级领导的民兵工作责任，在工作日程上都有民兵的相关内容，如果完不成民兵工作任务，单位和车间的经济利益就会直接被影响。三是规定厂长在每月召开的部门、车间领导协同会上研究生产任务的同时，还要根据上级军事部门赋予的民兵工作任务提出本单位的落实意见，并与生产任务通盘考虑，统筹安排人员和时间，与当月生产计划一并下达。四是把民兵工作列入企业考核项目中，如月课、民兵干部会、军事训练、年度整组等，月底由武装部按当月下达的任务逐单位填报完成情况，厂考核组按章定分，劳资部门计分计奖。武装部由分管武装的书记考核，厂党委和行政领导由厂考核小组考核。五是把民兵活动经费纳入企业财务管理，在企业经费开支项目中明确民兵活动经费从企业管理中解决。六是规定部门之间的协作计划，齐抓共管，调动各方面做民兵工作。例如，在企业章程中，把部门之间的协助关系列入"党委临时交班任务"一

---

① 本刊作者. 改革训练效果好 [J]. 中原民兵,1981(2):17

款，规定了工作标准和记分办法。对突击性、临时性的民兵工作，需要哪个部门协作，由武装部提出意见，主管书记批准后，即可商请有关部门配合，并把配合协助情况列为部门月底考核内容。①

把民兵工作纳入企业管理解决了民兵训练及开展活动中的许多难题，它具有以下优点：

第一，提高了企业民兵参训的积极性。也有利于民兵各项活动的落实。改革前民兵把参加活动、参加训练看成是"额外活动"，积极性不高。改革后民兵工作被纳入了企业管理，实行统一管理，统一考核，就把民兵训练、民兵活动同民兵个人、民兵所在车间、班组的经济利益联系了起来，大大增强了民兵参训的自觉性和积极性。

第二，解决了以往民兵训练与生产冲突的问题。"经济章程的制定"及"根据上级军事部门赋予的民兵工作任务，提出具体的落实意见。"使民兵训练能根据本单位的生产特点实行有计划、有目标的训练，避免与生产建设冲突。

第三，提高了民兵训练的质量。"民兵工作列入企业考核项目"以及"规定了各部门之间的协助计划，齐抓共管"严格了民兵的训练制度，有利于提高民兵的训练质量。

第四，保证了民兵训练经费的来源。"民兵活动经费纳入企业管理"在改革开放新时期使民兵参训经费的来源有了可靠的保障。

总之，把民兵工作纳入企业管理顺应了改革的形势，既有利于企业的发展，又有利于民兵工作的开展，是改革开放新时期对于民兵工作的有益探索。

随着城乡经济体制改革的推进，尤其是农村责任田的普遍承包，民兵的训练场地越来越受到限制。而随着对民兵训练的改革，民兵训练也逐步走向正规化，因此许多地区开始了民兵训练场地的建设。

湖北省很早就开始了民兵军事训练基地的建设，到1982年10月底，湖北全省已有50%的县市训练基地投入使用，其余的多数正在筹建中，湖北省人民武装委员会要求力争在两到三年内完成训练基地建设任务。湖北各级党委和政府部门对基地建设也十分重视。全省地方党政机关近几年投

---

① 本刊记者.顺应改革全局皆活——郑州市113个厂矿企业单位把民兵工作纳入企业管理[J].中原民兵,1983(6):14.

资达 60 余万元。各地还注意因地制宜，充分利用现有条件搞好训练基地建设。有的以人民武装部为基础扩建；有的与地方协商，利用单位闲房，下马厂矿改建。各地在建设中还注意了突出重点，急用先建，如平原先抓靶场建设，山区先抓住房建设，逐步加以完善。[①] 这说明湖北对民兵军事训练基地是十分重视的，各级地方政府也是积极支持的，在建设的过程中采取了正确的方针，取得了良好的建设成绩。河南省对民兵军事训练基地的建设也十分重视，截至 1985 年底，河南省 128 个县、市、区建成的基地有 83 个，正在建设的有 41 个（其中有 49 个训练基地规划为技术兵训练中心），准备筹建的 4 个，全省有 5 个军分区实现了基地化训练。[②]

在河南湖北两省政府的高度重视下，民兵军事训练基地建设取得了很大的成绩。以河南焦作市为例，焦作市民兵训练场地到 1983 年已有三场（操场、靶场和战术场）、三室（训练指挥室、军事资料室、政治学习室）、三库（器材库、弹药库、物资库），一座可供 350 人食宿的窑洞、饭堂等设施，以及一整套相关的办工、生活、娱乐设施，总面积达 24 000 平方米，操场设有露天舞台、球场、安装了高级高炮瞄空打地架；靶场有升降、运动两套电动靶，可以对固定、隐显、运动和闪光四种目标实弹射击；战术场有沟、坎、壕、洞、堡等各种掩体和铁丝网、模拟坦克，可实施班以下的战术训练；军政两个学习室有沙盘、挂图、图书及各类教具，可供一个民兵连教学使用；场内安装有自来水，还开办了豆腐店、花房、养猪场、小卖部等，使训练场成为能训练、能学习、能生活、能生产的民兵教育训练基地。[③]

民兵训练基地的建设是民兵训练逐步正规化的一个重要组成部分，它改变了改革前民兵训练以公社为单位组织实施所形成的因场地和其他条件限制而训练质量难以保证且人力、财力、物力浪费较大的情况，摸索了适应经济体制改革新形势和现代战争要求的民兵、预备役的训练道路。实践证明，实施以县、市为基地集中轮训民兵的形式有利于加强对训练的组织领导，有利于提高训练质量，有利于培养民兵良好的作风，有利于节约人力、物力及各项经费的开支，减轻人民群众负担，是适合民兵训练的一种好形式。

民兵组织调整后，中原民兵的训练也更趋向于实用，在民兵的专业技

---

① 本刊记者. 湖北省加快训练基地建设步伐 [J]. 中原民兵 ,1983(2):13.

② 河南省地方史志编纂委员会. 河南年鉴（军事）[J]. 郑州：河南年鉴编辑部 ,1985:172

③ 焦作市人武部. 认真抓好民兵的四项建设 [J]. 中原民兵 ,1983(7):10.

术训练中明确提出了培养军地两用人才，这一举措不仅有利于民兵的军事训练，还有利于地方的经济建设。在新乡地区专业技术训练中心，武汉部队召开了现场研究会，提出了"大胆改革民兵军事训练，因地制宜成立地炮、高炮、通信、防化、工兵和后勤等训练中心，初步实现由训练团属技术兵发展到训练师属技术兵；由单一的训练途径发展到多种训练途径；由建立民兵训练基地发展到建立民兵专业技术训练中心；由单纯的民兵军事训练发展到培养军地两用人才"。[①]

我们以新乡地区的专业技术民兵训练为例：观摩的最后一站出现了一个很有意思的小插曲。河南省委书记刘正威同志在获嘉县品尝了后勤训练试点的民兵李吉延炸的油条后，高兴地说："你回去可以办饮食专业户喽！"小李不假思索地爽朗回答："回去就干。"原来他早已成竹在胸了。

这只是训练中心在后勤上的一个小小的插曲，民兵专业训练中几乎所有的课目都与民用相联系。我们仍以获嘉县后勤训练为例：该县是有名的瓦刀之乡，全县有几百个工程建筑队活跃在全国各地。训练试点根据民兵操作技术好、理论水平较差的状况，结合后勤专业训练，对口增加了民用专业项目，专门抓了建筑识图、绘图、工程设计、预算等课目的培训，给民兵插上了科学的翅膀。20 世纪 80 年代初轻骑之类的高档商品纷纷进入农家小院。1984 年获嘉县已拥有摩托车 1 200 多辆。但是，由于缺乏技术培训，摩托坏了无人修，车祸事故也不断发生，有关部门对此大伤脑筋，只好采取限制措施，禁止无执照驾驶。一些民兵诉苦："本想买部轻骑抖抖俺农民的威风，进城跑跑生意，可现在只好起五更溜进城，半夜逃回来，真的划不来。"对此，训练试点也考虑到了，他们结合武器维修，增设摩托车驾驶、维修专修班，结业后与有关部门一起考核，合格的发给驾驶执照和修理营业执照，为社会做了一件大好事。又如，在通信训练中增设电视机修理；在防化兵训练中增设化肥、农药的研究；在地炮训练中增设道路、水利的勘查及气象预报等民用项目的培训。同时结合地方各种专业训练培养技术兵，如在培训卫生员时增加战地救护培训，在专业财会人员培训中增加司务长的训练；这样一来，训练中心的路子就越走越宽阔了。[②]

---

① 袁水才. 新乡地区建设民兵专业技术训练中心 [J]. 中原民兵 ,1984(10):6.

② 同上。

　　培养军地两用人才仅不可以使一些专职人民武装干部提前了解地方经济建设，培养他们管理经济建设的本领，为他们以后转任地方工作提供极大便利，也能够有力地促进地方经济建设的发展。在当时，很多地方的专职人民武装干部改行出路难，往往是由县人民武装部千方百计地为"出嫁"的专职人民武装干部找"婆家"。可湖北大悟县的专职人民武装干部改行时，却受到接收单位的普遍欢迎。大悟芳畈公社武装部长姚斌要改行了，夏店公社党委负责人立即找到县人民武装部，要姚斌去夏店管农业。而芳畈公社也想把姚斌留在公社，两者互不相让。在这种情况下，县委组织部门统筹考虑，将姚斌调往夏店公社任党委副书记，分管农业。有些地方，专职人民武装干部改行后适应不了工作。可大悟县的专职人民武装干部改行后工作得心应手，干得出色。原城关镇武装部长张泽民改行后任镇委副书记，分管财贸工作。他一上任就调整生产结构，建立各种责任制，使不少原来亏本的企业很快扭亏为盈，增产增收。群众说想不到张泽民这个"武状元"，干财贸工作也内行。半年后，组织上根据张泽民的德才表现，又让他担任了镇长。大悟的专职人民武装干部不愁"嫁"的奥秘在哪里？最重要的一条就是县人民武装部一直在有目的、有计划地加强专职人民武装干部的自身建设，努力把他们培养成既会做民兵工作、又会做经济建设工作的两用人才。具体办法：一是建立适应培养两用人才的知识结构，为培养两用人才创造条件。大悟县人民武装部每月召集专职人民武装干部用3—5天时间学习民兵业务、党的政策、科技知识，并为专职人民武装干部建立了提供学习材料的资料室。他们还广开渠道，鼓励专职人民武装干部积极参加社会上开办的"刊授大学""函授学校"，使他们不断丰富知识，跟上时代的发展。二是建立岗位责任制。县人民武装部以《民兵工作条例》为依据，结合实际，把民兵和经济建设工作列出了十大项，实行"百分制"，既增强了干部的工作责任心，又有利于干部的全面发展，较好地防止和避免了专职人民武装干部在民兵工作和经济建设工作"一头沉"、顾此失彼的现象。三是表彰先进，激励进步。丰店公社武装部长谈云耕自费订阅了《土壤学》《植物栽培》等农业科普书籍，经常到大悟县人民武装部借阅《军事技术》等书刊，认真习武学农，大悟县人民武装部就把谈云耕树为了专职人民武装干部学习的榜样，激励大家把自己锻炼为两用人才。功夫不负有心人。掌握了民兵工作和经济建设工作两套本领的专职人民武装干部就能圆满地完成党委交给的各项任务。这个县的民兵工作在1982—1983年连续两年被上级评为先进。专职人民武装干部所住的队大多数都成为了县、社的先进典型。由于专职人民武装干部有两套本领，工作干得好，大悟县一些公社的党委书记称赞说："专职人民武装干部扛得起大梁，办事让人放心。"①

这说明民兵的训练，尤其是专业技术民兵的训练及民兵干部的培养和使用是完全可以加入民用的内容的，既让民兵学到了过硬的军事技术，又让民兵学到了参加经济建设的技术本领。这种军地两用的训练方式也极大地调动了参训民兵的积极性，使民兵训练更富有吸引力，是一种符合时代发展的训练途径。

二、专业技术民兵的训练

在基干民兵中有一支重要的力量——民兵专业技术分队，它包括民兵高射炮兵、民兵地面炮兵、民兵通讯兵、民兵防化学兵、民兵侦查兵、民兵工程兵、民兵军械兵，以及民兵海军专业和民兵空军专业等技术兵。民兵专业技术训练是随着民兵技术装备的增加、专业技术分队的建立，由点到面逐步建立起来的，专业技术民兵的训练标志着民兵训练发展到了一个新阶段。②专业技术训练不仅增强了民兵在现代条件下的作战能力，还为军队积蓄了技术后备力量，代表着改革开放新时期民兵训练的发展方向。中原民兵的专业技术训练取得了显著的成绩，我们以湖北省为例：

从中华人民共和国建立到1984年底，湖北省共培训各种专业技术兵17.8万余人，其中通讯骨干1.2万余人，高炮、高机骨干1.7万余人，打坦克骨干5 000余人，地炮骨干1 300余人，其他各类技术骨干4 000余人。中原民兵的专业技术训练一般是采取"先培训干部和骨干、再利用干部和骨干培训分队"的方法来完成的。

首先，在专业技术民兵训练中，各级人民武装部门抓好了对干部和骨干的训练，以提高专业技术分队的自训能力。在训练形式上一般是部队帮助训练，带动专业技术分队的训练。1973—1975年，湖北省民兵认真落实

---

① 邱国新,唐诗珍.大悟的专武干部不愁"嫁"原因：县人武部注重培养专武干部既会做民办工作,又会做中心工作的两用人才[J].中原民兵,1983(4):12.

② 《当代中国》丛书编辑部.当代中国民兵[M].北京：中国社会科学出版社,1989:164-165.

了总参谋部《1973—1975 年民兵军事训练纲要》，专业技术干部和技术骨干的训练达到高潮。在驻湖北省高炮部队的大力协助下，3 年中，湖北省共培训民兵连排干部和各种技术骨干 2 815 人；从 1974 年 2 月开始，湖北省共办通信骨干培训班 70 期，培训 9 888 人。1977—1980 年，湖北省加强了专业技术干部的组织和教学法训练。据不完全统计，4 年内湖北省共办各类技术培训班 70 期，培训各类专业技术干部和骨干 4 000 余人。1981年，湖北省本着减少人数、精简内容、改革方法、提高质量的原则施训，训练质量明显提高。高炮营（团）指挥员的训练是民兵高炮建设的难点，故各军分区领导亲自到场组织训练，从而民兵高炮团和民兵高炮营的指挥员及高炮指挥连、高炮指挥排的骨干训练收到了良好的效果。通信民兵技术性强、训练难度大，各单位狠抓了通信骨干的集中培训。1979—1984 年，军分区一级共办各类通信骨干集训班 112 期，培训技术骨干 4 800 余人，经考核 95% 的民兵骨干可以承担起教学工作。[①]

其次，抓好民兵专业技术分队训练。1973 年，民兵专业技术分队训练掀起热潮。同年 7 月，湖北省军区在武汉召开了城市民兵高炮（机）训练经验交流会，以推动城市民兵的专业技术分队训练。湖北省从 1974 年开始组训地炮分队，主要进行单炮的操作、射击原理等基础训练；全军区实有地炮班 474 个，1974—1976 年共参训 507 个班次，有 206 个班次进行了实弹射击。自 1973 年以来，武汉军区每年调坦克 2—4 辆，配合湖北军区打坦克训练，先后培训骨干 5 065 人；其中黄冈军分区共 198 个打坦克班，通过训练能在一般情况下执行战斗任务的占 40%，能在复杂情况下执行战斗任务的占 30%。1974 年 2 月，湖北省开始民兵通信分队的训练，到 1975 年共办通信骨干集训班 72 期，培训 988 人，平均每个班有 1—2 名、排有 6—7 名骨干。1977—1980 年 4 年中，参训的民兵高炮分队共 189 个连，有 12 个高炮营完成了射击训练，有 180 个连对飞机拖把进行实弹射击，总成绩均在良好以上。地炮分队共 1 033 个班，由于弹药有限，只有 188 个地炮连、472 个地炮班进行了实弹射击，经过考核，全军区地炮分队的训练成绩均为良好水平。民兵通讯分队共组训 300 多个连次。通过训练，大部分民兵能较熟练地使用装备器材，民兵执行通信保障任务的能力得到了提高。1978 年组建了三个防化连，当年年底开始冬季训练。主要进行原子武器、化学武器、细菌

---

① 湖北省地方志编纂委员会 . 湖北省志 军事志 [M]. 武汉 : 湖北人民出版社 ,1996:611.

武器的性能、防护知识的学习和三种仪器操作的训练，普遍达到了良好以上成绩。[1] 武汉高炮（机）连训练成绩如表 2-1 所示。

表 2-1　武汉市民兵高炮（机）连实弹射击成绩一览表（截取 1973—1980 年）[2]

年　份	连队数	优	良	及　格	不及格	目　标	种　类	备　注
1973	12	——	2	5	5	航模拖靶 试打气球	高炮 高机	不算成绩
1974	36	24	10	2	——	——	高炮 高机	
1976	33 19	8 7	13 8	11 4	1 ——	飞机拖靶	高炮 高机	
1977	37 19	10 10	18 9	9 ——		航模拖靶	高炮 高机	
1978	36 47 12（排）	12 32 7	19 11 3	5 4 2	—— —— ——	飞机拖靶	高炮 高机	
1979	38 55 15（排）	22 41 7	12 13 6	—— 1 ——		飞机拖靶 航模拖靶	高炮 高机	老连打飞托 新连打航托
1980	110	97	10	3	——	飞机拖靶 航模拖靶	高炮 高机	

　　表 2-1 反映了武汉市民兵的训练情况，1973—1980 年，参训连队逐年增加，参训成绩也逐年提高，反映了专业技术民兵的训练是随着部队武器装备的改善而逐步提高的。武器装备的质量和数量对专业技术民兵的训练具有重要影响。

　　最后，应根据实际情况及时对专业技术民兵训练调整改革。1981 年，民兵组织进入调整改革阶段。湖北省遵照总参谋部关于调整改革民兵军事训练的指示精神认真抓好了民兵训练改革试点和补课复训，到 1981 年 6 月底基本完成了民兵专业技术兵的年度训练任务。据 1981 年 7 月的统计，全区民兵高炮应训 69 个连，实训 66 个连；高机应训 226 个连，实训 198

① 湖北省地方志编纂委员会 . 湖北省志 军事志 [M]. 武汉 : 湖北人民出版社 ,1996: 611–612.
② 武汉地方志编纂委员会 . 武汉市志 军事志 [M]. 武汉 : 武汉大学出版社 ,1992: 192.

个连；无座力炮应训 192 个班，实训 148 个班；八二迫击炮应训 67 个连
另一个排，实训 67 个连；防化连应训 7 个连，实训 7 个连；工兵连应训 1
个连，实训 1 个连；全区共训民兵特种兵 19 344 人。1981 年 8 月，在神
农架林区火灾和抗洪抢险中，民兵通信分队克服各种困难在实践中练兵，
保证了抢险救灾中的通信联络，受到了各方面的好评。[①]

专业技术民兵的训练代表着新时期民兵训练的发展方向，它是随着我
军技术装备水平的提高而逐步发展的，尤其精简后的民兵组织更加突出了
专业技术民兵的训练。我国的专业技术民兵，代表着我国未来民兵发展的
方向，在未来高科技战争中将是人民解放军的强大助手和后备力量。

三、民兵训练计酬制度的变化

1973—1985 年，由于中原民兵是不脱离生产的群众性武装组织，参加
军政训练时的工资、奖金、生活待遇在不同的时期也有不同的调整。下面
以武汉市为例。

在武汉农村大致经历了三个阶段。

第一阶段：误工记工，适当补助阶段。1970—1977 年，民兵在军政
训练和执勤时有两种计酬办法：一种是所在生产队把民兵参训当作出勤看
待，照记工分，承办集训的生产大队或公社给参训民兵补助伙食费，每人
每天 0.2—0.5 元。另一种是参训民兵由生产大队记工，年终分配时根据大
队劳力平均收入从队办企业积累中拨款至小队，纳入统一分配（收入低的
队可多得，收入高的队补贴不足部分，不影响民兵收入）。无工资收入的
民兵干部参加区里培训，个人不交伙食费，并由人民武装部发给每人每天
0.2 元的工分补贴，参训的民兵干部照样记工分。

第二阶段：误工记工，给予适当奖惩阶段。1979—1980 年，由于贯彻
解放军总参谋部关于民兵参加军事训练、执勤作为正常出勤，照发工资、
照发奖金、照记工分的规定，基本工分记工、计酬如前。后在军训中按照
多劳多得的原则逐步实行奖优惩劣的方法，根据民兵在训练时的表现及成
绩记工分和奖励。例如，武汉洪山区的基层单位对按时参加军训的民兵照
样记工，不按要求参加军训者不计工，训练成绩优秀者给予奖励，未完成
训练任务者酌情扣除基本工分。

---

① 湖北省地方志编纂委员会 . 湖北省志 军事志 [M]. 武汉 : 湖北人民出版社 .1996:612–613.

第三阶段：联产承包责任制后，由武装部统一发给补助金阶段。1980年起，随着农村开始实行联产承包责任制，民兵参加军事训练活动由人民武装部门发给补助金，体现参加军训既是民兵应尽的义务、又有一定报酬的精神。

在城市大致经历了四个阶段。

第一阶段：1970—1977年，实行在岗职工代岗阶段，保持训练民兵的工资待遇不变。1970年起，民兵脱产训练，执勤、政治教育活动日益增多，一个工厂（或车间）民兵分批集训，其生产任务由在岗民兵承担，参训民兵的工资待遇不变。有时成建制训练、执勤，民兵的生活待遇也不受影响。

第二阶段：对参训民兵实行"三照常"，并实行适当奖惩和生活补贴阶段。随着工厂企业经济管理的加强，为保证民兵军事训练进行，1977年中共武汉市委转发了武汉警备区关于民兵参加训练、执勤应照常评奖的报告，1982年又重申民兵训练执勤"三照常"的规定，并强调民兵在参训期间正常收入不能低于同等劳力水平。据此精神，武汉市各单位依据自身经济效益状况，为参训民兵制定了不同的计酬方法。第一种是基本奖，民兵参训一天按8小时计算，与职工或科室人员上班同等对待，领取平均综合奖金；第二种是浮动奖，对参训民兵实行考评，视训练中的成绩、表现评定小分，按本单位当月生产分值领取不同等级的奖金；第三种是给予生活补贴，全市约有95%的单位根据军训程度、集中就餐等情况发给参训民兵生活补助费。

第三阶段：把民兵的教育训练纳入企事业单位的劳动管理计划。1983年，中共武汉市委下发文件，要求在搞好生产的前提下把民兵的教育训练纳入企事业单位的劳动管理计划，统一调度，统一考勤，统一奖惩。武汉自行车链条厂把民兵训练纳入了当年的生产计划，将训练所需工作由厂长责成计划办公室下达车间，将民兵训练任务作为生产指标看待，参加训练成绩及格者发给基本奖，良好以上者发给车间最高等级奖，成绩总评不及格者扣除当月奖金。据1983年10月的调查，全市落实了市委文件的单位占47.3%。

第四阶段：按新兵役法训练阶段。1984年以后，按照《中华人民共和国兵役法》规定，实施民兵训练计划办法，并调整参训民兵的分布面，训练负担趋于合理，较好地适应了经济体制改革的新形势。[①]

从上述民兵训练计酬的调整我们可以看出以下变化：首先，民兵训练计酬制度的变化是随着经济体制改革的深入而调整的，农村训练计酬的三次调整和城市训练计酬的四次调整都是随着城乡经济体制改革的深入而调整的。其次，民兵训练计酬从不实行奖惩到实行奖惩说明了新的计酬制度更加注重民兵训练的质量及效果。再次，联产承包责任制后，"由人民武装部门发给补助金"及城市民兵的"调整民兵分布面，训练负担趋于合理"，也反映了民兵数量的精简。

总之，民兵计酬制度是随着经济体制改革的深入而逐步调整的，新时期的民兵训练更注重精兵精练。

第四节　武器装备配备的变化及保管形式的变革

一、中原民兵武器配备的变化

民兵的武器装备是随着民兵组织的调整、国家经济建设的发展及部队武器的更新而逐步扩充改善的。中华人民共和国建立初期，中原民兵的武器装备一般比较落后，且数量不多，种类有限。

1975 年，人民解放军总参谋部下发民兵武器装备的《规划》后，中原民兵的武器装备有了很大的改进。例如，1975 年 4—10 月，武汉军区、湖北省军区、武汉警备区三级机关组成工作组，在武昌区进行"民兵按规划实行武器装备"试点。随后，各区按照武昌区试装经验配备了民兵武器。武装基干民兵营配武器 203 件（含机炮连一个），连配武器 80 件，排配武器 20 件。高炮、高机连配备了双三七、单三七高炮。[②]

同时，对一些旧杂式武器实行了改制，以保证民兵训练、执勤和战备的需要，延长武器的使用年限，推迟武器报废。在湖北省，自从 1971 年 2 月省革委会、省军区联合下发改制武器的通知以来，1971 年 3 月—1975 年 6 月，湖北省共改制各种旧杂式武器 78 169 件，其中改制冲锋枪 2 831 支，重机枪 1 101 挺，轻机枪 5 772 挺，步枪 68 465 支。1973—1974 年，

---

① 武汉地方志编纂委员会.武汉市志 军事志 [M].武汉：武汉大学出版社,1992 :204–206.
② 同上书，第 185 页。

湖北省对已改制的部分武器进行试射验收，合格率达 86%。其中重机枪达 97%，轻机枪达 92%，冲锋枪达 90%，步枪达 65%，均达到了质量要求。[①] 武器的改制在一定程度上满足了民兵训练、执勤的需要，但它只是在我国经济体制还很落后条件下的一种暂时手段。

1980 年是中原民兵武器配备发生变化的重要时期，表现如下：首先，随着我国国民经济的发展和我军武器装备的更新，旧杂式武器逐渐被淘汰。在湖北，1980 年以后，鉴于民兵武器装备不断更新和改制武器的性能逐渐退化，经有关部门批准，省军区对全省民兵旧杂式武器分批做了报废处理。[②] 其次，对民兵武器的分配面也随着民兵组织的调整做出了调整。例如，1980 年武汉市大中型厂矿以高射武器为主，小工厂、学校、街道及服务业以轻武器为主，有 56 个单位的武器做了变动，配备单位比原来减少了 12.9%。尔后，每年调整一次，缩小配备面，解决了武器配备过于集中、一些单位负担过重的问题，逐步做到了布局合理。

二、武器保管形式的变革

在民兵的武器管理上，党的十一届三中全会以前，各地一般采取"大分散，小集中"[③] 的管理方式，即轻重机枪和炮类，大部分由县市大型厂矿保管；步兵武器大部分由基层武装部（或保卫部门）保管，训练、执勤时分发使用；在农村，武装一般由生产大队民兵连或民兵个人保管。由于分布面过大，保管条件差，各项管理制度不易落实，检查和维修困难，各种保管事故时有发生。其间，这种管理体制虽略有变动，但基本维持。

党的十一届三中全会以后，民兵的武器装备进入了一个新的发展时期。国民经济和国防工业飞速发展，民兵的武器装备状况也发生了很大的变化。各地坚决贯彻中央军委"控制数量、提高质量、调整品种、搞好配套"的方针，民兵武器的质量显著改善。例如，20 世纪 70 年代末期以后，河南省通过地方军工企业补充和部队换装后移交两条途径，河南省军区陆续接收了大批民兵装备。1982 年，河南省民兵武器数量较 1975 年增加了近两倍。在数量不断增加的同时，质量也有了很大提高，各种火炮和技术

---

① 湖北省地方志编纂委员会.湖北省志 军事志 [M].武汉：湖北人民出版社,1996:185.

② 同上书，第 628 页。

③ 同上书，第 625 页。

装备得到重点加强，改变了以步兵轻武器为主的结构状况。[①]但由于农村实行了各种形式的生产责任制，各种专业户不断涌现，流动人员增多。在经济体制改革新形势下，民兵武器分散保管困难较多，武器丢失、损坏事故时有发生。早在1975年，国务院、中央军委的文件规定：民兵武器装备仓库是地方建设项目，由省军区统一规划，报省、市、自治区纳入基建计划。在中央文件的指示下，湖北省军区计委、建委、财政局、物资局、省军区后勤部联合发文规定：省军区建库经费由省财政部解决，军分区和县市人民武装部建库经费由地（市）县解决。因此，各地（市）县抓得很紧，建库工作进展很快。到1983年，湖北省县以上民兵武器仓库全部完工，农村建库1 232个，占农村基层单位的88.8%。[②]在河南省，截至1983年底，全省2 087个公社（乡）、1 075个厂（矿）企业建成了民兵武器库室，并基本上达到了整洁安全的要求，民兵武器分布面缩小了45.6%。[③]民兵武器装备实行集中管理，适应了落实生产责任制后的农村形势，提高了民兵武器装备管理质量，促进了军事训练和各项民兵工作，具有多方面的优越性。一是减轻了人民群众的负担。建设质量好的乡武器室固然要花一些钱，但从总体看还是经济实惠的。以开封军分区为例，由村保管武器时，民兵武器分布在3 000多个大队，每个大队有两人看管，全区每天占用6 800多人，按每人每天补助两个工分计算，全年就是50万个劳动日，按1980年平均劳动日值5角4分计算，全区就需268 000多元。集中乡保管后，全区161个武器室，占房483间，配备了161个军械员，比村保管时减少用房近3 000间，减少看管人员6 600多人，每年可节约20多万元。二是便于加强对民兵武器装备的管理。武器装备集中乡保管后，不但不像民兵个人保管时那样星罗棋布，一条枪一个地方，也不像村保管时那样分散在44 000多个点。现在民兵武器在专职武装干部的直接掌握下，可以随时发现问题，解决问题。村保管时，军分区对民兵武器每年只能检查10%—15%。现在对乡武器室一年可检查2—3次，大大加强了对武器装备的领导与管理。三是减少了管理事故，提高了管理质量。民兵武器装备在部分乡实行集中保管期间，各种管理事故发生频率大幅下降。全部实行乡保管后效果更为显著。1983年，河南省仅发生事故一起，比村保管时事故

① 王英洲，张建中.当代河南民兵1949—1995年[M].北京：当代中国出版社，1996:165.
② 湖北省地方志编纂委员会.湖北省志 军事志[M].武汉：湖北人民出版社，1996:628.
③ 河南地方史志编纂委员会.河南年鉴[J].郑州：河南年鉴编辑部，1984: 181.

最少的 1979 年下降了 95%。同时，武器锈蚀率和附品丢失率也大幅度下降。有力保证了战备和训练的需要。①

1982 年，根据国务院、中央军委关于减少基层武器存放点的指示，湖北省对于民兵武器实行城市由区（县）局设专库保管，农村由公社集中保管。民兵武器仓库的兴建与完工为民兵武器的集中保管提供了必要条件。1985 年，湖北全省民兵武器集中到县、市（区）仓库保管，并配备专职保管员，安装安全设施，健全了各项管理制度，民兵武器管理逐步走向正规化。②

小　结

我们可以从十一届三中全会以来对中原民兵的组织训练调整中看出以下几点：

第一，民兵组织训练的调整从根本上来说是为了适应经济建设的需要。人数的精简、训练课目的调整、训练计酬制度的变化、从"早打、大打""全民皆兵"这一战略思想转变为服从于国家经济建设的大局主要是基于以下原因：①中央对于当时世界政治、经济、军事形势的客观分析和正确判断。20 世纪 80 年代初期，和平与发展成为时代的主流，世界上虽然局部地区仍有战乱，但短时间内不可能出现世界性的战争，美国和苏联的大国军事竞赛也趋于暂时的缓和。②国内十一届三中全会已经召开，全国人民进行经济建设的热情高涨，国家也已经将经济建设定为中心工作，国防建设也要服从经济建设，因此民兵建设要认识到民兵先是"民"，后是"兵"，要更好地发挥民兵在国防建设和经济建设中的作用。③在正规军裁军的情况下，大办民兵师就没有了任何存在的意义。国家不能将大量的财力和资源投资于大办民兵师的建设，更重要的是民兵师的组成人员本来就活跃在工商各行业，有正在接受教育的青年学生及正在从事农业生产的青年农民，如果继续大办民兵师，就意味着要浪费更多的人力、物力、财力，严重影响经济建设，这也与十一届三中全会提出的集中力量发展经济的建设方针不符。因此，20 世纪 80 年代初期，随着 1985 年中央第 22 号文件的颁布，发起于特定历史条件下的"全民皆兵"与大办民兵师运动

---

① 《当代中国》民兵分卷河南省军区编写办公室 . 光辉的历程 巨大的成就——当代河南民兵资料汇编 [M]. 郑州：河南省军区编写办公室 ,1984: 66.

② 湖北省地方志编纂委员会 湖北省志军事志 [M]. 武汉：湖北人民出版社 ,1996:625–626.

完成了自身的使命，告以结束。[①] 而此时民兵的训练也改变了过去那种规模过大、时间过长、要求过高等脱离实际的状况，理顺了训练与生产的关系，从而更加适应国家"四化"建设新形势的需要。

第二，体现了改革开放新时期邓小平的国防建设思想。邓小平继承和发扬了毛泽东人民战争的战略思想，但改变了毛泽东时代"诱敌深入"的战略方针，依据改革开放新时期的特点，提出了"积极防御"的战略方针。1985 年，党中央、中央军委根据邓小平做出的国防建设指导思想实行战略性转变的决策和国防建设要服从服务于国家经济建设大局的思想，对民兵预备役工作确定了"减少数量，提高质量，抓好重点，打好基础"的十六字方针。其中，"减少数量"就是控制后备力量建设的规模，减少民兵人数，使这支队伍更加精干实用，从而有利于减轻人民负担，有利于国家经济建设，有利于精兵利器。"提高质量"就是通过平时有组织、有计划的建设措施使后备力量的组织编制、武器装备、教育训练、政治思想、作风纪律等都得到加强，进而提高战斗力。"抓好重点"就是把有限的财力、物力用在后备力量建设的主要方面，将主要精力放在战时最需要、平时难解决的工作上，抓好预备役部队和基干民兵，特别是重点抓好预备役干部和专业技术兵建设及人防城市的后备力量建设方面。"打好基础"主要是为战时动员需要和平时后备力量建设的长远建设做好基础性工作。[②] 可以说，中原民兵的组织训练调整正是邓小平改革开放新时期国防建设思想的体现。

第三，民兵组织调整、取消大办民兵师运动并不意味着国防就已经安全了，不重要了。与此相反，国防建设仍然是经济建设健康迅速发展的根本保障。国际上对中国的潜在威胁也并没有消除。正规军裁军后，国防后备力量建设的意义和任务就更加突出。民兵主要是要做到平时是民，是生产的主力军；在战时则要招之即来，来之能战，要继续发挥正规军的得力助手的作用。1985 年，邓小平提出改革开放新时期的民兵预备役工作要"服从和服务于国家经济建设大局，适应国防建设需要"的指导思想。在邓小平国防思想的指导下，在加强传统民兵建设的同时，我国建立了一支新型的国防后备力量即预备役部队，走出了一条"平时少养兵，战时多出兵、

① 胡娟娟.我国大办民兵师时期（1958—1985）的民兵建设探析 [D].长沙：中南大学,2010:24.

② 郑文翰.毛泽东思想研究大系（军事卷）[M].上海：上海人民出版社,1993:371—372.

出奇兵"的新道路。中共中央取消大办民兵师运动后，仍然发动和组织民兵参加两个文明建设，将其作为人民武装部门的根本任务来抓，积极动员民兵发展商品生产，率先致富并且组织那些先富起来的民兵大力开展扶贫帮困活动。民兵还积极承担急难险重等任务，在国家许多重点工程建设和抢险救灾方面发挥了突出的作用。同时狠抓民兵队伍自身的精神文明建设，坚持用兵中练兵育人。[①] 因此，十一届三中全会后的民兵建设是在调整改革中开拓前进，虽然民兵人数减少，大办民兵师运动告以终止，但民兵在国防建设和经济建设中的作用有增无减，实行民兵和预备役相结合既继承和发扬了具有优良传统的民兵制度，又完善了预备役制度，从而推动了国防后备力量建设的健康发展。

第四，在民兵的训练方面发生的变化主要表现在以下几个方面：

（1）参训人员人数、训练方法、参训人员年龄等方面的变革：①民兵参训人员更加稳定。改革前是四年一个训练周期，训练时间较长，参训人员的变化很大，很多人无法连续参加四年训练而半途而废。改革之后，两年为一个周期，每年十五天，且很多地方为提高训练效果，将两年的时间集中在一年使用，每年训练的人数为周期训练总数的一半。这样一气呵成学完所学课目既节省了人力、物力、财力，又使参训的人员保持稳定，做到训练一批，合格一批，储备一批，极大地提高了训练效果。②训练方法也有了很大的改进。改革前，训练方法多采用小型、分散的方法；随着训练人员的大量精简，训练方法逐步过渡到以县、市为单位的集中训练。这种集中训练可以使武装部门领导力量集中，教学力量集中，从而更有利于加强对训练工作的管理和领导。同时可以更好地利用器材、教材、教具等资源，最大限度地发挥其功效，训练出高质量的民兵队伍。③在参训人员的年龄上，很多地区以训练年轻人为主，年龄一般为17到20岁，这部分人一般都是初高中毕业，有一定的文化知识，接受能力比较强，且一般不是家庭主要劳力，容易集中接受训练。这种参训民兵的年龄结构状况既有利于保证训练质量，又有利于训练兵源的长期储备。

（2）训练工作逐渐规范化、正规化，同时民兵武器的保管工作也有了极大的改善。首先，河南湖北两省民兵训练场地建设的完成为民兵们提供了一个正规化的训练场所。其次，在训练过程中又相应建立了一系列制

---

① 胡娟娟 . 我国大办民兵师时期（1958—1985）的民兵建设探析 [D]. 长沙：中南大学 , 2010: 24。

度，如考核制度、评比制度、计酬制度、生活管理制度等，尤其是计酬制度中奖惩制度的建立对民兵训练提出了更高的要求，也打破了过去好坏一个样的"大锅饭"制度。严格的要求、严格的训练有利于民兵训练质量的提高和战斗作风的培养。再次，随着经济体制改革的进行及民兵训练方式的变化，民兵的武器保管制度也进行了改革，表现为由分散保管到建库统一保管，这反映了经济体制改革后，国民经济发展迅速，建库的经济条件已经具备。同时由于社会流动人员过多，过去的保管制度容易造成武器丢失。

（3）由单纯的军事训练到培养军地两用人才，民兵的训练领域逐步拓宽。民兵在进行军事训练、学习政治、学习军事的同时，还学习了科学技术和生产知识，特别是专业技术民兵训练教给了参训民兵适用的生产技术知识。这使得一些民兵能够在经济体制改革中利用自己学到的技术勤劳致富。民兵训练改革既为国家培养了一批具有一定军事素质的兵员，又为生产，特别是农业生产培养了大批专业人才，是一条符合时代发展方向的新路子，也使改革开放新时期的民兵训练更具吸引力和生命力。

（4）参训民兵的积极性也进一步提高。主要表现为训练人数的精简使人民群众的负担大大减轻，民兵参加训练活动的生活补贴和必要的经费都得到了合理的解决。这些都极大调动了基层领导和广大群众对民兵训练支持的积极性，也使民兵参加训练的自觉性大大提高。

总之，中原民兵的调整改革是成功的，完成了工作重点的转移，适应了经济体制的转型，在短期内收到了良好的成效，使改革开放新时期的民兵工作更富有生命力。

第三章　中原民兵经济生活的转型

在经济建设中，计划经济体制时期，民兵以成建制的集体劳动为主，在当时生产力落后、很多劳动还要靠手工来完成的社会条件下，民兵在生产劳动中发挥了主力军作用。经济体制改革后，民兵在各级武装部的领导下充分发挥了自身优势，带头劳动致富，农村民兵中大量的"万元户""专业户"，以及大量经济联合体的出现都起到了很好的辐射带动作用。城市民兵也积极开展为工厂改革献言献策，开展技术革新，进行承包等活动。这些都对改革开放初期党的城乡经济体制改革政策的推行起到了巨大的促进作用。

第一节　城乡建设中的主力军

在计划经济体制下，农村实行的是政社合一的制度，这种制度十分有利于民兵的编组。例如，县设民兵师，公社设民兵团或民兵营，在当时生产力还很落后的社会历史条件下，成建制参加劳动的民兵往往成为生产建设的主力军。在城市，由于当时的所有制形式极为单一，只有全民所有制和集体所有制这两种形式，这也便利了在城市成立民兵组织，因此很多工厂都有民兵组织。一些民兵利用自己的组织优势，并结合自己既有生产经验又有一定科学文化知识的优势，积极开展修旧利废、增产节约等活动，为当时的工业生产做出了巨大的贡献。

一、中原民兵在农业生产建设中的作用

向山河开战，改变贫穷落后面貌。在农业学大寨的过程中，中原民兵以极其高涨的热情战天斗地，兴修水利，开辟良田。在当时社会生产力相对落后、许多劳动还要靠手工来完成的情况下，中原民兵成为了生产

建设的主力军。他们勇于吃苦、不怕艰难的精神充分体现了革命英雄主义气概。

建大寨田。为了改变一些地区可耕地少的现状，中原民兵积极投入到了开山辟田的劳动中。例如，埠阳大队民兵积极投入到重新改造河山的战斗，把已经治理的岗坡小块地又重新"开膛破肚"，建大寨田合成大块地。战斗刚开始，就碰到了风雨天，民兵们发扬红军长征的革命精神，顶风冒雨，推土垫地，大干不止。衣服被雨淋湿了，小车轮子被泥土黏得推不动了，他们就拧一拧衣服上的水，扒一扒车轮上的泥，继续战斗。雨下了6天，民兵就坚持大干了6天。到1974年底，该大队平整土地和造田所移动的土石方已经比1973年同期增加了两倍多。[①]

一些青年民兵向荒滩、盐碱地开战。经过他们的努力，这些荒地变成了良田。

荆门县乔姆公社的民兵青年把荒河滩改造成了良田。在乔湖夹河滩上，有一个新办的青年农场，这个农场有民兵27人，都是1975年前下乡的知识青年。乔湖一带解放前是个荒湖芦窝，一个"土匪豺狼多，年年被水淹，穷人无法活"的地方；解放后，这里修起了夹河大堤，湖水泛滥得到了控制。夹河堤内有很大一片湖滩，由于地势低洼，杂草丛生，以前很少有人在这里耕种。要想面貌变，必须大干苦干拼命干。冬天，乔湖夹河滩上结了一层薄冰，为了提早把荒湖滩变成良田，民兵们起早睡晚，冒着刺骨的寒风挖蒿草、破冰土、挖淤泥，脚冻肿了也毫不退缩。农场党支部副书记、民兵张秋菊一次割完蒿草伤了脚，鲜血直流，包扎好后继续坚持战斗。民兵们就是这样连续作战，一刀一刀地割，一锹一锹地挖，三个月造田5公顷。1975年插早稻时，有3公顷田淤泥太深，无法用牛耕，在团支部书记王云杰的带领下，民兵们卷起长裤下田拉犁，保证了适时插早稻秧，还挖了四条排水沟，修了两条渠道，战胜了五次洪水的威胁，夺得了农业丰收。青年民兵们就是以这种革命加拼命的精神努力奋战，使昔日的荒湖滩换了新颜。[②]

① 本报记者.埠城东街大队民兵认真学习全国农业学大寨会议精神，积极投入普及大寨县运动充分发挥战斗作用[J].中原民兵,1975(1):15.
② 荆门县人武部.前进在广阔的田地里——乔姆公社青年民兵农场民兵改造荒湖滩的事迹[J].中原民兵,1976(1):29.

内黄县马上公社吉村大队民兵青年在盐碱地上新开垦出 31 公顷土地，并获得了好收成。吉村东南以前是一片面积较大的盐碱地，人们称之为"蛤蟆洼"。1973 年冬，吉村大队党支部决定种植水稻，逐步根治"蛤蟆洼"，并把这项任务交给了大队民兵营。210 名男女基干民兵组成专业队开进了"蛤蟆洼"。要在千年盐碱地里种水稻，吉村还是头一回。广大人民群众热情支持民兵改土造田，但是也有一些人认为这是异想天开的事情。对此民兵们坚定地回答："大寨人能在七沟八梁一面坡上创高产，我们也一定要让千年碱洼变良田！"数九隆冬，寒风凛冽，困难像"蛤蟆洼"的沟埂一样，一个挨着一个。但是，工地上 200 多名民兵不畏困难，没有住房，他们就在盐碱地挖地窝子，用玉米秸来挡雪避风；为了给种植水稻准备充足的水源，他们连打了四眼机井。经过一冬一春的奋战，民兵们填平了 18 条大沟，造出了十几公顷平平整整的土地。冬去春来，这块土地上第一次插上了稻秧，当年就获得了好收成。这极大地鼓舞了民兵们的干劲。1973—1978 年，吉村大队的民兵在向盐碱地要粮的进军中共动土116 700 多立方米，造田 31 公顷，仅粮食作物收获就达 130 多吨。民兵们还在当地打了八眼机井，盖了 19 间房，饲养了猪、牛、羊等家畜。昔日的"蛤蟆洼"已被改造成"地成块，田成方，牛羊满圈机器响，旱灾水灾保丰收，千年碱洼飘稻香"的好地方。[①]

为了改变荒山的面貌，给荒山披上绿装，一些民兵克服了重重困难，向荒山开战，植树造林。在辽阔的豫东平原上，虞城县稍岗公社赵庄大队有一个受到人人交口称赞的"铁姑娘民兵班"。多年来，这个班坚持农业学大寨的方向，大干苦干，在昔日的盐碱地里创建了一个春色满园的新林厂。赵庄大队位于豫皖交界处，北临黄河故道，过去是个"盐碱老淤窝，下雨泥成河，年年灾情多"的穷地方。1973 年冬天，寒冬腊月，北风凛冽，地冻得像块石板，但林场基地上却是热气腾腾，女民兵们挥舞锄头，一锹锹地把冻土层翻起来。下雪了就把雪铲掉继续干，从不停工，手冻裂了，脚冻肿了，磨出了血泡，不叫一声苦，不喊一声累。深翻到一米多深还找不到软土层，怎么办？她们就召开诸葛亮会。大家说：打仗能调兵遣将，改良土壤就不能调土吗？于是她们从三里外的黄仁沟里拉来了一车车的淤土。中午没有工夫做饭，就啃几口凉馍喝口水，晚上有月光就趁着月

---

① 内黄县.社人武部报道组,盐碱洼里稻谷香 [J]. 中原民兵,1978(2): 22.

光干。就这样，十一个姑娘大干了一年，硬是把两公顷盐碱地翻了个儿，换上了黑黝黝的好淤土。育苗没有种，她们就带着干粮，背着绳子到周围各村采集树种、树条。她们开始不会爬树，就学着解放军搭人梯的方法上树。多年过去了，姑娘们从不歇脚，还自己动手打了两眼机井，林场由原来的两公顷扩大到将近 10 公顷，植用材树 15 000 多棵、果树 700 棵，培育各种树苗 500 000 多棵，满足了大队的需要，并绿化了大队的 14 条主干路，总价值达 135 000 元。[①]

在兴修农田水利工程的战斗中，民兵们充分发挥了主力军的作用。在河南泌阳县白云山主峰西麓，民兵们修建了一座 400 米长的渡槽。这是因为该县立新公社 1958 年修建的小河水库工程不配套，致使下游的大片土地仍然存在"有水不能浇，大旱庄稼焦"的状况。为了充分发挥小河水库的效益，立新公社党委决定翻沟架设渡槽，并从全公社抽调了 500 名男女基干民兵组成民兵突击营。在公社武装部长王国珍的带领下，民兵们在梁庄岗安营扎寨。当时正值数九寒天，水下的温度达到零下 10 度，给清基工作带来了许多困难。但是民兵们不怕天寒地冻，一个个跳进冰冷的水中挖泥沙，抓紧清基。腿冻麻木了，上来搓搓继续干。民兵梁殿增在清基劳动中每次都是第一个抢先下水。一次污泥堵住了抽水管，为了保证工程进度，梁殿增把衣服一脱，跳进了齐腰深的水中，扒去了水管附近的污泥。由于长时间在水中劳动，他患了风湿性关节炎，严重时走路都很困难，领导和同志们劝他休息，但他坚持不下"火线"。经过广大民兵的苦战，清基任务很快完成了。架设 400 米的渡槽需要大量的料石，而石料场离工地有 50 多里。民兵们就拉起架子车搬运。在架设渡槽的工程中，突击营还采取干中学、学中干的办法，培养了 60 多名砌石工。经过艰苦努力，这座 400 多米长的渡槽终于建成了。民兵突击营又连续作战开挖梁庄岗，拱砌了一条 600 米长的隧洞。到 1978 年 2 月，清澈的小河水库里的水已经能够沿着渡槽和隧洞浇灌该公社七八百公顷的农田。[②]

汝阳县常渠大队地处伏牛山脚下，此地丘陵起伏，沟壑纵横，全大队400 公顷耕地中有 300 多公顷分布在土薄石厚的凤凰岭上。为了改变当地面貌，广大民兵响应毛泽东关于"农业学大寨"的伟大号召，在水利建设

---

① 郭福泉. 艰苦创业十二年——记虞城县赵庄大队"铁姑娘班"[J]. 中原民兵, 1978(9): 9.

② 沁阳县人武部通讯组. 白云山上驾银桥 [J]. 中原民兵,1978(2):23.

中破难关，打头阵，起带头作用，做出了显著成绩。常渠大队水源奇缺，仅有一条小河沟里有水。在农业学大寨运动中，该大队党支部提出了低水高调，把小河里的水提到凤凰岭上灌溉农田的计划，并把这个任务交给了民兵。七月的天气骄阳似火，民兵们手拿钢纤大锤，头顶烈日，奋战三伏。山脚下的黑石头坚硬如铁，打一个装半斤（1 斤 =0.5 千克）药的炮眼就得两个多小时，民兵们发扬愚公移山的精神，一纤一锤地干。许多民兵胳膊震肿了，手背震裂了，仍然坚持战斗；工程出水后，民兵们跳在水里掌纤打锤，有的同志脚被石头碰伤，用胶布一包，又跳下水继续干。就这样，民兵们经过 40 多天的战斗，硬是在黑石板上开出了一个深 7 米、长 6 米、宽 5 米的水塘，引来了河水，接着又建起了提灌站，终于把河水引上了凤凰岭。[①]

在改造山河的劳动中，女民兵们和男民兵比着干，充分显示了巾帼不让须眉的革命精神。"要大变，必须大干。"满溪河位于东河下游，由于莲花山脉的"蛇形咀""虎型山"伸向河心，这段河道形成了一个 3 200 米长的弯曲河段，每遇山洪暴发，河水堵塞，下游 2 000 公顷农田就会遇水成灾。为了彻底根治满溪河段，英山县委把这一艰巨任务交给了全县民兵，该县人民武装部长洪军亲自任指挥长，率领 12 000 多名民兵群众在河滩上安营扎寨，摆开了劈山造石、移河改道的阵势。当时正是三伏天，民兵们发扬一不怕苦、二不怕死的革命精神，头顶火红的烈日，脚踏滚烫的沙石，一镐一铲，战斗不止。搬走"虎形山"是治河的关键工程，搬掉这座 40 多米的石山需要一大批爆破手，而从英山过去的人中懂得放炮的很少。民兵们就说："不会就学，学会了好开山，将来好打仗。"黄栗树民兵营段奕华等 3 个女民兵组成的爆破组平均年龄只有 17 岁，她们抢起重达将近 10 千克的大铁锤，同男基干民兵一样苦干。一次她们在一个山顶隧洞内打了一个大炮眼，装好了炸药，但此时女民兵刘桂芳仍在洞内，没有听到外边点火放炮的信号，等她出洞探望时，四周的炸药已经点燃，导火索发出"嗤嗤"的声音。在这危急的时刻，她突然想到装满 400 千克炸药的大炮没有点燃，会给国家和人民带来损失。于是她不顾个人安危，又勇敢沉着地钻进洞内点燃了导火索，飞快离开了险区，成功地进行了爆

---

① 洛阳军分区报道组.把"龙王"引上凤凰岭——记汝阳县常渠大队民兵兴修水利的事 [J].中原民兵,1973(1):10.

破。满溪河工程从施工到通水只用了九个月的时间，民兵们斩断了"蛇形咀"，搬走了"虎型山"，筑起了1 500多米长的拦河堤，把170度大转弯的河道拉直，扩大了耕地面积100多公顷。[①]

一些参加民兵组织的下乡知识青年能够很快适应农村生活，积极投身到参加农田水利工程建设的劳动中去，他们的精神也是极其可贵的。例如女基干民兵孔凡花。孔凡花是开封市郊区水稻公社花生庄大队第六生产队"铁姑娘班"的基干民兵，1973年高中毕业后，她响应毛泽东主席关于知识青年上山下乡的伟大号召，回乡参加社会主义建设。"1973年1月我们六队接受了上级交给的赵口挖河任务，我们接受任务后，学习大寨民兵战天斗地的革命精神，人人摩拳擦掌，个个斗志昂扬。一到工地，我们不休息，不吃饭，一人拿个凉馍就上工了。那时正是数九寒天，火炉旁边不觉暖，被风吹来刺骨寒，可是我们像过暑天一样，穿着单衣干活仍流汗水。在劳动工地上，两边都是男同志，我们暗下决心，和他们比赛，他们休息我们干，他们推一车，我们推三车，总是比他们早走一步，晚回一会儿，多推几车，少歇几次，干着干着，挖出水来，我和妇女主任杜凤英、班长郭秀荣带头跳到水里，冰水冻脚痛得钻心，但心里却是乐呵呵的。紧张的战斗结束了，上级规定四十天完成的任务，我们七天半就完成了。"[②]

农田水利等基础设施建设对农业的发展有着至关重要的作用，在各级党委和人民武装部门的领导下，中原民兵大搞农田水利基本建设，对农业的发展做出了巨大的贡献。

在大搞农田水利建设的战斗中，中原民兵参加劳动的规模是相当大的。在河南，1979年5月，河南省人民武装部门在地方党委的统一领导下动员和组织了6个民兵师、149个团、4 000多个营、2 400多个连，共400多万民兵投入到农田基本建设。"目前，已完成土石方22 700万立方米，在施工的74 671项工程中，有46 271项已完工。"[③]在湖北，据不完全统计，1952—1983年，全省民兵参加荆江分洪、丹江大坝、府河改道、漳

---

① 本刊记者.农业学大寨民兵带头干——记英山县人武部党委组织、动员民兵学大寨的事迹 [J].中原民兵,1973(10): 32.

② 本刊记者.下乡知识青年民兵在坚持乡村的道路上——女基干民兵孔凡花 [J].中原民兵.1976(1):25.

③ 本刊记者.热气腾腾 硕果累累——河南四百万民兵投入农田水利基本建设战斗 [J].中原民兵,1979(5):27.

河水库、樊口电排站等水利工程 1 268 处，参加民兵 508 万人次，完成土石方 134.5 亿立方米。其中修建大中型水库 680 座，库容量 214.7 亿立方米，增加水面 2.8 万公顷，整修干支渠道 1 168 万余千米，可灌溉农田 112.2 万公顷；兴修水电站 41 座，年发电量 41.23 亿度；修建排灌站 329 座；整治河道 218 处；垦荒造田 6.8 万公顷；植树造林 0.8 万公顷。①

在中原民兵大搞农田水利建设的过程中，由于我国当时物质条件匮乏，供应困难，给生产建设带来了很大的困难。但中原民兵发扬艰苦奋斗、自力更生的精神，自己动手解决物资供应困难问题，保证了工程的顺利进行。

当时鄂城凡口正在建一座规模较大的电排站，负责这项工程的是以鄂城武装基干民兵为骨干的施工队。1977 年 7 月，鄂城县委决定从 14 个公社成建制抽调 15 000 名民兵开赴工地，摆开用兵练兵的广阔战场。华容民兵团打前站的 400 多民兵到工地后，居住无房，做饭无灶，资金材料也欠缺。民兵团党委坚持自力更生、艰苦奋斗，组织民兵自己动手。他们用稻草代替油毛毡，用编草甸代替芦席，拧草腰代替铁丝，搭起了工棚 215 间。砌灶无砖头就上山捡石头，没有水泥就用泥巴。这样既解决了吃住问题，又为国家节约了开支。在困难面前，民兵个个都是硬骨头。泽林民兵团的工棚搭起不久就遭到了一次狂风暴雨的袭击，全团的 113 间工棚倒塌了 90 间，14 个灶的高烟筒吹倒了 8 个，民兵的衣物全被水淋湿。民兵们没有向困难低头，在党委领导下，他们向大庆和大寨人学习，以唐山人民抗震救灾为榜样，大家群策群力，把被风吹散了的油毛毡一块块找拢来，把压断的支柱一根根接起来。经过 20 多个小时的奋战，工棚和炉灶全部被修复。民兵们豪迈地说：“狂风能刮倒我们的住房，却吹不倒我们建电排站的一颗颗火红的心。”②

在另一个建设工地——张咀水库建设工地上，"整个工程以民兵建制形式为劳动组织，民兵占工地总人数的 60%—70%，成为水库建设的主力军"。兴建张咀水库的战斗打响后，几万民兵奔赴工地。吃菜、吃油、医药等问题如何解决？一开始，有的民兵干部认为民兵专心搞工程、社队负责搞后勤，不用多操心。结果有些营、连一度出现了病号多、粮食超吃

---

① 湖北省地方志编纂委员会 . 湖北省志军事志 [M]. 武汉：湖北人民出版社 ,1996: 655.

② 本刊记者 . 用兵练兵的广阔战场——鄂城民兵成建制地战斗在凡口电排工地 [J]. 中原民兵 ,1978(1):21.

多、请假回家多的现象，出勤率下降，工程进度上不去。于是指挥部党委调查研究，召开现场会，总结了扁石畈民兵连自己动手、丰衣足食的经验，并号召广大民兵发扬南泥湾精神，艰苦奋斗修水库、自力更生办生活，实现人均每年千斤瓜菜十斤肉、前方不吃后方菜。榜样的力量是无穷的，全工地很快形成了开荒种地的热潮，每个民兵连都抽出2%—3%的劳力专班种菜。同时，民兵还在工地大力发展养猪，大部分连队实现了自繁自养。到1978年初，全工地共存母猪86头，产仔猪860多头。1975—1977年，全工地共产各种瓜菜将近两万吨，饲养生猪2 293头，还节约了粮食近90吨。国家商业部的简报特刊介绍了他们的经验。为了解决民兵治病难的问题，每个营团都配有1—2名专业医生和赤脚医生，自己动手办了土药房46个，上山采集中草药650多个品种，不但及时治疗了伤病员，而且做到了无一例传染病发生。[①]

在当时物资供应还很困难的情况下，中原民兵自己动手解决了物资供应问题，充分发扬了艰苦奋斗、自力更生的精神。在当时生产力还很落后、许多劳动还需要手工来完成的条件下，中原民兵成建制地参加生产劳动，发扬团体精神，以不怕苦、不怕累、克服一切困难的气概投入到改变当地贫穷落后面貌的建设中去，做出了巨大的成绩，为我们今天的社会主义建设打下了良好的基础。中原民兵无愧于生产建设的主力军。

二、中原民兵在工业建设中的作用

中原民兵在工业建设中也发挥了巨大的作用，在工业生产中，民兵学习大庆精神，苦干加巧干，把车间当战场，积极地开展修旧利废、技术革新活动。

我们以武钢动力部蒸汽车间为例。这个车间担负着主体厂的鼓风、蒸汽、汽化水、软水供应任务，在生产中冲锋在前，大打设备翻身仗，掌握生产主动权，使车间的生产面貌焕然一新。这个车间原来有两台锅炉因省煤器蛇形管严重漏水、漏气，已经停产半年。面对这种情况，该车间党支部提问：是让锅炉继续睡觉，还是迎难而上，修旧利废，满足生产需要。经过大家讨论，有人提出了改造这些瘫痪设备的主张，民兵

① 本刊记者. 政治挂帅思想领先——英山县张咀水库工程指挥站党委加强民兵政治思想的工作 [J]. 中原民兵, 1978(1): 6.

们坚决支持，民兵排长刘志明说："设备是人造的，人是设备的主人，既然能造成功，也可以把它改造好。"民兵们决心以大庆人为榜样，自力更生，修旧利废，打好为革命夺蒸汽的志气仗。经过认真分析研究，民兵们决定切掉锅炉省煤器蛇形管上的全部管子，改装送水道，直接给气鼓上水。这样就成功地解决了漏水、漏气问题，但是改装后的锅炉又产生出强大的汽水冲击，还是不能正常生产。民兵们又根据汽水冲击的原理大胆抬高运水道，提高了除氧和加热器的温度，加强水位、水温、水质的调节，终于使两台锅炉投入了生产。这个车间的炼钢预热炉工程战线长、设备旧、管理比较弱，有人称它是个烂摊子，但民兵们决心大干快上，向炼钢软化站的软化器塑料排水管这套陈旧设备开刀。在党支部的领导下，全体民兵和老工人、技术员组成的技术骨干一起投入战斗，经过两个月的苦干巧干，终于完成了四台软化器的革新任务，提高生产效率两倍多。[1]

中原民兵不仅在修旧利废活动中大显身手，为工厂做贡献，在工业生产中还开展了广泛的增产节约活动。

沔阳县食品公司民兵连的民兵们立足本职开展点滴节约活动，1979 年第一季度以来为国家节约了开支，增加收入 21 892 元。仙桃蛋品加工厂肩负着再制蛋产品出口的任务，每到旺季，日平均的鲜蛋接受量最高可达 800 篓以上，开篓时拆下来的锁口铁丝约 3 000 多根，长的不满 10 厘米，短的只有 3 厘米左右，200 多根才合 0.5 千克，卖给废品收购站也只值分把钱，收之价值不大，弃之未免可惜。在蛋厂厂长、民兵排长韩四高的带领下，民兵们清查仓库，将抛散在各个角落的废铁丝收集起来，共 1 440 000 余根，重达 3 吨多的废铁丝全部交售给废品收购站，为企业增加收入 60 多元。民兵们处处做有心人，当发现从县里运送鲜蛋到武汉蛋厂所用的龙须草绊绳在卸货时都被割断扔进了废品堆，民兵们想：能否与有关方面协商，把用刀割绊绳改为用手解，将这些只用了一次的龙须草绊绳回收再次使用呢？他们每天轮流到蛋厂值班，在检查上调鲜蛋的同时负责清理收集龙须草绊绳，然后托便车将绊绳带回食品公司，以待下次使用。一季度以来，民兵们共收集了 1124 千克绊绳，不仅缓和了草绳的供求矛

---

① 动力部人武部 . 迎难而上 冲锋在前——蒸汽车间大打设备翻身仗的事迹 [J]. 中原民兵 ,1973(10): 35.

盾，还节省开支 854 元。[①]

这种活动在中原民兵中开展得较为普遍，另一个宜昌湘西河矿务局六草坡矿三八充电组女民兵班三年来修复矿灯 2 600 多盏，为国家节约资金 52 000 多元，平均每人每年节约 1 600 多元。[②]

在当时我国生产力还很落后、工业基础还很薄弱的情况下，中原民兵开展的这些活动对于节约原料、积累资金起到了很大的作用，对于促进工业发展是极为有利的，这种精神在今天仍然值得我们继续发扬。

三、对越自卫反击战对民兵生产建设的影响

在对越自卫反击战中，我边防部队浴血奋战，不怕牺牲。中原民兵虽然不能直接参战，但受边防战士的鼓舞，决心以自己的努力劳动来支援祖国的"自卫反击战"。

在对越自卫反击战中，为祖国和为人民英勇献身的边防部队某部连长李金成、战士周国学和汪发林分别追记一等功和二等功，二人均为云梦县新店公社人。在抗旱斗争中，许多民兵学习烈士为祖国、为人民英勇战斗和勇于牺牲的革命精神，增强了与自然灾害斗争的决心。火炬大队是英雄连长李金成的家乡，旱情严重，民兵们以李金成的革命精神为榜样，组织了 200 多人的突击队挖渠抗旱，经过全体民兵的努力奋战，挖出了一条 3 000 多米长的水渠，解除了旱情。公社干事褚发祥，带领 200 名多民兵在台湖电站修渠，一天夜里，水渠被冲破，威胁到这附近两个生产队的民房、仓库和 30 公顷庄稼的安全。这时该大队全体民兵以 3 位烈士为榜样，立即进行了堵口战斗，褚发祥带头跳下水，民兵连长邓明华、排长刘百毛也急忙跳到水里打桩，抢着十几千克重的榔头一连干了 3 个多小时，经过全体民兵的紧张战斗，缺口堵住了，国家和人民群众的财产保住了，民兵们受到了公社党委的表扬。[③]

对越自卫反击战不仅对农村的民兵产生了重大的影响，对城市民兵同样起到了巨大的精神鼓舞作用。例如，武汉市汽车运输公司的民兵迅速

[①] 廖殊础 . 一厘钱精神放光彩——沔阳县食品公司民兵连开展增产节约的事迹 [J]. 中原民兵，1979(8): 8.

[②] 陆寿成，郑超 . 废矿灯又亮了 [J]. 中原民兵，1979(8): 10.

[③] 本刊记者 . 学英雄 见行动——继承烈士遗志 抗旱抢插夺丰收 [J]. 中原民兵，1979(5): 10.

掀起了向前线民兵学习的高潮，在向英雄学习的活动中，汽运五站的民兵以英雄高度的爱国主义和革命英雄主义精神为榜样，提出了"英雄在前方打胜仗，我们在后方多做贡献"的口号，不计报酬和奖金，争为四化出大力。1979年初，少数民兵由于不能正确对待奖金制度，开口讲奖金，干活要奖金，对越自卫反击战的英雄事迹传来后，他们开展了"学英雄见行动"的活动。一些民兵说，英雄们舍生忘死，流血牺牲，想到的是祖国和人民，我们可不能眼睛只盯住奖金，要为祖国和四化拼命干。于是民兵义务突击队又活跃起来了。一天，民兵吴正斌下班后，女朋友约他看电影，他没有去，坚持参加了一周一次的义务劳动。1979年3月11日，装卸连女民兵易庆萍在外出劳动中皮肤过敏，脚又扭伤，她仍坚持干，同志们劝她休息，她说："前方英雄轻伤不下火线，我这点伤不算什么。"晚上她照样参加义务劳动，一直干到10点钟。1979年3月17日，装卸连二排的民兵在东湖卸沙，提前完成了规定的任务，他们说："前线英雄多歼敌，多立功，我们要多卸沙，多贡献。""不收工，继续干。"超额完成149吨。4月初，装卸连6排6个民兵在月亮湾货场装煤，任务是500吨，他们出大力，流大汗，实际完成860吨。在英雄事迹的鼓舞下，民兵们继续前进，争当新长征的突击手。60名民兵在山西省担任运煤任务，97千米的路程，按规定一天应跑一趟半，但不少民兵却坚持跑三趟，一天干两天的活。[①]

由此可见，在对越自卫反击战中，无论是在前线，还是在后方，民兵们都发挥了巨大的作用，后方的民兵用自己默默无闻的努力劳动支援了前线保卫祖国的战斗。

第二节　在经济体制转型中大显身手

一、改革开放新时期对民兵干部的要求

党的十一届三中全会以后，党的工作重心已经转移到经济建设上来，这就需要民兵干部既懂军事知识，又懂经济建设，学会两套本领，才能更好地适应新时期的民兵工作。因此"学会两套本领，适应伟大转变"成为

---

① 本刊记者.英雄催春花盛开——对越自卫反击战对民兵建设的影响 [J].中原民兵,1979(5): 5.

这一时期对民兵干部的基本要求。在一些地区，有一些民兵干部不能很快适应这个角色，也给经济建设带来了一些损失。

新野县城郊公社就有一个典型的例子。这个公社武装部共有五名专职武装干部，多数是刚从部队转业回来的。对于民兵工作，他们热情高，干劲大，但是由于缺乏农村工作经验，工作也遇到了一定的困难。1978年秋天，公社武装部成立了一支民兵农田基本建设专业队。开始，他们认为民兵都是青壮年，又经过训练，思想好，纪律性强，打好这一仗是十拿九稳。负责组织带队的干部也满怀信心，又是写动员提纲，又是搞施工方案。谁知开工的第一天，几百个民兵浩浩荡荡开进了工地，一看，工还没有分配，只好来个"现上轿现扎耳朵眼"。这时偏偏又遇到几个难工段，折腾了半天才弄出个眉目，结果几百个民兵在工地上白白休息了半天又卷旗息鼓归营了。后来，在施工中，分工不明、定工不劳又挫伤了民兵的积极性。先进分子埋怨他们鞭打快牛；后进分子指责他们搞疲劳战。这说明在改革开放新时期民兵干部如果不懂经济建设，是不能很好地指挥民兵从事生产活动的。

同样是这个公社，在吸取了这些经验教训后，他们加强了对生产建设知识的学习，也取得了很好的效果。例如，副部长张喜才经常把摘抄的农业科学札记随身携带，走到哪学到哪，提高很快。1978年一年他不仅学会了小麦、棉花、玉米等作物的种植、管理等基本知识和化肥、农药的使用方法，还在张营大队民兵营成功试验了棉花黄沙育苗技术，获得了20公顷棉苗平均每公顷1.5吨的好收成。干事孙光合不仅努力学习农业科学知识，还注意学习农业机械的管理和操作技术。他在部队是坦克手，为了适应农业生产的需要，又学会了开拖拉机、抽水机等。[①]

改革开放新时期还要求民兵干部既当军事参谋，又当经济参谋，学会两套本领。湖北来凤县各级人民武装部门自觉在经济建设的大局下行动，不仅领导武装工作，还按照各级地方党委、政府区的工作安排负责经济工作。据当时统计，来凤县62个区、乡的武装部长中有80%的领导抓畜牧生活，有15%负责抓多种经营，其余的抓农村公路建设、乡村厂矿企业，卓有成效地开展工作。百福司镇党委分工武装部长管畜牧，他两套锣鼓一起打。这个镇1985年1—3月生猪产量下降2 200多头，他针对下降

---

① 本刊记者.学会两套本领，适应伟大转变[J].中原民兵,1979(2):4.

的原因，给党委当参谋，提出四条措施，并在具体工作中抓落实，从而使生猪生产大幅度回升。他在抓畜牧工作时不忘结合民兵工作，使民兵工作也很有起色，受到了上级的好评。来凤县各级人民武装部门还注意从实际出发，围绕来凤发展经济的总体规划，采取多种措施，把动员组织民兵参加经济建设的工作搞得扎扎实实。三级人民武装部门不仅持续发展了4 100多个民兵老专业户，而且又帮助发展了300多个民兵新专业户，各级人民武装部与他们中的202户建立了联系，帮助指导，解难排忧，同时动员他们每户带10户，使全县民兵专业户大批涌现，还出现了一批民兵专业大户。大河、革勒等区武装部还动员民兵承包山林和荒地，育林种药，从而出现了10多个民兵林业、药材专业户，他们承包的山林和药圃达几百公顷。[①]

因此，在党的十一届三中全会以后，工作重心的转移，对民兵干部也提出了新的要求，即不仅要懂得军事知识，还要成为领导生产建设的内行，否则，就会给生产建设带来损失。武装干部的更新也为改革开放初期民兵在工农业生产领域率先执行党的经济体制改革政策、发挥模范带头作用准备了重要条件。

二、在农村经济体制改革中发挥带头作用

在经济体制改革时期，农村普遍实行了以家庭联产承包为主要形式的多种农业生产责任制，这是农村经济体制的重大变革。但是在推行农村经济体制改革的过程中也会出现一些阻力，这是由于长期受计划经济体制的影响，在生产、管理、分配等方面存在着左的框框。推行改革就要打破禁锢人们思想的传统习惯，如许多人区分不清什么是资本主义的东西，什么是社会主义的东西，顾虑重重，担心政策变化，害怕再次受到批判，不敢冒尖致富。中原民兵能够在武装部门和各级党委的领导下率先打破传统思想的禁锢，起到了重大的模范带头作用，极大地便利了党的经济体制改革政策在农村的顺利推行。

民兵在农村经济体制改革中充分发挥了模范带头作用，但也并不是从一开始就一帆风顺的。在开始阶段，一些民兵思想上也存在着各种各样的问题。例如，在河南汲县（已于1988年10月改为卫辉市）柳庄大队，这个

---

① 王登高.既当军事参谋，又当经济参谋，来凤县各级人武部门动员组织民兵为振兴来凤经济做出贡献 [J]. 中原民兵,1985(9): 8.

大队的一些民兵认为，有的政策过去已批臭了的"资本主义的东西"，现在又实行开了。他们最主要对两件事反应比较强烈，第一件是实行"五定一奖"，有的人就是不同意，说这样搞下去非出现两极分化不可，到秋后就会出现穷的穷，富的富，哭的哭，笑的笑；第二件就是一名民兵养了一头牛，有的人在背后嘀咕："走了二十多年集体化道路，牲口早入了社，现在又允许私人养牛了，这不是倒退是啥！？"看来一些民兵对党的政策在开始阶段也是不了解的，对如何发展商品经济也存在着疑惑。然而民兵的最大优势就在于他们有武装部和基层党支部的领导，这是他们思想上能够很快发生转变的一个重要因素。在这个基层的党支部和民兵营发现这种情况后，立即组织了"实践是检验真理的唯一标准"的一次讨论会。通过讨论，民兵们发现，过去柳庄大队一直是全县有名的冒尖大队，然而现在每次运动都依据"经验"，结果把党的政策批得一塌糊涂，许多人弄不清什么是社会主义，什么是资本主义。以至于现在贯彻党的农村经济政策时就有人担心"右了""偏了"，这是导致思想认识出现偏差的根源。1975 年邓小平主持工作后本队生产大幅度提高，而在 1976 年"反击右倾翻案风"运动又使生产大幅度下降的事实使民兵们认识到："政策对了头，群众尝到甜头，有干头，有奔头；政策不对头，群众吃苦头。十一届三中全会后制定的农村经济政策是我们的命根子，是走向富裕道路的金桥啊。"同时具体分析了本大队实行"五定一奖"措施不会出现两极分化的原因是所有制没有改变。对女民兵养牛搞家庭副业是不是"资本主义"、是不是走"回头路"也有了新的认识。女民兵李金枝养牛没有耽误集体生产，没有影响工作，只是收工回家捎点草和让小孩放学后割草。她家以辛勤的劳动把小牛养大后卖给国家，对个人、集体和国家都有利，完全符合党的政策。[①]

虽然民兵们对党的政策的理解还存在着这样或那样的偏差，但能够利用组织的优势，率先解决自己的思想认识问题是难能可贵的，这也是中原民兵能够在经济体制改革中发挥带头作用的前提条件。

在中央关于发展商品生产的指示下达后，中原民兵积极响应中央的号召，在发展商品生产中取得了令人瞩目的成就，成为改革中的先锋队。

我们以河南省巩县为例：

1982 年，巩县人民武装部在基层调查时发现，一些商品生产发展较快

---

① 本刊记者. 端正民兵思想，带头执行政策 [J]. 中原民兵, 1979(10): 16–17.

的村，有个共同的特点，就是那里的民兵都很好地发挥了骨干作用。许多生动的事例使他们认识到，在发展商品生产、振兴乡村经济的过程中，民兵是一支不可忽视的骨干力量。为此，他们帮助各乡镇武装部制定了组织民兵发展商品生产的规划，先后在3镇3乡抓了12个试点，培养出了19个不同类型的致富典型，并进一步推广到了全县。1983年底，全县工农业总产值达到5.8亿多元，比1978年翻了一番还多。截至1984年，这个县约84%的经济联合体和专业户都是由民兵带头兴办起来的，全县从事商品生产的民兵达3.8万多人，占从业人数的54%，带动了全县经济的发展。1984年11月，河南省人民政府、省军区联合在巩县召开了现场会，推广巩县组织民兵带头发展商品生产的经验，武汉军区副司令员侯润陶、副政委任荣、顾问王新参加了大会。省长何竹康、省军区司令员战景武、政委姚侠在会上作了讲话。会后，河南省人民政府、省军区作出了《关于学习推广巩县组织民兵带头发展商品生产经验的决定》，从而在全省掀起了民兵带头发展商品生产、勤劳致富的热潮，在致富活动中，广大民兵从本地实际出发，"靠山吃山，靠水吃水""八仙过海，各显其能"。有的集资办厂，开店，搞运输；有的发展种植业、养殖业、农副产品加工业；还有的学手艺、搞维修、从事建筑业。截至1987年，全省从事商品生产的民兵有500多万人，涌现出一大批民兵"专业户""重点户"和各类经济联合体。光山县南向店乡晏洼村女基干民兵阮正，1980年办起了家庭养殖科研所，先后实验成功了康贝尔鸭、土元、西德纯种兔、天麻等8项养殖项目，收获很大。她靠科学致富以后，主动联系了70多户民兵，作为种植天麻的示范户登门传技，多方扶持，并使天麻种植发展到全村的家家户户。村里一位名为黄绪珍的农民家里十分贫困，阮正主动给他当技术顾问，把自己的孵化设备送给他，教会他饲养西德纯种兔，使黄绪珍年收入2000多元，走上了致富路。她还为全县义务举办培训班17期，培养了1400余名致富骨干。1983—1986年，她免费向群众赠送天麻种、技术资料折款约1.2万元；为本县新建的丙纶厂投资1万元；支援本村贫困户约1万元；赠给本村和外单位电视机两部。她被共青团中央评为"全国新长征突击手"。1986年9月，阮正光荣地出席了中国共产党第十二次全国代表大会。嵩县何村乡何村基干民兵周惠民从1982年开始从事运输业务，很快勤劳致富，先后买了3辆汽车，成了远近闻名的运输专业户。1984年，周惠民为了报答党的富民政策，带动更多的乡亲富起来，不顾亲属的劝阻，利用几年来积攒的家底办了一个机砖厂，把本村 40 多名基干民兵全部吸收到砖厂工作。砖厂开办仅两年，全村民兵家庭全部脱了贫。沁阳县紫陵乡郭庄村民兵郭生亮、郭生德办起电器厂和针织厂后，优先安排村里的贫困户、残疾人进厂做工，1986 年，他俩又资助本村 26 户贫困群众、军烈属每户 200 元钱，帮助他们解决实际生活困难。新蔡县韩集乡小李庄村民兵在县、乡两级武装部的指导帮助下自 1985 年开始积极发展村办企业，逐步建起了瓜子厂、轧油厂、植物蛋白肉厂、塑料厂、砖瓦厂等经济联合体 29 个。1986年，村办企业总产值达到近 200 万元，纯利润 12 万多元，人均收入达到380 元。①

可见，在农村经济体制改革中，民兵们往往能够率先致富，并能够带领群众致富，进而在农村经济体制改革中发挥带头作用。

据资料统计，到 1984 年，河南省全省民兵专业户发展到 810 000 多个，以民兵为骨干的经济联合体 125 000 多个，成为发展农村经济的一支重要力量。② 在湖北省，广大民兵带头勤劳致富，带头发展商品生产，带头大搞技术革新和科学种田，民兵专业户已达 200 000 户，重点户达 131 000余户，以民兵为主体的科研队（组）9 000 多个，达 100 000 多人。③

三、勤劳致富的好榜样

党的十一届三中全会后，党的富民政策像雨露滋润了广大农村，中原民兵们劳动致富的决心更大，信心更足。中原民兵的榜样作用主要体现在以下几个方面：

第一，他们带头承包责任田，舍得下功夫，花本钱，精耕细作，科学种田，不断改善生产条件，出现了许多高产户、富裕户，成为勤劳致富的好榜样。

我们以河南兰考县为例。这里位于豫东，原来是一个以风大、沙大、盐碱大著称的穷地方，这里生产靠贷款，吃粮靠返销，花钱靠救济。十一届三中全会后，兰考民兵带头实行联产承包责任制，在责任田里大显身手，收入逐年增加，生活水平不断提高。民兵聂尚启兄弟 6 人承包了 3.6公顷的地，办起了家庭农场。1983 年产量达 31 吨，向国家交售 16 吨，成

---

① 王英洲，张建中 . 当代河南民兵 1949—1995 年 [M]. 北京：当代中国出版社，1996: 199–200.

② 张中华 . 河南省民兵在发展商品生产中大显身手 [J]. 中原民兵，1984(10): 8.

③ 朱开汉 . 湖北省民兵在保卫和建设社会主义中成绩显著 [J]. 中原民兵，1984(10): 9.

为全县有名的粮食超万斤的冒尖户，过上了"头顶青瓦（房），身穿涤卡，手带罗马（表），脚蹬皮嘎（鞋）"的舒心日子。①

第二，中原民兵还能够发挥各自的优势，充分利用当地的有利条件发展多种经营，广开致富门路，勤劳致富。

河南省自然资源丰富，致富的有利条件很多。但粉碎"四人帮"前由于极"左"路线的干扰，河南省只准搞粮食生产，把广开致富门路、开展多种经营当作"资本主义尾巴"，使群众想富无法富，抱着金碗没饭吃。党的十一届三中全会以后，民兵们从本地实际出发"靠山吃山，靠水吃水""八仙过海，各显其能"，一大批民兵"专业户""重点户"和"经济联合体"似雨后春笋般涌现。据当时统计，河南全省从事商品生产的民兵有 1 818 600 人，以民兵为骨干的"经济联合体"123 000 余个。② 我们将列举一些典型案例。

登封县南街村的民兵吴国运利用当地地处中岳嵩山、邻近中外驰名的少林寺的有利条件，购买了一辆大型旅游客车运送过往旅客，年收入达 3 万多元。巩县鲁庄乡五顶坡村女基干民兵姚春霞靠种植花卉闯开了致富的大门。她通过到外地参观求教、阅读种植花卉书籍学会了花卉种植与管理技术，从培育小花卉入手，及时地掌握市场信息，打开了花卉的销路。之后，她又大胆地移植南方的名贵花卉，由本地发展到外地，先后在石家庄、天津、太原、兰州、呼和浩特、长治等大中城市建立了育苗基地，并建立了经销点，既为美化环境做出了贡献，又增加了家庭收入，仅 1983 年就收入 12 000 元，达到了小康水平。③ 宝丰县大营清凉寺也是民兵们利用当地有利条件勤劳致富的典型。这里原是河南西部山区的一个穷山沟，是一个劳动日分值只有一角钱的穷村子。这里山秃地薄，但地下到处是煤炭，以前群众也有开矿的经验，但"左"的政策束缚了人民的手脚，村里虽办起了黑矾厂和风华煤厂，但清规戒律多，两个小厂几经起落，没有了生气。党的十一届三中全会冲破了束缚。1982 年，人民武装部在这里搞致富试点，民兵们经过反复讨论，统一了认识：要想摆脱贫困落后，必须

---

① 《当代中国》民兵分卷河南省军区编写办公室,光辉的历程 巨大的成就当代河南民兵资料汇编 [M].郑州 : 1984:176.

② 同上书,第 177 页。

③ 同上书,第 177 页。

根据本地优势，开发煤炭资源，发展工业生产，以工促农，以工养农。该县人民武装部领导和村干部请示了上级有关部门。上级部门回答，国家缺乏能源，一时又没有资金办更多的煤矿，只要不破坏国营煤矿的开采，个人、集体都可以开采，并给村里颁发了采煤许可证。政策允许了，可资金怎么办？村里多次召开群众大会，动员集资办矿。刚开始部分群众有顾虑，担心煤矿办不好，钱也白搭上了，民兵连就主动把集资任务包下来。民兵连长王宗敏带头拿出 200 多元钱，在他的带动下，民兵们你一百、我五十，在一个多月的时间里就筹集了 30 000 多元资金。他们利用这些资金，采取建一个带几个的办法，在一年之内办起了好多个小煤窑，大的一百多人，小的三五户、十人八人联办，80% 是民兵。另外，他们还把不能下窑采煤的民兵和群众组织起来，利用煤炭资源办起了焦化厂、瓷砖厂等 7 个联合体。[①]

1983 年，河南巩县（现为巩义市）小关乡竹林村民兵连长赵明恩和村里十几位民兵带领部分群众，利用当地山区资源，办起了采石场、小煤矿、耐火材料厂等村办企业。经过民兵、群众的艰苦奋斗，竹林村农工商联合体发展到 8 个总厂、17 个分厂。这些村办企业中共有班、组长以上干部、骨干 250 人，其中民兵 210 人；共有购销员 60 人，其中民兵 50 人；共有技术员 65 人，其中民兵 52 人。1983 年以来，民兵在生产中完成各项急难险重任务 480 多次，义务出工 5 万多个，全村工农业总产值快速增长，成为河南省的致富典型。[②]

临颍县城关镇南街村民 5 营在村办企业生产中充分发挥生力军作用，为该村走上共同富裕的道路做出了突出贡献。这个村的民兵连分别建在村办的食品厂、肉联加工厂、面粉厂、麻纺厂和机耕队，在这些企业中民兵约占 90.4%，技术骨干中民兵占 60%。他们挑起生产建设的重担，为企业发展注入了活力。食品厂民兵连在市场疲软的情况下提出"凭质量求生存，靠优质创效益"的口号，组织民兵先锋排把守生产经营第一线，靠质优价廉赢得信誉。该厂生产的"北京牌"方便面和锅巴畅销全国 27 个省、市，年盈利达 150 多万元。麻纺厂购进一种新型布机，开始由于没有掌握技术性能，发挥不出应有效益。该厂民兵组成攻关小组，反复试验摸索，攻克

---

① 张群．山沟里的商品村 [J]．中原民兵，1984(8)：9．

② 王英洲，张建中．当代河南民兵 1949–1995 年，当代中国出版社，1996：209．

技术难关，最终使麻布产量提高了两倍多。布机组女民兵张鸽刻苦钻研技术，创造出 21.85 万米麻布无次品的记录，被群众誉为"织布状元"。[①]

第三，在勤劳致富的道路上，一些民兵敢于率先打破旧的思想束缚，及时领会十一届三中全会后党的富民政策，敢闯新路，自己致富后，通过榜样的作用带动全村富，在走向共同富裕的道路上发挥了重要作用。

在湖北，鄂州市梁子湖区沼山乡下袁村人均只有 9 分地，依靠四级抽水机站供给水源，产量低、收入少，是个欠债多、光棍多的穷地方，1981 年以来，在党的富民政策指引下，29 岁的民兵袁胜利开拓门路，自家富裕后，又带领全村发展缝纫专业，使山下袁村一跃成为闻名遐迩的缝纫村。全村 115 户拥有缝纫机 150 台，人均收入由原来的 76 元猛增到 930 元，成为一兵带动全村富的典型。袁胜利家有 19 口人，1980 年还欠债 600 元。1981 年，袁胜利对市场作了深入调查，并说服了全家，特别是做通了以前曾因搞缝纫挨过批的老父亲的思想工作，在有关部门的支持下，购回 12 台缝纫机，买回了原料，发挥家中 11 口人精通裁缝手艺的专长制作手套和工作服。由于价格合理且质量好、讲信用，产品行销湖北省内外 16 个厂矿企业，仅两年，产值高达 576 000 元，纯收入 121 000 元。袁胜利想，自家富了不能忘了国家，要帮助农民都富起来，祖国才能强盛。他主动垫钱并负责买回 15 台缝纫机，组织 16 名民兵加工手套和工作服，人均月收入 80 余元。在民兵排的带动下，村里有些人也开始大胆开辟门路勤劳致富。但是，也有些人有顾虑，他们说："我们宁可穷点图个清闲，免得富了又割尾巴活受罪。"袁胜利和民兵们商量后，将电台播放的有关文章用收录机录下来，送到群众家里反复播放；还把报刊上发表的重要文章和农民发家致富的新闻报道耐心地念给村民听；党中央一号文件颁布后，他和全排民兵立即登门逐条逐句地向全村宣传，从而使党的政策深入人心，连疑虑最大的农民袁达理也买回了一台缝纫机。为尽快解决全村农民的技术、资金和产销的困难，袁胜利免费带徒弟传技术，为全村办了两期以民兵为骨干的缝纫机技术培训班。参加学习的 23 人结业后又分别将技术传授给家家户户。好心的人对他说："你这不是叫人家扛走你的摇钱树吗？"袁胜利真诚地说："党引我走上了致富路，我不能只顾自己。"对困难户，他重点扶持，1982 到 1983 两年多来共借出无息现金 13 000 多元，还帮助村民

---

① 王英洲，张建中．当代河南民兵 1949—1995 年 [M]．北京：当代中国出版社，1996:209.

解决原料的供应和产品的销售。他又投资 6 000 元修建了一条简易公路进村，方便了原料和成品的运输。①

在河南，安阳县辛店乡大花村民兵连副连长郑成安是帮助群众共同致富的热心人。在担任民兵副连长并学习了党中央的一系列农村经济政策后，他心想自己是个共产党员、民兵干部，应该为乡亲们勤劳致富做个好样子，摸条好路子。为此他看报纸、翻杂志、逛市场、串集镇，经过反复调查研究，发现市场上儿童内衣紧缺，但原料充足，加工技术不复杂，是一个很有发展前途的致富门路。郑成安为了闯新路，不怕担风险，在党支部的支持下，自愿带头和 3 名民兵承包开办了内衣厂。他把多年的积蓄拿出来买了缝纫机、锁边机，从工厂采购了一批边角料，内衣加工厂正式开业了，不到一年，收入达 6 000 多元。找到了致富门路后，他主动给群众亮家底，交办法，提供资金，带动全村大搞内衣加工。在他的大力支持和帮助下，全村内衣加工"专业户"由 3 户发展到 130 户。1983 年，仅内衣加工这一项，全村收入 3 000 元以上的有 20 户，2 000 元以上的有 30 户，其余都在 1 000 元以上，成为当地勤劳致富的模范村。村里的一些老年人说："过去，一个财主发家，全村破家，现在，一个民兵富了，全村家家沾光。"②

第四，一些民兵带头或以民兵为骨干兴办乡村企业及各种经济联合体，走农工商联合发展的道路，这对于我国 20 世纪 80 年代的乡镇企业的"异军突起"起到了重要的促进作用。

例如，河南巩县回郭镇刘村民兵连基干民兵赵宝玉、赵根学、赵魁元等十几个人最先在全县办起了第一家电线厂。1982 年该村办起 13 个经济联合体，民兵带头办的有 9 个；1983 年发展到了 19 个，民兵带头办的有 15 个。1984 年全村共有专业户、重点户 38 个，经济联合体 46 个，村办企业 4 个，有 331 名民兵或加入经济联合体，或成为专业户、重点户，占民兵总数的 98%。一些过去不显眼的民兵排干部和民兵如今都当上了经济联合体的领导和专业户、重点户的骨干。有 150 名民兵干部和民兵担任了联合体、村办企业中的厂长、副厂长和会计等职务。这些民兵在生产中抓

---

① 徐叔清. 一兵带动全村富 [J]. 中原民兵，1984(9): 10.

② 《当代中国》民兵分卷河南省军区编写办公室. 光辉的历程 伟大的成就——当代河南民兵资料汇编 [M]. 郑州：河南省军区编写办公室，1984: 178.

规章制度，抓产品质量，抓经营作风，抓成本核算，抓商品流通，使"两户一体"越办越好。基干民兵赵万福领导的电线厂发现发往山西晋城县五金交化公司的一批电线每百米单位重量不够，就主动提出让对方退货，对方说能使用，他们又提出了可以降价付款，表现了对用户的高度负责精神。1984 年 2 月，退伍军人、民兵排长刘存良组织 7 户比较困难的群众把过去因管理混乱被迫倒闭两年的电线厂承包了下来，使这个厂起死回生，重新投产。发展商品生产，搞好流通至关重要。刘村党支部、民兵连还注意把民兵充实到"两户一体"的供销队伍中去。在"两户一体"现有的160 多个业务推销员中，民兵有 120 多名。他们东奔西跑，不辞劳苦，把原料购回来，把产品销出去，使流通渠道不断理顺、伸长、加宽、畅通，有的推销员一年就能推销 100 000 元的产品。

第五，在中原民兵经济建设取得重大成就的过程中，人民武装部门和"民兵青年之家"发挥了重大作用。尤其是利用"民兵青年之家"学习科学知识及各种专业技术知识为民兵们科学致富插上了腾飞的翅膀，也带动了广大人民群众科学致富。

例如，在中央一号文件下发后，河南省各级人民武装部门派出大批干部深入农村，热情地宣扬中央文件，采取多种形式发展商品生产；利用"民兵青年之家"组织民兵学习专业技术知识，提高从事商品生产的技能；牵线搭桥，帮助解决资金、原材料不足、信息不灵、产销渠道不通等实际困难[①]。河南巩县人民武装部在县委、县政府的统一领导、统一部署和有关部门的大力协同下紧紧围绕经济建设这个中心，认真贯彻落实党的一系列农村经济政策，积极动员和组织民兵带头发展商品生产，率兵致富，带民致富，为巩县提前实现经济翻番作出了贡献。截至 1984 年 11 月，有民兵参加的联合体、专业户 26 494 个，占全县总数的 84%。其中，民兵专业户23 956 户，占全县总数的 83.6%；民兵带头办起的联合体 2 538 个，占全县总数的 95.2%；民兵从业人数为 38 980 人，占全县从业总人数的 54.7%。据不完全统计，全县"万元户"2 155 个，其中民兵"万元户"1 150 个，占 53.6%；全县 13 个"五万元户"中就有 7 个民兵家庭。[②]这充分显示了人民武装部门在"率兵致富，带民致富"中的重要性。

---

① 张中华.河南省民兵在发展商品生产中大显身手 [J]. 中原民兵 , 1984(10): 8.

② 《当代中国》民兵分卷河南省军区编写办公室 . 光辉的历程 巨大的成就 ——当代河南民兵资料汇编 [G]. 郑州 : 河南省军区编写办公室 ,1984：222.

在湖北新洲，"由于各级人民武装部门的努力，新洲县已涌现民兵专业户 7 075 个，经济联合体 2 449 个，占全县专业户、经济联合体的三分之一"。这些民兵专业户、联合体对群众不愿承包的项目，主动承包；群众不敢承包的项目，大胆承包；群众不能承包的项目，联合承包。落实党的政策带了头；自力更生，艰苦奋斗带了头；科学致富带了头；扶贫帮困带了头。民兵专业户王大德先后两次无偿向困难户资助谷种近 1 吨。孔埠区有 35 个民兵经济联合体，每个联合体都吸收一至两个困难户，一共带起了 42 个困难户。徐古区潘塘乡罗堰大队民兵连长姜光志学会了养鱼技术，主动向群众传授推广，带出了全区第一个养鱼村。[①]

因此，中原民兵在发展商品生产中具有自身独特的优势，有武装部及基层党支部的支持带动，有"民兵青年之家"这个很好的学习科学文化知识、了解信息的阵地。民兵多数有文化，思想解放，接受新事物快，好学上进，喜欢探索，勇于创新，历来是学科学、用科学的积极参加者。再加上自身良好的个人素质，这些因素决定了中原民兵能成为发展商品生产中的主力军。据资料统计，在湖北省，1984 年，民兵中的万元户占全省万元户总数的 60%。[②] 在河南"特别是党的十一届三中全会以来，先后涌现出了 10 100 个民兵万元户，成为勤劳致富的带头人"。可见，民兵是勤劳致富的先锋，起到了巨大的示范带动作用。[③]

第六，许多民兵富起来后，饮水思源，不忘回馈国家、集体和群众，自觉纳税，积极认购国库券，主动捐款兴办集体公益事业，助人为乐，扶危济贫，有力推动了社会主义精神文明建设。

平顶山市舞钢区八台乡沟李村基干民兵马福群科学种田，粮食产量超过万斤，收入超万元，是个有名的富裕户。1983 年，他认购国库券 1 000 元，交售商品粮 5 吨。1984 年麦收后，一季售麦子 10 吨，还经常帮助同村缺劳力、少牲口的困难户耕犁耙地，收割打场。1982 年以来，他帮助困难户 30 多户，义务耕地 4 公顷，收割 13 多公顷，打场 100 多场，被平顶山市评为"两个文明"的标兵。巩县回郭镇基干民兵郭新鹏富裕后，每逢

---

① 本刊通讯员.围绕发展商品生产.开展"两带活动"——新洲县三级人民武装部组织民兵开展勤劳致富有方竞赛活动 [J].中原民兵,1984(8): 8.

② 朱开汉.湖北省民兵在保卫和建设社会主义中成绩显著 [J].中原民兵,1984(10): 9.

③ 张中华.河南省民兵在发展商品生产中大显身手 [J].中原民兵,1984(10): 8.

春节都为敬老院买衣物、床单、放电影，给本镇学校捐款 600 元，还为全镇安装自来水管，被群众传为佳话。

四、城市民兵带头参加经济体制改革

随着经济体制改革的深入，工业领域也出现了新情况，中原民兵积极适应新的改革形势，以主人公的心态去参与改革，为改革出谋划策、做贡献，在工业领域做出了非凡的成绩。

以汤阴县水泥电杆厂为例。这个厂的广大民兵自觉把好每一道工序，使该厂的产品质量不断提高，被河南省建筑材料工业局评为全省同类产品质量第一名，本省和外省的一些用户纷纷向该厂订货。以前这个厂生产的电杆质量低劣，被人们称为"核桃酥"，有时废次品率竟达 40% 以上，厂子眼看要关闭。该厂民兵根据本厂情况，提出了 10 多种新产品的设计方案。民兵苏习龙向做了 20 多年采购工作的父亲请教，提出了制作缝纫机板的建议，被厂里采纳。民兵们不仅积极提建议，还在生产新产品中起了重要的作用。苏艰辛、郑天喜、郑学文 3 个民兵组成一个工具改革小组，把手工生产缝纫机板改成机械生产一条龙，功效提高 3—5 倍，质量也有明显提高。投产不久，已有六个省十几家用户要求订货，需求量大大超过本厂的生产能力。这个厂的民兵还成功地试制了铝锅的配料及铸造，并很快投入了批量生产。到 1981 年厂子规模已发展到 60 多人，每月产值可达 60 000 多元。[①]

民兵们还带头参加技术革新、技术学习及节约活动，使企业的经济效益得到了极大提高，为城市经济体制改革注入了活力。例如，湖北沙市民兵广泛开展创新节约活动。1984—1985 年，全市民兵共组建技术攻关小组 435 个，完成技术革新项目 899 个，设计新产品方案 120 多种。日用化工总厂生产洗衣粉，由于产品老化，一度产销不旺。合洗车间民兵排长罗传福带领 9 人组成攻关小组，经过反复试验，研制出"活力 28"超浓缩无泡沫高级洗衣粉，并打入了国际市场，投产 9 个月就获得利润达 175 万元。沙市许多基层民兵组织还十分重视民兵的文化科学技术学习，许多单位积极开展提倡业余自学、读书小组、知识讲座、技术竞赛的活动。仪表仪器工业公司成立了 12 个民兵读书小组主攻中专课程。1984 年 3 月，厂里抽出 3 个建制班的 55 名民兵参加湖北省经委组织的考试，这些民兵取得了

---

① 钟守智 . 在调整中前进 猛攻质量关 产品得畅销 [J]. 中原民兵 , 1981(2): 10.

人均 98 分的好成绩。第一棉纺厂武装部从 1981 年起组织民兵团每季、营每月、连每周开展一次技术比武活动，共有 574 名民兵达到了一级操作水平。在开展节约活动方面，荆沙棉纺织厂武装部组织民兵开展"兵节百，排献千，营省万"的节约活动，1984—1985 年，该厂民兵共节约资金 10 万余元。地毯厂民兵排发动民兵把以前作为废料倒掉的边角料加工成各种图案的地毯，远销东南亚，每年为厂增收近 7 万元。[①]

在国家不对产品包销的情况下，一些负责销售的民兵不怕辛苦劳累，积极为本厂搞销售。例如，汤阴县化工厂民兵模范推销员司运贞原是采购员，经济体制改革后有关部门对该厂产品不再包销，于是厂里安排他干推销工作。该厂的主要产品是雷管和导火线，适用矿山和土木工程，司运贞肯吃苦，专门到一些交通不便的偏僻小矿、原矿推销，采取积少成多的销售方式。在他不懈的努力之下，"在去年全厂价值 1 200 000 元的产品推销任务中，他一个人就完成了 650 000 元"[②]。

在城市经济体制改革中，中原民兵不仅以主人公的态度参与改革，为企业出主意、想办法，还能充分发挥团体组织的优势，积极参与城市的经济体制改革，为城市经济体制改革的顺利进行做出巨大的贡献。我们以安阳市为例。

安阳是全国城市经济体制改革的重点市，在安阳军分区的领导下，民兵的带头作用主要体现在以下几个方面：

第一，带头做好城市经济体制改革的宣传工作。安阳军分区各级人民武装部门组织民兵带头宣传、颂扬改革，利用广播、黑板报、幻灯、参观、报告会等形式进行宣传，在民兵中成立了 88 个文艺宣传队，自编自演节目，举办了 317 场"唱改革颂改革"文艺晚会，宣传党的政策和改革的重要意义。

第二，带头承包一些经营困难的企业。安阳市染料北厂由于管理不善 1980 年上半年亏损达 190 000 元，下半年招聘厂长时迟迟无人揭榜。在该厂武装部的支持下，民兵干部刘树森大胆揭榜，担任厂长后，他进行了一系列改革，很快扭转了亏损局面，仅两个多月就盈利 80 000 多元。1981 年上半年安阳市已有 575 名民兵干部和民兵揭榜应聘，担任了厂矿、车间的领导。不少民兵主动承包机台和产品推销任务，打开了工作局面。

第三，民兵们围绕改革，积极献计献策。安阳市各级人民武装部门在

---

① 本刊通讯员.为明珠添光彩——沙市民兵带头参加精神文明建设 [J].中原民兵,1985(1): 7.

② 秀学,全理.一项改革救活一个厂 [J].中原民兵,1981(5): 19.

民兵中普遍开展了"我为厂长提建议""诸葛亮献计会"等活动，全市民兵为厂长提了 2 821 条建议，有 1 229 条被采纳实行。内衣厂经编车间民兵副连长何友康提出的劳动管理措施被采纳后，毛坯布合格率大幅上升。

第四，搞好市场调查，及时提供市场信息。安阳市有 450 名民兵组成了 150 个调查小组，为改革提供信息。安阳卷烟厂组织 50 名民兵利用业余时间先后 12 次深入用户、商店调查产品供销情况，征求意见。厂长根据他们提供的信息及时调整了品种，提高了质量，增强了竞争力，改革后前三个月的产量就比 1983 年同期增长 69.8%，利润也成倍增加。

第五，开展技术攻关，提高企业的经济效益。安阳市有 1 693 名民兵组成 464 个科技学习小组开展技术攻关。丝织厂针对职工成分新、技术低的情况，定期组织民兵青年举办技术讲座，仅一个月的时间就使印染合格率由原来的 60% 提高到了 85%。[1]

五、以劳养武，兵民两利

为了减轻人民群众的负担，河南湖北两省各级人民武装部门在组织发动民兵带头致富、发展生产、建设小康生活的同时一手抓富民，一手抓强兵，继承发扬劳武结合的光荣传统，组织发动民兵发展生产，筹集训练经费，减轻人民负担，开展以劳养武活动，用人民武装部门和广大民兵自身的劳动收益补充民兵活动经费，加强国防后备力量建设，闯出了一条以劳养武，利国、利民、利兵的新路子。自筹训练经费是在经济体制改革中出现的新事物，它体现了民兵群众对自己创造财富、解决自己经济问题的决心，是改革开放新时期自力更生精神的体现。

以河南为例。1983 年，周口、商丘两地区在已经建立起民兵训练基地的县（市）提出"以场养场"的发展思路，利用基地搞多种经营，解决基地维修、管理等各项经费；信阳光山县等地民兵则利用没有开发的荒山和水圃建立了民兵经济基地，用获得的收入弥补民兵活动经费的不足，开辟了以劳养武活动的新途径。各级领导机关抓住这些典型，及时总结推广经验，使以劳养武活动很快在河南全省开展起来。1985 年 10 月，中央军委副主席杨尚昆来河南视察，听取了河南省军区组织民兵开展以劳养武活动的汇报，检查了商丘地区民兵训练基地以劳养武的情况，给予了充分肯

---

[1]　本刊通讯员 . 安阳军分区组织民兵带头参加城市经济体制改革 [J]. 中原民兵 ,1985(2): 16.

定，并为商丘县民兵训练基地亲笔写下了"以劳养武，利国利民"的题词。军委领导的重要指示进一步推动了以劳养武活动的开展。1986年，河南全省开展以劳养武的训练基地达65个，以民兵为主体开办的加工、运输、服务、养殖、种植等经济联合体4.9万多个，承包的工程建设项目达2万多个。这些项目取得了十分显著的经济效益，仅1985年创造的年产值就达1.2亿元，盈利约1 200万元，直接用于民兵建设的约有500万元。1986年河南全省有66个乡、456个村免除了民兵训练的统筹粮款。1983年3月，河南省人民政府、省军区联合在商丘、周口地区召开河南省民兵以劳养武现场经验交流会，总结推广以劳养武的经验，表彰了23个民兵以劳养武先进单位。在此之后，河南省人武系统和广大民兵的以劳养武活动由小到大，由点到面，逐步走上了稳步发展的轨道。

其中以劳养武比较具有典型意义的是河南南阳军分区，河南南阳军分区积极适应国防后备力量建设指导思想实行战略转变后的新形势，教育广大人武干部和民兵正确认识"劳"与"武"之间的辩证关系，通过广泛开展以劳养武的活动推动民兵、预备役建设不断发展。[1] 通过劳武结合，南阳人民武装部门增添了影机和部分微机，添置了办公设备，极大地改善了办公条件，使县、乡两级人民武装部达到了正规化建设标准，占比达三分之二民兵连的"青年民兵之家"建设也达到了上级规定的标准。南阳全地区用以劳养武收益补充民兵工作各项经费220多万元，大大减轻了群众的负担，支持了当地经济建设。

在以劳养武活动中，河南各级人民武装部门和民兵组织认真贯彻党的富民政策，立足本地区、本单位的实际，因地制宜，采取多种方法，开辟了以下多种途径。

第一，发挥基地优势，开展自养活动。1984年后，河南省绝大多数县（市）民兵训练基地逐步建立起来。这对改善民兵训练条件、提高训练质量、节约训练经费发挥了很好的作用。但是，由于训练人数的减少和训练时间的缩短，基地的利用、管理、维修等问题相应突出，各项经费的来源亟待解决。面对这些问题，许多人民武装部在保证民兵训练使用的前提下，利用训练基地的房舍、场地等开展多种生产经营活动。商丘地区8县1市先后建成8个训练基地，而对这些训练基地的经费问题则采取了自筹

---

① 王英洲，张建中.当代河南民兵1949—1995年[M].北京：当代中国出版社，1996:206-207.

的方式。商丘地区人民武装部门采取独资、合资、对外承包等不同形式，开办了加工业、商业、服务业、种植业和养殖业等行业的经营项目，到1985年，这些经营项目已达39个，年收入达40.5万元，基本上解决了以场养场的问题，减轻了地方财政的负担。武陟县训练基地则从1984年初开展生产经营活动，先后办起了腐竹厂、塑料厂、罐头厂、养猪场和苗圃，截至1985年底，累计收入5万多元。据1986年统计，河南省民兵训练基地自养活动共收入196万元，其中26个年收入在万元以上，最多的年收入达5万多元。基地自养活动的广泛开展较好地解决了基地管理、维修问题，逐步完善了基地配套设施，为民兵训练积累了经费，减轻了群众负担。①

第二，利用本地资源，组织开矿办厂。河南湖北各级人民武装部门组织民兵开展以开发性生产为重点的开矿办厂活动。在河南，宝丰县人民武装部利用本县丰富的煤炭资源，组织民兵开办了70多个小煤矿，建起了炼焦厂、瓷砖厂等7个联合体，仅一年时间就向国家贡献煤炭5.4万吨，上交税金达30多万元。该县大营乡清凉寺村民兵连办了3个煤矿，吸收全村70%的劳动力参加采煤生产，每年采煤达3万多吨，创利润120多万元，使民兵、群众走上了共同富裕的道路，民兵活动经费也得到了解决，连续几年没向群众统筹训练粮款。林县横水乡武装部注意发挥山区优势，把民兵中的能工巧匠和专业人才组织起来成立了采矿队、采石队，开办砖厂、水泥预制厂，搞建材生产，1985年总产值达到了205万元，盈利117万元，不仅保证了民兵各项活动经费的开支，还资助乡财政和社会公益事业3万元。②

在湖北，黄陂县许桥乡潘岗村的榨油厂连年亏损，无人敢承包，已停产两年。1985年3月，民兵连长潘耀华决定由8名基干民兵以民兵连的名义承包。这一想法得到了党支部的支持，4月就挂起了"民兵榨油厂"的牌子。由于他们责任心强，服务态度好，8个月时间加工油菜、黄豆、棉籽、花生等36.5吨，收入11 200元，按合同上交集体2 000元作为民兵训练费，另外每人还收入1 100多元。③而湖北大悟县白云民兵则采取了办小金矿的办法。1979年10月，大悟县原白云管理区人民武装部组织了40名青年民兵自筹资金办起了小金矿，1980年5月正式投产。这个小金矿的民

①　王英洲，张建中.当代河南民兵1949—1995年 [M].北京：当代中国出版社，1996:208.

②　同上书，第209页。

③　本刊通讯员.民兵承包油厂增产增收富民富兵 [J].中原民兵，1985(7):4.

兵自愿从总收入中提留一部分资金做民兵的训练费用，到1985年5月为止，共提留资金7 200余元，5年没有从群众中筹集训练经费。[①]

第三，成建制使用民兵，承包工程项目。农村家庭联产承包责任制的实行使农业生产获得迅速发展，农村出现了大量的剩余劳动力，客观上要求向其他建设领域转移，这就为成建制地使用民兵承包工程建设项目提供了极为有利的条件。通过承包工程建设项目，民兵们不仅使自身富裕起来，还解决了训练经费问题。1981年，河南清丰县王什乡东王什村民兵连挑选了50名民兵组成建筑队，经过严格的训练和管理，提高了自身的施工水平，由修建一般的民房发展到承包中原油田的工程建设项目。他们在施工中重质量、讲信誉，被油田誉为"信得过"的建筑队。截至1985年，累计创产值40万元。从1982年起，民兵训练和全村各种公益费用都从民兵建筑队提供的积累中解决。河南新乡县七里营乡刘庄民兵营先后承包了本村两个造纸厂、两个化工厂和科技信息大楼的施工任务，为集体节省400多万元资金。第一个造纸厂是这个村的"创业厂"，如果请外单位施工，需半年多时间，20多万元的投资。为了节省开支，民兵营主动承包了建厂任务。教导员史来贺亲自带领民兵，夜以继日，艰苦奋战，只用了34天时间，花费6万多元，就建成了一座日产两吨的造纸厂。接着，民兵营又承包了第二个造纸厂的建筑任务，为集体节约资金50多万元。承包任务最大的是酶制剂化工厂。建这个厂原计划投资600万元，工期需要两年多。为尽快完成建厂任务，民兵营成立了技术攻关小组，自行设计和制造了大部分配件，经过一年多的努力就完成了建厂任务，比原计划节约资金近200万元。广大民兵在新刘庄的建设事业中做出了突出贡献。同时为自身解决了训练费用。[②]

第四，开垦荒山荒地，建立经济基地。组织民兵绿化荒山，建立经济林；开垦荒地，种植"养武田"；承包空闲水面，发展养殖业，是开展以劳养武活动的另一重要形式。到1984年，河南光山县县、乡、村三级先后创办民兵经济基地达537个，其中承包养鱼水面1千多公顷，种植经济作物近100公顷[③]，在204个村建立了民兵经济基地，让民兵自己动手开发

① 本刊通讯员.白云民兵办金矿五年不筹训练款[J].中原民兵,1985(7):4.

② 王英洲，张建中.当代河南民兵1949—1995年[M].北京：当代中国出版社,1996:210.

③ 同上书，第211页。

荒山，治理荒废水面，创造物质财富，解决了民兵活动经费问题。其民兵整组中所需经费已不在群众中摊派。

1982 年底，光山县委书记兼人民武装部第一政委谢厂录、政委程祥安对全县 18 个乡进行了调查，发现各乡荒山、荒废水面比较大，这些山水又往往处于乡与乡、村与村之间的接合部，不宜管理，社员们都不愿承包，致使长期荒废。两位领导感到民兵是一个有组织的战斗集体，对这些荒山、水面管得住，便打算承包给民兵连（营），让民兵们自己创造财富，解决民兵的活动经费问题，减轻群众负担。对此当地政府和群众都十分支持，民兵连（营）也很乐意。于是，这个县人民武装部根据荒山和荒废水面的大小、所处的位置就近承包给 204 个村民兵连（营），由民兵轮流管理。收益 60% 作为民兵连（营）的集体收入，30% 作为民兵值班的误工补贴，7% 作为扩大再生产的投资，3% 上交县、乡人民武装部。承包后，民兵们在山上种上了茶叶、黄花菜，栽上了泡桐、杉树等树木；在水库、水塘里放养了鱼苗，种上了藕和菱角。这个民兵的经济基地取得了一定的成果，"据 1984 年年初统计，收入大都达 200 元以上，还有 20 多个村达 500元以上"。由于民兵组织有了一定的物质基础，光山全县"民兵青年之家"由 1983 年的 61% 提高到 92%，"家产"也增添了许多。例如，槐树店乡项楼村"民兵青年之家"过去只有几间房子、十几本图书。1983 年这个村民兵连承包一块茶园后，纯收入 800 多元，1984 年添置了文娱器材 20 多件，购买书籍 800 多册，还购买了 1 部电视机。至 1986 年，光山县创产值 182万元，民兵组织提留 15 万元，为群众和地方财政减轻负担 11 万元。并且为当地群众进行开发性生产做出了示范，促进了农村经济的发展。[①]

1984 年，鹤壁市鹿楼乡鹿楼村民兵孙玉清和另外 30 多名青年民兵一起，承包了村东南 6 公顷荒山坡。他们组成一个民兵排，苦干了 9 个月，在山坡上种植了 3 公顷葡萄、0.3 公顷桃树，建了鱼塘，打了机井，盖了饲料加工车间，办起了养鸡场和养猪场，把昔日的荒山坡变成了综合园艺场。获得收入后，他们还把其中一部分提留为训练经费。[②] 可见，开垦荒山建立经济基地不仅为民兵群众增加了收入，还为民兵自身积累了训练经费，减轻了人民群众负担。

以劳养武活动的深入开展愈来愈显示出它的巨大优越性和强大生命

① 本刊通讯员.建立民兵经济基地 减轻群众负担 [J]. 中原民兵,1984(7): 28—29.
② 王英洲,张建中.当代河南民兵 1949—1995 年 [M].北京：当代中国出版社,1996:211.

力。在创造社会财富、发展地方经济、支援国家建设、解决民兵活动部分经费、减轻群众负担、培养致富人才、支持社会公益事业、促进社会主义精神文明建设等方面发挥了重要作用。

六、基层民兵中涌现出来的先进民兵个人

在工农业各条战线上涌现出了许多先进的民兵个人，他们各自在普通的岗位上做出了不平凡的成绩，为祖国的现代化建设做出了重大贡献。

女猪倌任友珍。她是总口农场五分厂畜牧队生猪饲养员，也是女基干民兵班长。在湖北省农垦、外贸系统联合召开的供港生猪生产系统会上，她介绍了她为四化建设多养供港猪的事迹，8头大肥猪6个月平均达到90千克，最大的98千克，每头猪的喂养周期比以往缩短了三分之一的时间，大会代表个个赞不绝口。[①]

女货郎李惠敏。她是邓县瞭西北悲营供销社腾楼分社杂货门市部的售货员，也是县里的模范民兵，又是地、县、社财贸战线的标兵。她的事迹被当地群众广为赞誉。她看到社员们为加快四化建设把农业搞上去在跟时间赛跑，而自己是个基干民兵。又是人民的营业员，应当做好支农的"后勤兵"。于是，李惠敏每逢集市就用架子车拉着小百货和农用物资，走乡窜村，为支农送货上门，天长日久，庄稼人都亲昵地叫她"女货郎"。[②]

兔医生程远华。养兔技术员程远华是唐河县祁仪公社程岗大队的女基干民兵，由于她刻苦钻研兔病防治技术，能够手到病除，人们都叫她"兔医生"。长毛兔是一种娇嫩的动物，厌热耐寒，喜干燥，耐潮湿，疾病多，死亡率高。为养好兔，程远华走村串户向老农请教，先后收集了几十条土验方，品尝了几十种饲草，反复试验，总结出了一套按季节用中草药进行预防的规律，使长毛兔的发病率和死亡率大大下降。1979年程岗大队的长毛兔养殖迅猛发展，全大队存栏4 770只，向外提供种兔3 100只。[③]

新渔民李启红。监利县渔业公社五七渔场水科民兵排政工员李启红不怕苦、不怕累，进行科学养鱼，做出了突出成绩。他为了探究给鱼治病的规律，把铺盖卷搬到鱼池旁，日夜观察鱼病。鱼游他行走，鱼落窝他开

---

① 吴金喜. 女猪倌任友珍 [J]. 中原民兵，1979(12): 16.

② 宿文礼. 女货郎李惠敏 [J]. 中原民兵，1979(12): 17.

③ 保亮. 兔医生程远华 [J]. 中原民兵，1979(12): 19.

铺，边观察，边治病，经过半月的观察试验，摸索出采用漂白粉、乐果乳剂、食盐、敌百虫粉配成的"四合一"混合法治疗。这"四合一"混合法治疗疗效快，效果好，既经济，又容易掌握。鱼病终于治愈了。为了节省开支，他主动要求领导不派船，他说："我们民兵下湖捞草，留下精饲料蓄种，为的是节省开支，增加收入，再开机帆船下湖，我们的汗水就白流了。"他说服了领导，民兵们在他的带动下坚持了 60 天的驾船捞草，节约鱼草、油料钱七八千元。[①]

灶台状元江立洪。他是襄阳地区的一名民兵，在襄阳地区财贸部门组织的一次烹调技术考核中，他制作的一桌包括 1 个花篮拼盘、6 个独碟和 10 个二道菜的中等宴席获得了第一名。一名参加评选的老厨工高兴地说："一个二十几岁的青年厨师能达到这样高的水平，实在难能可贵啊。"江立洪为了尽快掌握烹饪技术，拜师学艺，刻苦用功，练习刀切时，他站在墩子前切菜，一干就是几个小时，胳膊肿了，手掌上磨出了一个个血泡，他不吭一声；手划破了，鲜血直滴，他把手放在水里摆一摆再干，就这样，硬是练出了一手好刀法。1978—1979 年，他把外地名菜的一些制作方法和本地传统风味结合起来，充分利用本地土特产品创制了 20 多种菜肴，如海棠香菇、一品猴头、琵琶鸡等，深受顾客的欢迎。[②]

大有作为的粪姑娘。张占花是一名社队民兵。为了尽快把农业搞上去，张占花爱粪如金，想方设法为队里多积肥，人们送了她一个外号，叫她"粪姑娘"。1977 年以来，她为队里积肥 2 400 多立方米，除了保证队里 1.3 公顷菜园有足够的肥料外，还保证了约 3 公顷烟叶的积肥。[③]

"新长征突击手"李德娥。她是郧西县大春大队民兵女排长，她刻苦钻研养蚕技术，4 年向国家交售鲜蚕茧 8 450 斤，为大队提供资金 6 450 元，被共青团郧阳地委命名为"新长征突击手"。[④]

质量标兵冷启芬，她是湖北第二汽车制造厂底盘零件厂车间的基干民兵，她一心扑在生产上，1979 年加工零件无废品，被二汽评为质量标兵。[⑤]

这些民兵都是普普通通的个人，可是他们却在自己普通的岗位上做出

① 代玉发 . 新渔民李启红 [J]. 中原民兵，1979(12): 20.

② 李洪林 . 灶台"状元"汪立洪 [J]. 中原民兵，1979(12): 22.

③ 毛积德 . 大有作为的粪姑娘 [J]. 中原民兵，1980(3): 10.

④ 易恒群 . 蚕花姑娘贡献大 [J]. 中原民兵，1980(3): 14.

⑤ 董光运 . 质量标兵冷启芬 [J]. 中原民兵，1980(3): 11.

了不平凡的业绩，他们生活在广大的普通群众中间，却在人民群众中树立了良好的风范，对社会主义两个文明建设起到了良好的影响和带动作用。

第三节　民兵在技术革新与科研中的作用

中原民兵多数有文化，思想解放，接受新事物快，好学上进，喜欢探索，勇于创新，历来积极学科学、用科学。党的十一届三中全会以来，随着对科学知识各种偏见的纠正，广大民兵进一步认识到"科学就是生产力"，要在社会主义建设的新时期发挥自己的作用，必须首先掌握科学知识。在各级人民武装部门的引导组织下，民兵学科学、用科学的积极性更加高涨，他们用自己的聪明才智为繁荣科学文化、推动生产的发展开辟出一个又一个新途径，闯出一条又一条新路子，创造出一批又一批新成果。基层民兵组织中设有自己专门的科研组，无论是在工厂，还是在农田，到处都有他们进行科技创新的影子。

民兵搞科研是有组织的，中原民兵中存在的科研组一直是民兵们搞科研的主力军。

在农村，民兵科研组积极钻研农业生产，大胆进行创新，为农业生产做出了重大贡献。例如，谷城县白河公社高潮大队刘燕科研组试验成功在60亩（1亩=0.067公顷）面积内每亩田里同时种植棉花和水稻，粮食均单产达到11吨，棉花均产达到2.37吨。刘燕科研组也因此获得了1978年"全国三八红旗标兵"称号。[①]在另一个民兵科研组——温县赵堡大队的"三八科研组"中八个平凡的女民兵、先后搞了小麦分蘖与成穗、幼穗发育、小麦灌浆等20多个科研项目，她们同赵堡群众一道，连续五年创造了小麦亩产900斤以上的高产稳产记录，1979年被全国妇联命名为"三八红旗集体"。[②]桂李村的"十姑娘民兵班"把一片白花花的盐碱地变成了一片白花花的棉田，被当地群众誉为"科学实验的尖兵"。桂李村位于黄泛区，以前是保种不保收的风沙盐碱地，由本村10位姑娘组成的民兵班在盐碱地上试种了棉花。她们根据棉花生长的规律进行科学种植，大胆选用优良品

---

① 赵荣强.科研中的尖兵 [J]. 中原民兵，1980(11): 16.

② 来有功.攻关 [J]. 中原民兵，1980(11): 18.

种，采取合理密植等方法，前期促苗早发，争取伏前桃；稳蕾搭架，争取高产桃；防止早衰，争取秋晚桃，促使棉花高产，创造了在寸草不生的盐碱地上亩产皮棉 353 斤的高产纪录。为此，她们被邀出席了国务院召开的全国棉花会议，并在会上介绍了经验，被河南省委、省军区命名为"民兵工作三落实先进单位"，被共青团河南省委命名为"新长征突击队"，被全国妇联命名为"三八红旗先进集体"。[①]

在工厂，民兵科研组也是技术革新的标兵。湖北天门市空压机民兵科研组 2D-0.03/7 型手提式全无润滑空气压缩机结构新颖，美观实用，设计先进，填补了国内空压机品种的空白。而填补这项空白的却是一家集体小厂的 8 名民兵。1980 年 9 月，天门县空压机器厂为了打破产品滞销的局面，大胆提出了研究无润滑空气压缩机的设想。民兵连长吴让贤把这个任务抢到了手，由基干民兵马成法为组长，组织 7 名民兵成立了研制小组，从图纸、技术资料、零部件加工到总装，经过上万里奔波、上千次的熬夜、上百次的试验，终于制成了样机。[②]

在息县，民兵营长王文选带领民兵科研组挽救了即将破产倒闭的息县城关水泥厂。1980 年，息县城关水泥厂即将倒闭。这个水泥厂是个老厂，随着社队企业的发展，市场竞争激烈，他们不得不将成本较高的水泥降价出售，导致亏损严重，甚至连工人的工资都发不出来。因此，有的工人想跳槽，有的干部要求调动。民兵营长王文选看到这种情况十分着急，决心要通过技术革新提高质量，降低成本，扭转亏损局面。他细心调查了 7 个车间的每道工序，认真进行了分析研究，发现影响水泥质量的主要原因是水泥窑用的鼓风机转速不够、供氧不足，导致原料烧炼不透。他先后查阅资料达 12 种，请教了 6 位经验丰富的老师傅，经过反复试验，终于改制成功了一台高速电动机，使鼓风机的转速由每分钟 1 000 转提高到 2 900转，生产的水泥从 400 号提高到 560 号。接着，他又同技术工人一起试制成功了多用变压器，每年可节约电费 4 800 多元。经过技术革新，每吨水泥的成本降低了 25 元。质量提高了，价格降低了，水泥销路打开了，产品供不应求，经济效益大增。1983 年，该厂不仅还清了 10 万元欠款，还

① 《当代中国》民兵分卷河南省军区编写办公室. 光辉的历程 巨大的成就——当代河南民兵资料汇编 [G]. 郑州：河南省军区编写办公室,1984: 180.

② 填补国内空白的人——记天门空压机厂民兵科研组的事迹 [J]. 中原民兵, 1985(8): 19.

上缴利润 7 万多元。[①]

　　许多民兵在学科学、用科学、科学致富方面表现了很大的决心、智慧和毅力，并且还带动了周围群众，出现了一个爱科学、用科学的高潮，涌现出许多先进人物和典型。巩县南河渡乡石观村民兵连副连长白麦霞带领乡邻科学致富的事迹被当地人广为传颂。几年前白麦霞看到当地群众由于不懂科学，往往出力不少，收获不大。她决心走科学致富的道路，买来了技术书籍刻苦钻研，并坚持收听农业技术广播讲座，经过一年多的刻苦学习，学完了三门农业基础知识课，考试成绩全部优秀。白麦霞不怕担风险，先在自己地里搞试验，她先后进行了小麦品种对比、小麦根外喷磷与喷清水对比、治虫用药量及时间与效果对比、小麦繁育良种和玉米制种等试验，对全村科学种田起了示范作用。白麦霞把自己学到的知识无私奉献给乡邻，她经常利用"民兵青年之家"给民兵和村民上科技课，定期举办科技板报，积极开展家庭农科技术咨询服务。[②]

　　康县王集乡斧头岗村年仅 20 岁的女民兵副指导员李昆兰也是当地科学致富的模范。李昆兰从小爱学习、爱科学。一次她从报纸上看到一些"专业户"靠养"土元"致了富，于是决心从养"土元"入手，科学致富。开始由于没有经验，"土元"成活率和繁殖率都很低。她不怕挫折，刻苦钻研，顽强探索，废寝忘食地学习科学文化知识，先后钻研了《生物学》《昆虫学》《药物学》《家庭副业手册》《土鳖虫的生活习性》等几十种科技书籍，记录了 26 万字的笔记。在反复实践中，她摸索出"土元"繁殖、饲养、管理、成虫泡制方法等，创造了有机孵化、无机孵化、人工加温、无冬眠期饲养等一整套技术，"土元"产量越来越高，经济收入逐年增加，仅 1983 年，就收入 24 000 多元，成为一名土元"状元"，被团中央评为"全国农村青年学科学、用科学标兵"。[③]

　　民兵也是推广科学、用科学、宣传科学的先进标兵。河南省息县方老庄大队民兵连长李年海勤于学习、刻苦钻研，热爱科学技术，1975 年回乡后，为队里种了 0.3 公顷试验田，经过努力，建成了引进小麦良种、红

① 《当代中国》民兵分卷河南省军区编写办公室.光辉的历程 巨大的成就——当代河南民兵资料汇编 [G].郑州：河南省军区编写办公室,1984: 181.

② 本刊记者. 邙山脚下科技花 [J]. 中原民兵,1985(2): 5.

③ 《当代中国》民兵分卷河南省军区编写办公室.光辉的历程 巨大的成就——当代河南民兵资料汇编 [M].郑州：河南省军区编写办公室,1984: 180.

麻移植等五个试验项目。其中小麦、玉米和红薯间作套种，亩产达到了
2 033斤。1981年10月，李年海担任了大队党支部委员、民兵连长。他先
建立了民兵科研小组，接着又在全大队建立了85个农业科技户，且定期
在大队部举办农业技术学习班，并经常组织科研小组人员到田间地头给社
员传授科学种田技术。1982年，李年海带头搞了五种引进小麦良种对比试
验；对油菜等三种农作物推广了新的管理技术；所办的棉花科学种植和管
理学习班覆盖75%的农户，使每家都有一人受益。1983年，全大队的小
麦在严重干旱、干热风等自然灾害的情况下仍获得亩产535斤的好收成。
李年海还利用阴雨天和农闲时间，在自己家里为全大队培训了7名义务农
机修理员。李年海由于推广科学成绩突出，被当地人民誉为"土博士"，
并当选为第六届全国人民代表大会代表。①

　　人民武装部门运用"一兵带全家，一排带全村"的经验，积极引导民
兵开展智力"两带"活动，掀起了科学致富的热潮。我们以宜昌军分区为
例。到1985年，宜昌全区有近5 000个"青年民兵之家"和民兵文化户成
为民兵学习致富本领的场所，涌现出3 400多个民兵科技骨干，8 900多名
民兵科技骨干率先跨入了富裕户行列。在1985年3月召开的宜昌地区民
兵带头发展商品生产会上，这一做法受到了宜昌地委、行署领导的赞扬。
1984年以来，这个军分区和所属各级人民武装部坚持把组织民兵带头发
展商品生产和学习科技知识有机地结合起来，组织民兵发展多种经营，自
己集资，增加"青年民兵之家"的科技书籍储备量，兴办民兵"文化户"；
在民兵训练教育中适当安排学习商品生产专业技术的内容，为民兵举办采
矿、运输、修理、加工、服务、养殖、种植等各种智力开发培训班；动员
民兵积极报考电大、刊大、函大、自修大学，自费进各种大专院校学习。
他们还组织民兵开展科研活动，采取编发简报、现场参观等形式宣传表彰
科学致富的典型，交流致富的经验。积之愈厚，发之愈佳。宜昌军分区民
兵在智力"两带"活动中大显身手，五峰土家族自治县茅庄村民兵连根据
山区药材资源分布情况和药材种植知识绘制出财源十二路信息图，11名民
兵首先登山开荒试办药材厂。在他们的带动帮助下，全连90名民兵家庭
成了药材专业户，全村146户办起了小药园，使茅庄成为全县第一个贝母
药材基地，人均收入过千元。民兵们还认真做好科普工作。当阳县胜利村

---

① 本刊记者 . "土博士"当上全国人大代表 [J]. 中原民兵 , 1983(6): 21.

卢必元等 11 名民兵办起科普站，热心为群众服务。先后成立了"农业技术研究会""多种经济研究会""机电技术研究会"，取得水稻、棉花、油菜和家庭养殖业等 11 项科研成果，有力地促进了全村商品经济的发展。1984 年，这个科普站的 11 名民兵被湖北省科技协会吸收为会员。经过多方面的技术培训后，当阳县 19 000 多名民兵在商品生产第一线上当尖兵，打头阵，扛大梁，很好地发挥了智力"两带"作用。[①]

民兵能在科研领域做出突出贡献，是由民兵本身的特点决定的。

第一，民兵本身是生产者，他们与生产劳动紧密相连，能够发现生产中存在的问题，找出解决的方法，这使他们能够发挥自己的能动性，对生产技术进行革新。且民兵本身具有一定的文化知识，是劳动群众中的优秀者；民兵大多数又是由青年组成的，青年人有一种特别的进取心；民兵中还有一些退伍军人，他们有钻研精神，能够吃苦耐劳，不怕失败，有一定的科学文化知识，他们对改变落后的生产方式有着很强的责任心。这些都构成了民兵搞科研的优越条件。

第二，民兵有"民兵夜校""民兵青年之家"等学习科学文化知识的场所。民兵夜校虽然在 1966—1976 年期间是对民兵进行"阶级教育"的场所，但对民兵学习文化知识还是起到了一定的作用；后来的"民兵青年之家"则完全是民兵学习科学文化知识、科技致富的阵地。

第三，民兵是有组织的，这使他们能够建立众多的科研组，能够发挥集体的力量，群策群力，来共同搞好一个科研项目，项目成功以后，也便于推广。这使得他们区别于一般的劳动者，也是民兵搞科研的优势。

但从整体上来说，民兵不是一个文化素质很高的群体，他们虽然对自身生产技术上的革新具有优势，但大的科研项目，特别是一些基础性、理论性的科研项目还是需要专业的科技人员来完成。

第四节　参加国家重点工程建设

中原民兵是参加国家大型工程建设的一支生力军，在河南、湖北的许多大型工程建设项目中，中原民兵都发挥了重要的作用。湖北省曾被国家列为全

---

① 熊颜：开展智力"两带"活动 组织民兵科学致富 宜昌分区三千余民兵成为技术骨干 [J]. 中原民兵, 1983(9): 14.

国三线建设重点地区之一，湖北省政府和省军区组织民兵成建制地参加三线建设。据不完全统计：1958—1980 年，湖北省共组织 32 个民兵师、144 个民兵团，共 200 多万人次参加各项工程建设，修通公路 2 067 千米，修建铁路 1 255 千米。

一、参加长江葛洲坝工程建设

在长江葛洲坝工程的建设过程中，中原民兵起到了重要作用。长江葛洲坝水利枢纽工程于 1970 年 12 月 30 日破土动工，参加工程建设的荆州、咸宁、恩施地区的 3 个民兵师共 3.6 万人同水利工程专业队伍与基建工程兵部队一道并肩战斗。据当时统计：民兵在葛洲坝初期工程建设中共完成 1 600 多米的围堰任务，挖填土石方 86 万多立方米；开挖基坑土石方 50 余万立方米；兴建水泥厂一座；修建厂区道路 23 条，计 100 多千米；安装皮带运输线 148 条，计 16 千米。在第二期工程建设中，继续留在工地的恩施地区民兵师和工程局民兵共组织各种抢险突击队百余个，参加抗洪抢险突击性劳动 1.2 万余人次；创造各种技术革新成果 30 余项。

在葛洲坝工程建设中，人民武装部门组织了民兵突击队，凡是遇到急难险重任务，民兵突击队总是抢着干。1976 年 6 月，长江上游山洪暴发，黄柏河大桥施工点面临被洪水淹没的危险。巴东、咸丰两县 8 000 名民兵组成民兵突击队，冒着大雨堆沙石、扛草包、筑挡墙、打护坡。挡墙刚刚筑好就被第一次洪峰冲出决口，咸丰民兵团团长蒋道永迅速带领 150 多名民兵跳进水里，肩并肩地组成人墙，随着沙包石块一起向缺口堵去。经过 6 个多小时的搏斗，战胜了 3 次洪峰的袭击，确保了大桥施工点的安全，受到指挥部通报表扬。机械分局的民兵突击队以最快的速度修筑了公路干线；沙石分局的民兵突击队提前 7 天安装好了 148 条全长 16 千米的皮带运输线；基础分局 340 名民兵组成突击队抢筑防渗墙并迅速排除浆管杂污，使 40 台转机恢复工作。分局还抽调 18 名民兵组成打捞队，民兵们腰系绳索，跳进几十米深的旋水潭，打捞厂房六号机尾水孔被堵的杂物，提前两天完成任务，被干部、群众誉为长江葛洲坝战场上的"十八勇士"。葛洲坝民兵还积极参加技术革新。由一艘进口挖泥船改装的 715 号采泥船经常出故障，负责操作的 40 多名民兵精心设计出一种由导电温度计、间隔脉冲电路、光电指示电路及音响报警组成的"超温报警器"，对轴瓦进行温度监测，自动报警，保证了大坝的沙石供应。沙石分局民兵陈志清坚持业务学习，在生产实践中解决了许多技术难题，成为船舶修理的"智多星"，在二江通航和大江截留中先后荣立二等功、三等功各一次。

1979 年，葛洲坝工程局又精选了万余名技术优良的职工、民兵组成突击队伍，浩浩荡荡地开赴葛洲坝的关键工程——二江泄水闸工地组织大会战。浇筑二分局的基干民兵女电工周日山为了早日夺取会战的胜利，经常加班加点，受伤生病也不下火线。有一次扒渣时，一块几十千克重的石头擦伤了她的脚背，她的脚肿得像面包，但她拖着凉鞋，仍然到工地上班。在四号机进口段清理模板时，她的左手背被锈钉划开了一条六七厘米的血口，医生给她缝了 6 针，开了 5 天病休条，可她第二天又照常上班了。几年来，她把工休日、节假日全部献给了大坝。她还在实践中摸索掌握了一整套复杂的电焊技术，攻克了一个个施工难关，为工程设计做出了重大贡献，曾荣立特等功，被工程局授予标兵的光荣称号，被水电部、团中央、全国妇联分别授予"先进生产者""新长征突击手""三八红旗手"等光荣称号。

在波涛汹涌的江河上筑坝建站，在崇山峻岭中铺路架桥，在茫茫荒野上建厂建舍，这些意味着艰难困苦，包含着流血牺牲。工程一上马，首先遇到的便是吃、住、用方面的一系列困难，民兵们发扬自力更生，艰苦奋斗的精神，以英雄模范和大庆人为榜样，"有条件要上，没有条件创造条件也要上！"克服了重重困难，为葛洲坝工程建设铺平了道路。[①]

二、参与川汉公路的修建

该公路于 1975 年 12 月动工，1979 年 12 月通车。它东连武汉，西接重庆，犹如一条硕长的纽带把川、鄂两省紧紧连接在一起。恩施地区 8 个县的民兵共 5 万余人组成 300 个民兵连、2 000 个民兵排参加了修建，建路 315.27 千米；完成土石方 766.6 万立方米；砌各种涵洞 1 033 个，总长 1.036 万米；架设大小桥梁 49 座，总长 2 196 米；清除塌方 109.92 万立方米。在建设过程中来凤县"三八女子连"民兵和男同志一样打锤撑钎、放炮炸石，被人们誉为"敢打善战的铁姑娘"。4 年中，共涌现出红旗单位 55 个，标兵 59 人；先进单位 108 个，先进个人 291 人；有 916 人入团，57 人入党。参与建设的民兵们充分了发挥了吃苦耐劳、自立更生的精神，为川汉公路的顺利建成通车做出了巨大贡献。修建川汉公路的鹤峰县云丰民兵连驻扎在恩施龙凤公社古星岭上，吃水极其困难，挑一担水得翻山越

---

① 解放军湖北军区. 湖北民兵史话 [M]. 武汉：湖北人民出版社,1989：471—472.

岭往返十几里。他们采取一水多用的方法,先用来淘米,澄清后再用来洗菜,然后用来洗脸、洗脚,最后调煤。来凤县大河民兵营女子"三八"作业组的 6 名女民兵负责全连 150 人的生活保障,油盐柴米都要到 50 多千米以外去挑。她们 8 个月如一日,披着星星出门,戴着月亮归来,肩挑重担行程 2 500 多千米,保证了全连同志吃饱吃好,以旺盛的精力投入施工。负责修建襄渝铁路的 6.9 万名孝感民兵分布驻扎的 400 千米施工地段大都处在山高路险、地形狭窄、交通不便、气候寒冷的山区,吃水吃菜、烧柴、安营、施工等困难接踵而来。他们迎难而上,吃水难就沿着崎岖的山路到汉江挑;烧柴难就翻山越岭到几十里外砍;吃菜难就开荒自己种;没住房就在半山腰里劈石平基自己建;施工工具不足就土法上马自己制。[①]

三、抢修五岭山公路

为开发山区,1978 年 2 月,咸宁地委、军分区党委决定调集民兵以战时演练方式抢修五岭山战备公路。咸宁、鄂城、蒲圻、嘉鱼、通山、崇阳、阳新等 8 县武装基干民兵共 6 349 人组成了 1 个民兵师、8 个民兵团、49 个民兵连,冒着风雪严寒,向咸宁、通山、崇阳三县交界的五岭山区开进。从 2 月 17 日至 24 日,仅用 8 天时间,就建成了全长 10.1 公里的迂回公路,比原计划提前 5 天完工,公路质量符合设计标准。[②]

四、参加平舞工程建设

平舞工程是国家重点建设项目,它包括舞阳矿山和钢铁厂、姚孟电厂、平舞高压线路和铁路等工程。许昌地区 11 个县的 74 000 多名民兵和河南省民兵工程团的 2 600 多名民兵参加了工程建设,成立了河南省平舞工程指挥部,河南省军区司令员张树芝任指挥长。许昌地区的民兵编为 1 个师 11 个团。1970 年 11 月 1 日开工,参加工程建设的民兵战斗在荒山野岭之上,披荆斩棘,艰苦创业,住草棚,踏泥泞,冒风雪,战高温,争分夺秒,开山劈岭,日夜奋战在各项工程场地。1973 年 8 月 27 日,参加工程建设的各团民兵撤离工地,11 月 5 日,河南省平舞工程指挥部撤销。广大民兵经过两年零 10 个月的苦战,历尽艰辛,共完成挖填土石方 300 多万立方米,建设了大批厂房、宿舍、道路和各种管线,为平舞工程建设奠定了坚实的基础。舞阳钢铁公司设在舞钢

---

① 解放军湖北军区.湖北民兵史话 [M].武汉:湖北人民出版社,1989:469-472.

② 湖北省地方志编纂委员会.湖北省志 军事志 [M].武汉:湖北人民出版社,1996:652-655.

市（原舞阳县杨庄乡），拥有中国最大的炼轧钢设备75吨弧炉和4.2特厚板轧机，能轧制多种特宽、特厚、高强度、高韧性的钢板。产品除在国内销售外，还远销东南亚一些国家和地区。姚孟电厂是装机容量在百万千瓦以上的大型火力发电厂，位于平顶山市白龟山水库附近，两台国产30万千瓦机组，两台比利时产的30万千瓦机组，总容量达120万千瓦；所发电力以220千伏电压输入河南电网并以220千伏高压、500千伏超高压输电线路与华中电网相联，成为华中骨干电厂之一。平舞铁路从平顶山车站至舞钢市杨庄乡冯庄全长68.23千米。1970年11月1日，全线破土动工，1971年5月1日建成通车。该线西接焦枝路，可达京广线，同全国铁路动脉相联，年运输量250多万吨，成为舞阳钢铁公司内外运输的主动脉。这些工程的建成、投产对国家和河南的经济发展都产生了极大的推动作用。[①]广大民兵在平舞工程建设中发扬了三种精神：第一，一往无前的精神。施工中，民兵们遇到了许多困难和危险，他们"下定决心，不怕牺牲，排除万难，去争取胜利！"郏县民兵团在修建沙河铁路大桥时在七号桥墩下沉沉井，井下突然出现翻沙，严重威胁着工程的安全。正在施工的民兵顿时紧张起来，一面奋力堵翻沙口，一面迅速捞沙，把劲全用在"抢"字上。但是，由于水猛烈上涨，捞进筐里的沙很快被冲走了，此时他们没有气馁，大家共同出主意，想办法，在井下与翻沙搏斗了18个小时，终于战胜了翻沙，保证了工程顺利进行。第二，敢想敢干的精神。参加工程建设的民兵缺技术，少机械，但他们自力更生，艰苦奋斗，大搞技术革新，创造条件完成任务。长葛县民兵团在短短的几个月里创制和仿制了土吊机、卷扬机、调直机、冷拉机等30多种400多件机械，节省了劳力，提高了工效，减轻了劳动强度。有的连利用废物旧料制成了园盘锯、平面刨、立刨、开榫机等，基本实现了操作机械化，赢得了施工的高速度、高质量。第三，团结协作的精神。平舞工程很多项目是由几个单位共同完成的。在施工中，民兵与工人、民兵与民兵密切配合，互相帮助，共同战斗，团结协作。七〇七工区的工程由六〇二和六〇四公司、舞阳县民兵团和许昌县民兵团的几个民兵营共同施工。各公司和民兵营组成工地领导班子，工人、民兵按工种混合编班，共同合作，互相支援，互相学习，共同进行工程建设，加快了施工进度，保证了工程质量。[②]

---

① 王英洲，张建中.当代河南民兵1949—1995年[M].北京：当代中国出版社，1996:119.

② 同上书，第120页。

五、博爱县民兵参加修建青天河水库

青天河发源于山西省晋城的丹河，流经博爱县，至孝敬乡留村汇入沁河。为解决这一带群众吃水用水问题，中共博爱县委决定修建青天河水库。1969年9月动工，水库于1983年12月竣工。在修建水库期间，博爱全县民兵以班排、连、营、团成建制投入施工。1969年有2 000多名民兵参加，1976年有5 500多名民兵参加。总投工达637.5万个，总工程量37.74万立方米，库容量1 930万立方米。建成蓄水后，又建成了一级、二级水电站，给博爱县带来了极大的经济效益。①

小　结

1973—1985年，我国经历了由计划经济体制到逐步打破计划经济体制，进而进入改革开放和现代化建设的新的历史时期。在我国这一经济社会发生转型的重要历史时期，中原民兵在经济建设中始终发挥了模范带头作用，表现如下：

第一，党的十一届三中全会前，在计划经济体制下，中原民兵在农业学大寨中带头向山河开战，兴修水利工程，对改变恶劣的自然环境、改变贫穷落后的面貌起到了重要作用。在日常的农业生产中，在抢种抢收、抗旱排涝、改良品种、推广先进科学技术和进行农田水利基本建设等各项生产活动中都起到了模范带头作用。在工业领域，中原民兵遵守劳动纪律，爱厂护厂，开展劳动竞赛，始终是工业战线的主力军，而且积极修旧利废、增产节约。在城市经济体制改革时期，中原民兵积极献计献策，开展技术革新，为提高企业的经济效益出力，充分发挥自身的才智和力量。

第二，中原民兵以民兵组织形式成建制地参加急难险重任务，如修建大型水库、植树造林，以及一些重点工程建设。在这些任务中，中原民兵不仅吃苦耐劳，积极完成生产建设任务，还能体谅到当时国家物质匮乏、供应困难的难处，自力更生，自己解决供应问题，其精神是难能可贵的。中原民兵中的科研组在工农业生产中也发挥了巨大的作用，在农业生产中，民兵科研组攻关改良品种，开展科学种田；在工业领域，民兵科研组积极进行技术攻关和革新，并积极开展科学普及，推动了爱科学、用科学

---

① 王英洲, 张建中. 当代河南民兵 1949—1995 年 [M]. 北京：当代中国出版社, 1996:123.

的良好局面的形成。

第三，党的十一届三中全会后，在城乡经济体制改革中，中原民兵是勤劳致富的标兵。在农村，民兵们是兴办乡镇企业的主力军，还出现了各种各样的民兵专业户，如养殖专业户、运输专业户等，涌现出了大量的民兵万元户。民兵不仅自己致富，还积极带动周围群众，如各种各样的经济联合体的出现，先富的民兵主动向贫困户提供资金、技术等。同时中原民兵还采取多种方式以劳养武，为民兵训练筹集经费，减轻人民群众的经济负担。中原民兵的典型示范作用带动了周围大量群众勤劳致富。在城市，中原民兵也为企业改革积极献计献策，开展各种承包活动等。中原民兵为落实党的经济体制改革政策做出了巨大的贡献。在中原民兵中涌现出了许多普通的劳动模范，他们在自己平凡的岗位上做出了不平凡的贡献，他们是千千万万普通劳动者中的优秀典型，他们的事迹必将产生巨大的影响，从而带动更多的人为祖国建设贡献力量。

党的十一届三中全会前，中原民兵能在生产建设上发挥巨大作用的主要原因如下：

首先，在中华人民共和国建立以后的相当一段时期内，我国的科学技术和生产力水平都还处于十分落后的状态，许多生产还得依靠手工劳动操作，发挥民兵的作用，成建制地使用民兵来完成各项生产建设任务是符合当时的历史条件的。

其次，是由当时的经济体制决定的。当时的经济体制是计划经济体制，在农村实行的生产合作社是一种政社合一的制度，在计酬上实行工分制，在生产形式上实行集体出工。大量使用民兵也是与当时的经济体制相适应的。

最后，是由民兵自身特点决定的。民兵是军事组织，有着较强的组织性、纪律性和战斗化作风，具有勇敢顽强、坚韧不拔、不怕艰苦、不畏困难的高尚品质和自我牺牲精神，这些是民兵具有的主观条件。

党的十一届三中全会后，中原民兵在经济体制改革中起到了模范先锋的作用，这是由于：

首先，民兵是有组织的。民兵能够受到武装部门的领导和指导，得到其所在党支部的积极支持，更好更快地领会党的经济体制改革政策。

其次，民兵是一个具有较高素质的群体。民兵大多数是青年人，上进心强，很多民兵具有一定的文化科技知识和生产技术，特别是由一些退伍军人组成的基干民兵作风顽强，能吃苦耐劳，具有一定的管理经验。这些良好的主观条件是中原民兵能够成为致富先锋的重要条件。

最后，中原民兵有"民兵青年之家"这样一个良好的学习科技知识的场所，在经济体制改革中，"民兵青年之家"成为民兵们学习生产知识、进行经验交流、了解致富信息的重要阵地。

第四章 与时俱进的社会功能变迁

在社会功能方面，民兵始终是一支应付突发事件的主力军，在应对抗洪抢险、救火等突发事件方面发挥了重要作用。民兵还是公安部门的有力助手和保护国家财产的坚强卫士，在协助公安部门打击刑事犯罪与巡逻执勤，守卫重要铁路、桥梁、隧道等方面发挥了巨大作用。中原民兵还是精神文明建设的主力军，在各级人民武装部门的领导下，治理城市脏乱差、开展学雷锋"为您服务"活动，移风易俗、建设文明村、创建文明城市等，对改变城乡风貌、形成良好的社会风气起到了巨大的辐射和带动作用，是不穿军装的解放军。

第一节 移风易俗改变社会风气

1976 年以前，中原民兵对移风易俗、改变社会风气的影响是有限的，且这方面的活动没有得到全面的展开；1976 年后，由于狠抓民兵队伍自身的精神文明建设，坚持用兵中练兵育人，使民兵们以自身良好的个人素质带头打破了旧的习俗，移风易俗，净化了社会风气。

一些基层的民兵在基层扎扎实实地为人民服务，他们在平凡的岗位上做出了不平凡的业绩，对形成良好的社会风气发挥了重要作用，如民兵赤脚医生：

羊角辫，粗布褂

身背药箱迎彩霞

贫下中农的好医生啊

一双赤脚走千家

巡诊披星斗

采药攀山崖

支支草药寄深情

根根银针放光华

防病治病驱瘟神

习文练武种庄稼

"六二六"指示到航程

沿着红线大步跨

这段话形象地描绘了为人民服务的女赤脚医生的形象，反映了这样的情况：许昌邓庄公社田庄大队民兵田水申、田俊英高中毕业回乡后被群众推荐当了赤脚医生，他们几年如一日为社员防病治病达万人次，但从没有吃过群众一口饭、接受过一份礼。田水申和田俊英不仅严格要求自己，不搞特殊化，遵守各项制度规定，还注意坚持中国共产党的原则，同一切不正之风做斗争。1976年，他们发现有的人开报销条时写患者家里在外工作人员的名字，他们立刻意识到，这是在外工作人员让家里人员看病，然后通过合法手续向国家报销，他俩就教育这些人改正了错误。1977年春天，在一次清算药费收支帐时，他们发现有的干部看病吃药没及时给药费，他俩就把这些干部欠的药费一笔一笔地垫上了。[①]

国家号召结婚不要彩礼，不铺张浪费。民兵们在这方面起到了很大的带头作用。

随县小林公社繁荣大队女基干民兵刘本芳与新记大队民兵李德良定于1978年元旦结婚，刘本芳的母亲忙着要为女儿做花被，父亲打算买木料为女儿做箱子、柜子。但刘本芳想：我是基干民兵，要带头破旧俗、立新规，用实际行动同婚姻上的旧习惯决裂。她说："民兵要带头喜事新办，出嫁带嫁妆，不就是违背了毛主席的教导，丢掉了民兵的光荣传统吗？"她的父母听了女儿的话，感动地说："还是你学习好，进步大，就按你的意见办，不做嫁妆，喜事新办吧。"父母的工作刚做好，婆母亲自上门，询问啥时请客，要啥"彩礼"。刘本芳说："咱们两家都是贫农，要带头移风易俗。咱们一不请客，二不要彩礼，到了时候我自己去。"婆母被说服后，高高兴兴地回冡了。[②]韦山公社建新大队民兵连女民兵沈桃芝同样带

---

① 银针草药寄深情——横坝大队民兵连卫生员徐宋本勤俭办医的事迹 [J]. 中原民兵，1977(6):20.

② 李远志. 喜事新办——拒婚礼 [J]. 中原民兵，1978(2): 26.

头不要彩礼，移风易俗。1981年3月，沈桃芝与杨店公社新丰大队民兵班长杨望清订婚时，杨望清给沈桃芝买了几件衣服。沈桃芝见了坚决不收，说："我们不兴这个，只要感情好。买的衣料分给弟妹们做衣服吧！"沈桃芝母亲得知女儿不要订婚礼，就对她说："望清兄弟多，不趁结婚前买些衣物，以后就莫想做衣服了。"沈桃芝还是坚持不要订婚礼，她母亲火了："别人订婚要缝纫机、自行车、手表，还有鱼肉烟酒，杨家送来几件衣料你还要退回去。那好，你去退彩礼，我去退亲事。"沈桃芝耐心地劝说母亲："望清兄弟多，经济暂时有困难，应该体谅他。假如为订婚借了钱，我上门就要背债呀！再说我们是以感情为基础，不以金钱搭伴。"母亲觉得女儿说得有道理，思想也就通了。[①]

结婚不摆酒席，不铺张浪费方面民兵们同样起到了表率作用。孝感地区计量所的民兵刘孝良定于1981年国庆节后与本单位女民兵李冬林结婚。他们的同事们认为二人都是革命干部家庭出身，经济条件较好，结婚时如果不大操大办就没派头。于是，同事们积极帮助他们筹备婚事，准备了结婚的礼品。面对这种情况，刘孝良感到心里很不是滋味。他想虽然两家经济条件都好，但自己是红军的后代，怎能带头搞铺张呢？于是，他与李冬林见面商量后决定分别去做同事们的工作。一位同事提出，已通知大家要给刘孝良"大办"婚事，不办就是失了同事们的面子。"这不是失面子，这叫移风易俗，喜事新办。"刘孝良做通了同事们的思想工作，把同事们准备的礼品都推掉了，结婚时没有请一个人吃饭，只买了些糖、烟、茶、瓜子等，简单地办了婚事。[②]

倒插门即男女成婚时，男方入赘到女方的家中。在当时的农村，男方入赘到女方家里会被认为没本事，是很丢人的事情，是常被人耻笑的。但是一些男民兵敢于接受新思想，并身体力行，充分起到了移风易俗、改变社会风气的作用。

西河公社李岗大队民兵刘福林在这方面起到了表率作用。他要到女方罗享珍家做女婿的消息一经传开，当地人便议论纷纷："男儿生来接媳妇，哪有出嫁的？"刘福林的母亲原来是支持儿子做上门女婿的，听了这些议论后，心里有些动摇。她想，自己家条件也可以，也不是娶不起媳妇，于

---

① 李远志. 喜事新办——拒婚礼 [J]. 中原民兵，1978(2): 26.

② 喜事新风 孝感县三民兵移风易俗的故事 [J]. 中原民兵，1982(2): 18–19.

是就找儿子商量，让他不要去罗享珍家。罗享珍的父母也有想法：唯一的宝贝姑娘嫁出以后，两老无人照顾；留她在家招女婿，又怕别人说闲话。面对社会上的舆论压力，刘福林有自己的主张。他和罗享珍一起商量了解决办法，认为首先要做好双方父母的思想工作。刘福林对母亲说："只许女到男家，是一种旧的传统观念。新社会男女平等，当女方父母无亲人在身边，就可以男到女家，这是合情合理的。我有兄弟三人，我走了后，还有两个弟弟照顾老人。"刘福林解开了自己母亲的思想疙瘩，又到罗享珍家做她父母的思想工作："提倡男到女家，是为了破除陈旧风俗，树立新风尚，我们应该积极响应国家号召，不要怕别人说闲话。"这几句话说得罗享珍的父母亲眉开眼笑。1981 年 12 月份，刘福林来到罗享珍家，举行了结婚典礼。①

照顾病妻不离不弃的民兵用贴心、细心的守护诠释了平凡生活中最真诚的爱情与亲情，感动了身边的每一个人。在社会主义精神文明建设中树立了良好的榜样作用。

浠水县新庙大队民兵副指导员李旭光体贴病妻张春芳，始终不离不弃地悉心照顾的事迹成为当地流传的一段佳话。1979 年 3 月初，张春芳突然患脑溢血中风，全身瘫痪。且医院长期治疗后仍未能治好张春芳的病，李旭光长期为照顾病妻而心力交瘁。张春芳想："难道就这样让丈夫伺候我一辈子吗？"一天晚上，思想十分痛苦的张春芳强打精神，笑着对李旭光说："你还年轻，就把我当作你的妹妹看待，再找一个……"李旭光完全理解妻子的心情，他也深深体会到，一个残废人更需要得到温暖，自己怎能让她疾病未愈而心灵又遭受新的创伤呢？不能！他诚恳地对张春芳说："你不要乱想了，我一定想方设法给你治病，万一治不好，我也保证伺候你一辈子。"李旭光对病妻的体贴体现了其心灵美。李旭光为给妻子治病，欠账已达 1 000 多元，但他仍经常买鲜鱼、鲜蛋之类的补品给妻子调剂生活；夏天天气热，他坚持给妻子洗澡换衣，晚上背她出去乘凉、散心；冬天天气冷，他留心给妻子加衣加被，让她处处感到温暖。在给妻子张春芳治病方面，李旭光更是尽心尽力。1979 年 12 月，他听说十月公社云路大队有位老中医能治瘫痪病，便顶风冒雪，跑了 50 多公里路，把那位老中医接到家里，给张春芳治病。1981 年 5 月，他从收音机里听到湖北电台介绍咸

① 喜事新风 孝感县三民兵移风易俗的故事 [J]. 中原民兵 , 1982(2): 18-19.

宁县麻塘公社茶场老中医镇海余的先进医术后，毫不犹豫地将自己的手表卖掉，赶到咸宁，找到医生住处，请老中医对症下药。他每天按时给妻子煎服两次，日复日，月复月，从不间断。张春芳见李旭光到处奔波。她知道，长期这样下去，丈夫也会倒下的。"我不能连累他，应该体贴他，下决心离开他……"当李旭光知道张春芳的心事以后，对她更加关心，更加爱护，更加体贴了。在李旭光的精心照料下，张春芳的病情在渐渐好转。同时，她也被丈夫的这颗赤诚的心与崇高的美德所征服，又对未来充满了信心、对生活充满了希望。[①]

第二节　精神文明建设的中坚

党的十一届三中全会以后，为了建设具有中国特色的社会主义事业，中共中央提出了在建设高度的社会主义物质文明的同时，努力建设高度的社会主义精神文明的重大决策。1981年6月，十一届六中全会通过的《关于建国以来党的若干历史问题的决议》明确指出：社会主义必须有高度的精神文明。党的十二大报告第一次创造性地提出：社会主义精神文明是社会主义的重要特征，是社会主义制度优越性的重要体现。[②]因此，为了响应党中央的号召，各级人民武装部门把动员组织民兵参加"两个文明"建设作为新时期民兵政治工作的中心任务。在组织民兵开展精神文明建设活动中，各地既做到了服从地方党委的统一领导，又在活动中充分体现了民兵自身的特点，发挥了中原民兵在精神文明建设中的骨干带头作用。比较突出的有建设文明新村和创建文明城市中的"两带""联户小组""一队"等形式。

一、建设文明新村

1981年，山东省文登县和河北省保定地区的驻军同当地群众一起开展了建设文明村的活动，这次活动受到了中共中央和中央军委的重视，并得

---

① 胡月贤，程怀德．心灵美 体贴病妻传佳话 [J]．中原民兵，1983(4): 36.

② 胡耀邦．全面开创社会主义现代化建设的新局面（在中国共产党第十二次全国代表大会上的报告）[R]．北京：人民出版社，1982.

到了提倡。[①]从此，这一活动得以在全国开展起来。中原民兵在建设文明新村的过程中发挥了重要作用，采取了"一兵带一家，一排带一村""联户小组"等多种多样的形式，涌现出了一批先进的单位。

自 1981 年湖北省黄陂县罗汉公社党委、人民武装部组织民兵开展"一兵带全家，一排带全村"的活动以来，全公社 320 个自然村中已有 54 个初步建成文明村，涌现出 430 多对好夫妻、好妯娌、好婆媳以及 1 034 个"五好家庭"，社会风气有了明显好转，村容村貌发生明显变化，农业生产得到较大发展。1983 年，全公社户售万斤粮或产粮万斤的有 1 260 户，人均收入达 325 元。

这个公社之所以能在建设文明新村中取得这样的成绩，是因为他们率先开展了"一兵带全家，一排带全村"的两带活动，采取了"排包村，班包段，组包户"的责任制，对干部也提出了要求，明确了职责。专职人民武装干部蹲点管片，连长包大队，排长包湾村，一级抓一级，一级带一级。全公社 27 个连长、301 个排长人人包点。在签订生产合同时，把干部包点的"八包一定"（包宣传党的方针政策；包生产合同兑现；包民兵月课教育落实；包普及科学知识；包环境卫生；包计划生育；包扶贫帮困；包社会治安）作为合同的内容，规定统一标准，并根据任务完成情况实行奖罚。在开展两带活动中，公社不仅建立了严格的制度，还发挥了民兵的带头作用。开展"一兵带全家，一排带全村"活动关键是个"带"字。"兵带家"，民兵要做好六大员：一是时事政策宣传员，民兵经常向家庭成员宣传社会主义建设取得的重大成就以及国内外发生的一些重大事件，宣传党的方针、政策和国家的法律法令；二是劳动致富模范员，民兵们带头种好责任田，完成承包任务，发展多种经营和家庭副业，广开致富门路；三是科学技术辅导员。民兵帮助家庭成员学习文化，学习和推广科学种田的知识和新技术；四是移风易俗示范员，自觉破除陈规陋习，移风易俗；五是家庭调节员，按照社会主义道德处理家庭关系；六是计划生育鼓动员，带头破除"重男轻女"的封建思想，宣传和执行计划生育，推动计划生育的落实。

"排带村"主要是做到了"六带头"。一是带头正确处理国家、集体、个人三者关系。1982 年，该公社有 60 户民兵家庭户献万斤粮，带动了群

① 《当代中国》丛书编辑部. 当代中国民兵 [M]. 北京：中国社会科学出版社，1989：457.

众，全公社向国家交售商品粮 1.063 万吨。二是带头帮困解难。民兵排组织民兵义务帮工队，成立"送温暖小组"，帮助困难户和五保户，全公社民兵建立学雷锋送温暖小组 269 个，为社员群众做好事 1 380 多件。三是带头搞好村容村貌。民兵排带头搞好室内室外卫生，把卫生工作和生产结合起来。1982 年，"文明礼貌月"中，全公社打吃水井五眼，修便民桥 13 座，修整道路 8 000 多米，植树 50 000 多棵。四是带头维护社会治安。民兵自觉维护公共秩序，建立了"帮教小组"，做好后进青年的思想工作，并组织巡逻执勤小组，保护群众利益。五是带头学习科学文化知识，开展健康有益的文化活动。通过举办"民兵青年之家"，组织民兵学政治、学文化、学科学，开展各种文体活动。全公社建立"民兵青年之家"37 个，成立以民兵为骨干的科技学习小组 29 个，举办扫盲班 31 个。六是带头参加公益活动。1982 年 7 月，该公社遭遇洪水灾害，全公社民兵组织了 30 个突击队，抗洪抢险，转移群众，抢救集体和社员财产，起到了很大作用。[①]

中原民兵在建设文明新村的过程中，关键是发挥了其"带"的功能，无论是兵带家，还是排带村，都充分发挥了民兵的榜样作用，进而影响和带动全村，达到"全村文明"的目标。榜样的力量是无穷的，在先进单位的带动下，中原民兵中"两带"活动迅速普及开来。

在建设文明新村的过程中，出现了一些较好的组织形式。例如，"联户小组"就是中原民兵在建设文明村的过程中创建的一种好形式。

新蔡县佛阁寺公社铁台大队党支部、民兵连在建设社会主义精神文明和物质文明过程中，创建了一种新形式——"联户小组"。"联户小组"本着有利于发展生产、有利于发扬社会主义新风尚的原则，鼓励群众自愿报名，在一个生产队内，数户联合，民主选举组长，共同讨论制定"联户公约"。"联户小组"使"五讲四美三热爱"活动经常化、制度化、群众化，是群众自我管理、自我教育的一个好方法，是建设"文明村"的一种好形式。

民兵在"联户小组"中发挥了关键作用，"联户小组"的建立，为民兵开辟了广阔的用武之地。铁台大队党支部、民兵连号召民兵当好了"联户小组"的骨干，在建设"文明村"中发挥了带头作用，是执行"联户公

---

① 蒋启联. 一兵带全家 一排带全村——罗汉公社人民武装部发动民兵带头建设文明新村 [J]. 中原民兵, 1983(8): 6.

约"的带头人。这个大队共有民兵 196 人，其中有 40 名民兵干部和民兵担任了联户组长。他们处处为人表率，工作积极负责，争创先进小组。没有担任组长的民兵，也会首先把自己的家庭搞好，严格执行"联户公约"。这种"联户小组"之所以会获得成功，是因为他们做好了以下几点：

第一，民兵在"联户小组"内，带头开展学雷锋、做好事活动，为困难户排忧解难。基干民兵梅增荃所在"联户小组"的几个民兵，主动承包一户五保老人的生活，为她磨面、砍柴、挑水、送菜，还帮她修建倒塌的房屋。

第二，民兵干部和民兵，在"联户小组"内开展包户活动。民兵连长宋天明所在的"联户小组"内，有一位女社员，过去吵架成癖，下大雨还打着伞和别人骂架，有时还会搬个凳子坐在别人门口骂，口渴了让孩子回家端口水喝后继续骂。宋天明包下这户后，经常上门进行思想工作，帮助她改正缺点，一年多的改造后，她再也没有骂过人。

第三，民兵成为传播进步思想和农科技术的骨干。铁台大队民兵"月课"教育制度得到了较好地落实。民兵们经过学习后，就成为了"联户小组"的骨干。1982 年 9 月，大队党支部培训了 63 名民兵，担任学习十二大文件的辅导员，达到每个"联户小组" 1 名。这些民兵回到各"联户小组"后，组织大家反复领会十二大精神，打消了有些人担心责任制会变的思想顾虑，放手大胆进行生产投资，为 1983 年夏季丰收奠定了良好的基础。大队民兵连还把上"月课"与学习农业技术知识结合起来，把民兵培养成了技术员，并指导"联户小组"的群众科学种田。

第四，各"联户小组"的民兵按照党支部的要求，带头攻坚，完成各项任务。比如，民兵连在接受了负责调整宅基地的任务后，连长带着几个民兵，走东家串西家，向广大群众宣传调整宅基地和盖房不占可耕地的意义。"联户小组"中的党员、民兵带头填沟盖房，打算盖新房的社员，也在他们的影响下开始自己动手，从沟里挖土垫宅基，节约了大量可耕地。1983 年 1 月，上级分配了修复一段公路的任务。民兵冒着严寒，顶着七级北风，来到工地进行工作。天寒地冻，不少民兵虎口震裂出血，但大家越干越起劲。群众赞叹地说："铁台民兵，真铁！"民兵就是以这样的精神，创造了第一流工作，在建设"文明村"中发挥了积极作用。①

① 朱景忠.建设"文明村"的好形势——新蔡县铁台大队建立"联户小组"[J].中原民兵，1983(5): 2.

"抓民兵，带民风"，中原民兵是不穿军装的解放军，在人民群众中具有重大的影响力，在农村中采取的这些建设文明新村的好形式，对促进农村的精神文明建设起到了极大的促进作用，对于现在的社会主义新农村建设依然有着重要的借签意义。

二、创建文明城市

中原民兵不仅在建设文明新村的过程中发挥了重要作用，更在建设文明城市中充分发挥了主力军的作用。

治理城市的"脏、乱、差"，开创优美宜人的生活环境，是建设文明单位的一项重要内容。自1982年起，在每年3月开展的"全民文明礼貌月"活动中，城市厂矿企业单位的民兵在各级人民武装部门的领导下，走上街头，对街道和城市环境进行了整治。

在湖北，1982年3月，武汉市300 000名民兵积极行动起来，综合治理"脏、乱、差"的问题。武汉警备区、人民武装部对民兵开展"文明礼貌月"活动进行了部署。各级人武干部纷纷深入到基层单位，带领民兵开展各项活动，发挥突击作用。武汉市中山大道是市政府要求的示范街道，由于以前没有统一规划，街道两旁的广告、门面、建筑物的装饰和色调杂乱。江岸、硚口区人民武装部组织20 000多名民兵，分成3 000多个分队，配合市容整顿办公室，广泛进行宣传动员，建立"七户一岗制"，劝阻市民不要在街面和凉台、窗口凉晒衣物、被褥，拆除违章建筑，整修公共厕所，清除粪便，搬掉垃圾山，清除臭水沟，疏通地下水道，制止随地吐痰、乱丢果皮纸屑，并对卫生差、行动慢的单位进行督促帮助。奋战在商业和服务行业的民兵克服态度冷漠、说话硬、服务差的问题，进一步开展职业道德教育，做到说话和气，热情待人，文明经商。六渡桥百货商店的民兵除自己做好服务工作外，还主动到附近的商店传授经验，帮助其提高服务质量。[①]

被誉为"江汉明珠"的沙市，在治理城市"脏、乱、差"问题中，创建文明城市的过程中也取得了突出的成绩。沙市是城市经济体制改革的试点之一，党的十一届三中全会后各方面都发生了深刻变化。沙市市委、市政府及各级党委、政府机关、人民武装部坚持两个文明一起抓的方针，加

---

① 本刊通讯员．武汉、郑州广大民兵治理"脏、乱、差"积极做贡献 [J]. 中原民兵，1982(4): 6.

强对民兵工作的领导，组织民兵积极参加文明城市创建，成效显著。在社会主义精神文明建设中，沙市民兵积极参加治脏、治乱、治差。1984—1985 年，共出动 48 万余人次，搬运垃圾 46 000 多立方米，填平污水坑 20 000 多平方米，植树 5 万余棵。化学工业公司，以前因污染严重，年年被罚款。1983 年初，民兵响应公司提出的创"无泄露清洁文明厂"的号召，组成 12 个突击队，消除了泄露 75 处，修建了花园、果园、花坛、苗圃共 14 595 平方米，成为全市文明卫生样板单位。沙市各级人民武装部门把组织民兵带头维护社会治安、进行综合治理作为建设文明城市的重要内容。沙市民兵配合公安部门，在市内建立了 10 个联防区。1980 年以来，有 25 900 名民兵参加巡逻执勤、联防设卡、护厂卫港，打击刑事犯罪，配合公安部门破获案件。1983 年和 1977 年相比，全市发案率下降了 61%。基干民兵胡培新，两年来一人破获各种案件 151 起，被公安机关誉为"永不下岗的民兵"。全市民兵还成立帮教小组 441 个，广泛开展谈心活动。1982—1985 年，共帮助教育了 2 671 名后进青年和 1 210 名失足少年，其中 1 926 人有了明显进步。有的人入了团，有的人担任了生产班（组）长，有的人被评为先进工作者。[①]

在河南，1982 年 3 月，郑州市委宣传部和郑州市警备区政治部联合发出通知，要求全市民兵在"文明礼貌月"活动中充当先锋，发挥骨干作用，集中治理"脏、乱、差"问题。郑州市各级人民武装部门都先后召开了动员大会，发动广大民兵讨论制定了在"全民礼貌月"活动中的规划和措施。广大民兵立即行动起来，每天都有几千名民兵参加打扫街道，植树种花，维持秩序，整顿市容，把郑州市装扮得更加整洁美丽。金水区人民武装部的 12 名干部及专职人民武装干部 47 人，带领 2 400 多名民兵分别到火车站、公园、剧院、饭店义务劳动，一天就清理了垃圾 150 余吨。[②]在郑州市 7 个区、县人民武装部和 130 多个基层人民武装部、民兵营的组织下，从 3 月 1 日—5 日的 5 天时间里，全市共出动民兵 4.2 万多人，植树 6.8 万多棵，种植花草 9 亩，修补道路 36 万多米，清理垃圾 2 986 吨，受到了郑州市群众的交口称赞。

治理城市"脏、乱、差"问题，安阳市民兵也积极行动起来。安阳是

---

① 本刊通讯员.为明珠添光彩——沙市民兵带头参加文明城市建设[J].中原民兵，1985(1): 6–7.
② 同上，第 6 页。

一座具有 3 000 多年历史的古城。但是，由于"文革"的破坏和影响，市区的环境面貌比较差。1982 年，安阳市各厂矿企业的广大民兵和驻军部队、人民群众一起，在安阳市委、市人民政府的统一组织领导下，为改变市容、市貌，大搞环境净化和美化。安阳全市民兵先后出动达 15 万余人次，在全市范围内进行了 15 次卫生大清理，搬运垃圾 1 万余吨，拆除违章建筑 4 000 余处，植树 8 万多棵，种草 1 万多平方米，栽培绿篱花带 15 万平方米，使古城面貌发生了很大变化。1984 年，安阳市被评为全国"文明卫生先进城市"。

广大民兵还以连、排为单位，在文明礼貌月中，开展了"为您服务"活动。

郑州市在 1982 年第一个"全民礼貌月"活动中，全市有 158 319 名民兵踊跃参加；成立"为您服务队"3 202 个，治安巡逻组 1 812 个；先后植树 183 063 棵，修路 250 260 米，扶老携幼 8 346 次。[①] 在 1983 年的第二个"全民文明礼貌月"里，郑州市建立了 130 多个服务网点，积极为群众办好事。郑州市每天都有许多民兵组成的"为您服务"小组活跃在大街小巷、车站商店，他们打扫卫生、修车理发、执勤巡逻、扶老携幼，为群众做了大量好事。被郑州市委、市政府树为"五讲四美"红旗单位的郑州市纺织机械厂基干民兵营，组织了 5 个"为您服务队"，走上街头为群众服务，仅 1983 年 3 月 5 日一天就为群众理发 95 人次，修理自行车 110 辆，补锅 30 个，镶牙治病 83 人次，磨刀跑剪 97 把；郑州市邮电局武装部组织了 140 名民兵分别到火车站、花园路口、劳动市场、邮电局等为顾客服务，受到顾客的好评；郑州市食品公司的民兵，结合本行业的特点，在改善服务态度，提高服务质量上下功夫，做到优质服务，送货上门。据当时的不完全统计，截至 1983 年的 3 月 10 日，郑州全市共组成民兵"为您服务"小组 3 500 多个，出动民兵 7 万多人次，修理自行车和各种电器用具 18 000 多件，理发 20 000 多人，植树种花 50 000 多株。[②]

开封市民兵在"为您服务"活动中也积极行动，表现突出。开封卷烟厂民兵排从 1982 年第一个"文明礼貌月"活动开始，组成 15 人的义务修

---

① 郑州市地方史志编纂委员会. 郑州市志（第二分册 军事卷）[M]. 郑州：中州古籍出版社，1998: 617.

② 龚守鹏. 成立"为您服务"小组 [J]. 中原民兵，1983(4): 23.

车组，坚持每星期五下午走上街头为职工和群众义务修车。1982—1983年一年多来，他们义务修理自行车、母子车、三轮车等共1 100多辆，修理各种家用杂具达上百件。平时，他们除在工厂附近设点外，还到闹市区义务修车。某天下午他们正忙着修车，突然开始下雨，热心的群众劝他们快去避避雨，但他们硬是打着雨伞继续干，直到把车修好才离去，群众感动地说：这帮小青年，真是帮了他人，忘了自己。1983年2月份，为配合计划生育宣传月活动，他们把平时节约的20元钱买了小配件，拉着电焊机到街头，专门为独生子女和困难户修车。在第二个"全月文明礼貌月"中，他们开展"优质服务"活动，把义务修车工作做得越来越好。1982—1983年，由于他们始终坚持了义务修车制度，他们的高尚情操获得了周边群众的高度赞扬。[①]

三、维护社会治安

中原民兵是协助公安部门维护社会秩序，打击刑事犯罪活动的一支重要力量。

中华人民共和国成立后，据不完全统计，湖北省共出动民兵3 623万人次，协助公安部门破案60 000余起。捕获各类犯罪分子10万余人，收缴枪、刀、矛等各种凶器20余万件，缴获赃物77万余件，赃款1 855万余元。在打击刑事犯罪斗争中，全省有337个民兵连和基干武装干部受到县以上人民政府、人民武装部门和公安机关的表彰。民兵和专职人民武装干部中，有107人先后荣立一、二、三等功；有2 983人受到县以上单位嘉奖；有1.36万余人受到县以上单位的表彰；有两名基干民兵被省政府、省军区授予荣誉称号。[②]据武汉军分区1982年统计，武汉市的治安联防组织共破获各种现行违法犯罪1.83万余起，抓获违法犯罪嫌疑人达3.79万余人，收缴凶器6 631件，抓赌博没收赌资6.124 8万元；1982年底有100个联防队、600名联防队员受到表彰和奖励。武汉市油漆水电筑炉工程公司工人、基干民兵梁建桥，自1981年3月被抽调到江汉区水塔街民兵联防办公室执勤后，努力钻研执勤业务，无私无畏地同违法犯罪分子作斗争。1981—1982年两年来，他在战友们的协助下，先后破获各种案件362

---

① 李鹏安，张跃中．义务修车制度化 [J]．中原民兵，1983(4): 20.

② 湖北省地方志编纂委员会．湖北省志（军事志）[M]．武汉：湖北人民出版社，1996: 647.

起，抓获违法犯罪嫌疑犯 427 名，收缴赃款和赃物折款 1.3 万余元。一次，他在巡逻执勤中发现一偷窃嫌疑犯用刀片割破了一名女青年的黄挂包，扒出钱物，就迅速上前抓住并用手铐将该嫌疑犯的右手铐上。犯罪分子负隅顽抗，用刀片将小梁的大拇指连划两刀，用嘴咬伤小梁的右食指并将小梁的右手无名指扭成骨折。小梁忍住刀伤和手指骨折的剧痛，顽强地与嫌疑犯搏斗。为了防止该嫌疑犯逃跑，他果断地将手铐的另一端铐在自己的左手上，在 4 名解放军战士的协助下，共同把偷窃嫌疑犯抓获归案。为了表彰梁建桥的先进事迹，武汉军分区给他记二等功一次。1983 年 9 月，武汉军区民兵代表大会上他被授予"维护社会治安标兵"称号，荣立一等功。1983 年 11 月，他光荣地加入了中国共产党，不久又被公安机关正式录用为人民干警。[①]

1949—1985 年，在维护社会治安斗争 中，河南省共组成治安巡逻队32.5 万个，参加民兵 4 498.13 万人次。单独破获和配合公安部门破获案件49.82 万起，抓获嫌疑犯 27.98 万人，缴获赃物价值 4 213 万元，全省先后有 188.32 万名民兵被评为治安先进个人，有 2.72 万个民兵组织被县以上领导机关树为先进集体。[②]可见，协助公安部门打击刑事犯罪活动，是民兵的一项经常性任务。

中原民兵为社会稳定做出了突出贡献，他们积极配合公安部门，有效弥补了警力不足，并充分发挥群众武装的优势，利用人数多、人熟、地熟、情况熟且易于集中的有利条件，使违法犯罪分子陷于联合打击的"天罗地网"之中。他们对打击对象的行踪比较了解，便于追捕和正确处理执勤中出现的各种情况。不论是配合公安部门，还是单独执行任务，民兵一旦接到命令，便立即从车间、工地、田头等不同岗位迅速赶到指定地点。在执行追捕任务时，许多专武干部和民兵不畏艰险，临危不惧，机智顽强，勇擒罪犯，表现出了大无畏的革命精神。

1979 年 8 月 19 日，商丘县毛固堆和楼店乡的九个村迅速集合起 1 000余名民兵，布下天罗地网，5 小时内就将偷盗杀人嫌疑犯吴金玉缉拿归案，受到当地广大干部和群众的交口称赞。8 月 19 日上午，毛固堆公社白腊元

---

① 解放军湖北军区 . 湖北民兵史话 [M]. 武汉：湖北人民出版社，1989: 434.

② 河南省地方史志编纂委员会 . 河南省志（第二十二卷 军事志）[M]. 郑州：河南人民出版社，1995: 674.

村夏吴庄东队的四年级女学生王继秀和陈秀华到村外拾树叶，走到村南玉米地边时，听到地里有"呼呼啦啦"的声音，循声找去，发现本队的惯偷吴金玉正在偷锯队里的桐树。她俩不怕威胁、不受诱骗，坚决要拉吴金玉去见队长。吴金玉狗急跳墙，凶狠地抢起铁锨，将王继秀、陈秀华打昏在地。为毁灭罪证，吴又用架子车把她俩拉到地头一口机井旁。首先拎起王继秀扔进井内，接着又来拎陈秀华时，陈苏醒过来，一边奋力挣脱，一边大声呼喊："来人哪！快抓坏蛋"。吴金玉看事已败露，丢下陈秀华仓惶逃窜。陈秀华经及时抢救脱险，王继秀却为保护集体财产而献出了自己年轻的生命。

村党支部和民兵营得知吴金玉行凶杀人、畏罪潜逃的消息后，立即通知全体民兵迅速集合，追捕杀人嫌疑逃犯；同时派民兵立即向县公安局报案。民兵们接到通知后，在地里干活的丢下工具跑来了，在路上行走的径直奔来了，在家中吃饭的放下饭碗赶来了。不到半小时，全体民兵就集合完毕。张修义副支书代表支部进行了简短动员，民兵咬牙切齿，义愤填膺，纷纷表示：决不让杀人嫌疑犯逃脱法网！

民兵营长张传海迅速将基干民兵分为三路去围剿追捕：一路在商丘至柘城的公路上设卡；一路骑车直奔通往县城和附近公社的路口堵截；一路在邻近社队挨村搜捕。普通民兵担任在青纱帐里搜索的任务，并派人把案情通知附近社队，要求予以协助。此时公社领导和县公安局的同志都相继赶到，共同研究并制定了抓捕方案。迅速集合起本乡和楼店乡9个村的1 200名民兵，四面撒网围剿，展开了一场抓捕嫌疑犯吴金玉的紧张战斗。

担任在就近搜索任务的民兵逐个村子搜查了一遍，没有发现嫌疑犯踪迹。这时已是午后两点，天热人乏，但大家仍然斗志旺盛，士气高昂。他们边继续搜索，边分析嫌疑犯去向。据群众反映，吴金玉有个干亲戚在楼店乡宋堂村。他们根据嫌疑犯的逃窜方向，分析嫌疑犯很可能先躲到那里，待天黑以后再远逃。民兵政工员孟庆典立即带领两名基干民兵飞速接近宋堂。为了不走漏消息，不使嫌疑犯转移、逃窜，他们首先与当地民兵干部取得了联系。该村民兵营长朱厚义立即派人对可疑目标进行监视，同时命令就近四个生产队的基干民兵负责合围。顷刻间村里村外都布上了哨，各个路口都站上了岗；对吴金玉可能隐藏的住户组成了四面包围，置嫌疑犯于插翅难飞的境地。然后步步收缩包围圈，严密细致地展开了搜索。最后，朱厚义带领几个民兵冲进院内。吴金玉见势不妙，慌忙钻出柴禾堆，翻墙逃跑，当即被早在墙外把守的民兵抓获。在作案后不到 5 小时，偷盗杀人嫌疑犯就被民兵抓获归案。[①] 这个案例充分显示了民兵在打击违法犯罪分子、维护社会治安、保卫社会主义经济建设中的巨大作用。民兵成为协助公安部门维护社会治安、保护人民利益的坚强柱石。

民兵们在单独执行任务时也表现出了临危不惧、英勇顽强的大无畏精神。

"独臂人能擒获一个罪大恶极的逃跑犯，真了不起！"这是洪湖县戴甫公社干部、群众对公社武装部干事、"独臂英雄"余礼标的赞扬。余礼标在对越自卫反击战中，英勇杀敌，荣立一等功；1981 年 1 月，在一次组织民兵实弹投掷演练时，为保护民兵生命安全，他右臂被炸掉，又荣立二等功；在打击刑事犯罪活动中再次展示出他的英雄本色，受到了洪湖县委的表扬。1983 年 8 月 16 日深夜，余礼标带领两名民兵去抓获一名强奸、流氓惯盗嫌疑犯。当他们赶到嫌疑犯住处时，狡猾的嫌疑犯已带着受骗的女青年畏罪逃跑了。他们发现房里还有燃烧的烟头，断定嫌疑犯没跑多远。嫌疑犯跑到街头桥边，耍出圈套，让那位女青年站在桥上掩护，他自己逃跑。余礼标安排两位民兵看守那位女青年，只身继续朝前追赶，嫌疑犯见有人跟踪，躲进一个厕所里，余礼标一个箭步冲进厕所，用一只手死死抓住嫌疑犯。嫌疑犯狂叫道："你不放手老子卡死你！"余礼标仍毫不畏惧，与嫌疑凶犯展开了激烈的搏斗。随后，其他同志赶来，共同将嫌疑犯擒获归案。[②]

民兵除直接参加追捕外，还协助公安部门担负起了部分看押任务。仅据湖北襄樊军分区 1983 年统计，参加看押的民兵达 2 000 多人，组织看押分队 71 个。在担负看押执勤中，时刻保持着高度的警惕性，严守岗位，严格执行党的政策，组织纪律性强，与武警部队配合密切，无发生罪犯逃跑的现象，受到有关领导和公安部门的好评。[③] 在河南，1983 年全国打击刑事犯罪的统一行动中，河南省民兵参加了 239 个犯人集中点的看押执勤。[④]

1983 年 8 月，中共中央关于严厉打击刑事犯罪活动的决定下达后，湖北省民兵和人民武装干部积极配合公安部门，出色地完成了巡逻、设卡、

① 《当代中国》民兵分卷河南省军区编写办公室. 光辉的历程 巨大的成就——当代河南民兵资料汇编 [G]. 郑州：河南省军区编写办公室, 1984: 162–163.

② 解放军湖北军区. 湖北民兵史话 [M]. 武汉：湖北人民出版社, 1989: 447.

③ 同上书。

④ 王英洲，张建中. 当代河南民兵 1949—1995 年 [M]. 北京：当代中国出版社, 1996: 226.

追捕、看押等任务。据 1983 年 8 月"第一战役"和 1984 年 2 月"第二战役"的两次行动统计，湖北省共抽调民兵 52 万人次，协助公安部门抓获和收审各类违法分子 5 万余人，收缴各种凶器 2.9 万余件，缴获赃物 44 万余件，赃款 60 余万元。[①]1983 年，在河南省严打的第一个战役中，河南省共出动民兵 5.54 万人，协助公安机关抓捕嫌疑犯 36 450 人。[②]

在创建文明城市过程中，中原民兵积极协同相关部门整顿市容，维护社会治安，为创建文明城市做出了突出的贡献。

例如，武汉军分区积极协同工商行政管理部门整顿市容卫生，维护社会治安。仅 1983 年 7 月 18—23 日，就出动现役干部 160 人次，民兵和专职人民武装干部 2 652 人次上街执勤，取缔无证商贩 1 766 人，抓获违法分子两人；劝阻乱摆摊点 927 人；制止围攻工商管理人员 33 起；纠正哄抬物价 25 起、乱丢瓜皮 5 239 起，没收假药 300 多斤，查收淫秽书刊 132 本。[③] 在沙市，各级人民武装部门把组织民兵带头维护社会治安进行综合治理作为建设文明城市的中心工作。全市民兵配合公安部门，在市内建立了 10 个联防区。1980 年以来，有 25 900 名民兵参加巡逻执勤、联防设卡、护厂卫港，打击刑事犯罪，配合公安部门破获案件。1983 年同 1977 年相比，全市案件下降了 61%。基干民兵胡培新，两年来一人破获各种案件 151 起，被公安机关誉为"永不下岗的民兵"。全市民兵还成立帮教小组 441 个，广泛开展谈心活动。1982—1984 年共帮助教育了 2 671 名后进青年和 1 210 名失足青少年，其中 1 926 人有了明显进步。有的成功入团，有的担任生产班（组）长，有的被评为先进工作者[④]。

中原民兵在协助公安部门打击犯罪分子的战斗中，对于亲属和朋友的违法行为，能带头检举揭发、不循私情，其行为是非常值得敬佩的。

1983 年 7 月，十堰二汽钢板弹簧厂职工刘某，将自己亲生女儿杀害后逃往河南。基干民兵张致东与刘某既是同乡，又是朋友，在执行追捕任务

---

① 湖北省地方志编纂委员会 . 湖北省志（军事志）[M]. 武汉：湖北人民出版社，1996: 648–649.

② 河南省地方史志编纂委员会 . 河南省志（第二十二卷 军事志）[M]. 郑州：河南人民出版社，1995: 675.

③ 本刊通讯员 . 武汉军分区积极组织现役干部和民兵——参加市容整顿 维护社会治安 [J]. 中原民兵，1984(4): 5.

④ 《中原民兵》通讯员 . 为明珠添光彩——沙市民兵带头参加文明城市建设 [J]. 中原民兵，1984(4): 5–6.

中，他秉公办事，抛弃私交，与公安人员密切配合，并利用老乡关系，设法稳住嫌疑犯，终于将刘某抓获归案。1983 年 8 月，监利县锉刀厂民兵连长雷早廷发现弟弟宿舍里堆放了 6 袋龟板，价值近万元，雷早廷经调查得知，是自己的一位"知心朋友"——县中药材门市部职工李明德存放的。雷早廷迅即将情况报告派出所，并积极协助公安人员侦破，很快破获了这起"万元龟板盗窃案"，李明德一伙被抓获归案。

中原民兵协助公安部门与犯罪分子搏斗，舍生忘死，涌现出了许多可歌可泣的英雄人物。

1980 年 5 月 19 日，钟祥县旧口公社红星大队基干民兵吴功华在追捕一逃犯时，与犯罪分子搏斗，英勇牺牲。1980 年 6 月 25 日，湖北省政府、省军区隆重举行命名大会，授予吴功华"勇斗凶犯的英雄民兵"光荣称号。1983 年 5 月 26 日，武汉钢铁公司建筑安装公司木材厂基干民兵刘元华在公司澡堂洗澡时看到两名歹徒借故殴打青年工人邱共和，当即进行制止，两名歹徒溜出澡堂，伺机报复。当邱李二人出门时，两名歹徒跳出来揪住小邱殴打行凶。刘元华冲上去，叫小邱快跑，自己只身与两名歹徒搏斗，歹徒气急败坏，掏出刀子向刘元华左胸猛捅一刀，慌忙逃窜。刘元华捂住流血的胸口，忍着剧痛，追赶几步，昏倒在地，后经医院抢救无效，光荣牺牲。为表彰刘元华的英雄事迹，湖北省政府、省军区于 1983 年 8 月 25 日做出决定，授予刘元华"无私无畏的模范基干民兵"光荣称号。[①]

四、带头提倡职业道德

具有良好的职业道德，是社会主义精神文明建设的一个重要体现。在中原民兵的精神文明建设活动中，各行各业的民兵紧紧围绕树立社会主义主人翁思想，以提高工作责任心，加强劳动纪律和工作作风建设。在认真落实优质文明服务的要求时，积极提倡职业道德，树立行业新风，为推动全社会的精神文明建设做出了积极贡献。

下面以公交系统为例。公交系统是城市的"窗口"行业，职工具备良好的职业道德显得尤为重要。洛阳市公交公司武装部自 1984 年起，组织民兵开展了学习劳动模范赵春娥的活动，教育民兵牢固树立"全心

---

① 湖北省地方志编纂委员会 . 湖北省志（军事志）[M]. 武汉：湖北人民出版社，1996: 649-650.

全意为人民服务"的思想，带头践行职业道德。他们结合企业整顿和民兵整组，建立了以基干民兵为主的 5 个车组和 1 条线路，自觉做到"四美""五一样""六当好"，即优质服务思想美，热情宣传语言美，车厢整洁环境美，品德高尚行为美；人多人少一样，雨天晴天一样，白天晚上一样，有无检查一样，对城、乡、老、幼乘客一样；当好外地人的向导，当好残疾人的拐杖，当好聋哑人的知音，当好盲人的眼睛，当好老年人的儿女，当好孩子的叔叔、阿姨。为了方便乘客，在车厢内增设了针线包、急救药品、保温瓶、游览图、列车时刻表等。比如，有位外地老年人乘车去白马寺途中晕车，乘务员马上送来药和开水，这位乘客感慨地说："从北京到南京，公共汽车上有暖水瓶的你们是第一家"。为了提高服务质量，洛阳公交系统许多民兵利用业余时间走遍城区、郊区，收集名胜古迹、历史传说、风土人情，以及城市建设发展等多方面的资料，熟悉沿线街巷、机关、工厂、商店和学校的地理位置，自己动手编写了一套近万字的"服务指南"。1985 年 3 月，一位法国友人乘坐 639 号车，基干民兵陈巍用流利的英语回答了他提的问题，还向他介绍了洛阳的风景旅游点，照顾他换乘了一路车。这位外国朋友感动地说："我第一次到洛阳游览，看到了你们的古代文明，也看到了你们的现代文明。"有的外国友人还称民兵乘务员为"伟大的中国公民"。这些民兵的模范行动受到了广大乘客的好评，仅 1985 年 1、2 月份，就收到群众的表扬信 127 封，公交公司职工也由此受到了很大的鼓舞，很快掀起了优质服务竞赛热潮，行车事故率下降了 80%，营运收入增长了 11%。1985 年 12 月，有 10 个集体和 8 名个人被评为全国公交系统优质服务先进集体和先进个人。[①] 由于民兵广泛分布于各行业，民兵带头提倡职业道德对社会主义精神文明建设起到了良好的带动作用。

五、学雷锋、树新风

雷锋是中国人民解放军在和平建设时期涌现出的一位全心全意为人民服务的典范。学雷锋活动大体经历了以下三个阶段。第一阶段，学雷锋热潮。从 1962 年 8 月雷锋去世到 1966 年 8 月，这是一个发现雷锋、宣传雷锋、学习雷锋的过程。1963 年 3 月 4 日新华社向全国发通稿，3 月 5 日全

① 王英洲, 张建中. 当代河南民兵 1949—1995 年 [M]. 北京：当代中国出版社, 1996: 242–243.

145

国各大报刊同时刊登毛泽东"向雷锋同志学习题词手迹"。然后刘少奇题词"学习雷锋平凡而伟大的共产主义精神"；周恩来题词"向雷锋同志学习：爱憎分明的阶级立场，言行一致的革命精神，公而忘私的共产主义风格，奋不顾身的无产阶级斗志"；邓小平题词"谁愿当一个真正的共产主义者，就应该向雷锋的品德和风格学习"等陆续见诸报刊。一时间"学习雷锋好榜样"的歌声响彻大江南北。从此，社会风气、道德风貌出现了崭新的局面。第二阶段，扭曲雷锋形象。从1966年到1976年，学雷锋活动受到严重的干扰，雷锋形象被扭曲。雷锋竟被林彪等人诬蔑成"训服工具论"的典型，被贬斥为"错误路线卖力的驯服工具"。在这种形势下，人们不敢学雷锋，社会风气也就开始混乱起来。第三阶段，雷锋精神重放光芒。1976年后，特别是1978年党的十一届三中全会之后，党中央发出号召，拨乱反正，正本清源，继续发扬雷锋精神，争做"四有"新人。随之，学雷锋活动又走上正轨，全国再次掀起"学雷锋，树新风，做新时代活雷锋"的热潮。[①]中原民兵在人民武装部门的组织领导下，把学习雷锋与社会主义精神文明建设活动结合起来，带头做好事、树新风，为促进改革开放新时期的社会风气好转和社会主义精神文明建设做出了贡献。

雷锋公而忘私的共产主义风格和奋不顾身的无产阶级斗志深深地影响着每一位民兵，进而转化为民兵们的自觉行动，它使民兵在生产生活中舍己为公，始终把国家和集体的利益放在第一位。河南光山县北向店公社吴大湾大队民兵营，创造了雨夜突击抢运国家水泥的动人事迹。在光山县五岳水库度汛工程大会战的工地上，天空乌云密布，一阵阵闷雷由远及近，一场雷雨悄然而至。这时，参加会战的吴大湾民兵营的52名基干民兵，在经过一天紧张的劳动后，已经收工回到驻地。突然，执勤民兵曹茂军跑来报告，说在离民兵营驻地不远的新修的公路上，有四辆满载水泥的大卡车，因路基松软车轮下陷，前进受阻，车上的水泥有被雨水淋湿报废的危险。民兵们一听国家财产将要遭到损失，二话没说，饭碗一丢，蜂拥而出，一口气跑到了现场。但这时，闪电划破夜空，寒风夹杂着雨点扑打着水泥包，车上又没带防雨护具。见此情景，民兵们心如火燎。营长曹继永更是焦急万分。这时，共产主义战士雷锋雨夜用自己的被子盖水泥的高大形象闪现在他的脑海，于是他便首先抱来自己的被子盖在水泥上。干部

---

① 程凤山.辽阳乡土文化丛书 心语 [M].长春：吉林文史出版社,2014: 11.

的行动，如一道无声的命令，大家纷纷抱来了被褥、床单和铺草，迅速把四车水泥盖得严严实实。民兵这种舍己为公的革命精神，使汽车司机深受感动。水泥虽然盖好了，但曹继永的心里还不踏实。他想，如果雨越下越大，被子被淋透，水泥还会受损。但运到民兵营驻地的话，工地上又急需用水泥，万一大雨连下几天，就会直接影响工程的进展。这种情况下，他及时召开会议，和民兵们商量，与会人员纷纷表示：排除一切困难，用架子车把水泥连夜抢运到工地。说干就干，民兵们拉来了营里仅有的 17 辆架子车，分工 3 人 1 辆，装满水泥，盖上被子，提着灯笼，踏着泥泞，艰难地向工程指挥部进发。雨水和汗水湿透了他们的衣服，但民兵全然不顾，摔倒了爬起来继续前进。经过 6 个小时的奋战，在 4.5 千米长的泥泞道路上，民兵们往返 6 次，行程 27 千米，终于把 28 吨水泥安全抢运到了工地。①

在学雷锋活动中，有一些民兵为保护人民的生命财产，奋不顾身，英勇牺牲，用自己宝贵的生命，谱写出了一曲曲共产主义精神的壮歌。1978 年 8 月 4 日，确山县一个名叫陈旭辉的 10 岁男孩在薄山水库南干渠送水闸的渠道里游玩，误入 5 米多深的消力池中，5 米多高的送水闸，流水以每秒 12 立方米的流量往下倾泄，陈旭辉随着翻卷的浪头时沉时浮，十分危急。在这紧急关头，确山县留庄公社后营大队基本民兵陈尿和 6 名民兵及时赶到，他拦住其他民兵，一个猛子扎进消力池，而自己却被激流卷入漩涡，头撞到石壁上，献出了年轻的生命。1979 年 6 月 28 日，河南省委、省军区党委授予他"雷锋式民兵"的称号。1979 年 7 月 29 日夜晚，郸城县城郊公社杨庄大队张庄村王建才一家三口点起煤油灯，为代销店寄存的 20 多公斤白酒换桶。突然一阵风刮来，酒被点燃，蓝色的火蛇卷起烈焰从酒桶里窜了出来，刹时酒花飞溅、烈焰飞腾，该村女基干民兵王玉兰听到群众的呼救，飞奔而来。她弄清火源后急张开双臂，把燃烧的酒精桶抱在怀里冲出火海后甩向安全地带，酒桶落地而爆，巨大的火浪把她推倒在地。当人们扑灭王玉兰身上的烈焰时，她已经不省人事，烧伤面积达到 80%，经抢救无效，光荣牺牲。1981 年 5 月 27 日，河南省委、省军区授予她"雷锋式民兵"称号。1981 年 11 月 8 日上午，位于淮河北岸的朱店大队的群众，在龚湾渡口乘船去淮河南岸赶集，但因乘人超过了负载能力，船舱进水，渡船翻沉，乘人落入水中。这时，正在河岸上干活的正阳

---

① 本刊通讯员 . 向雷锋同志学习 锦旗的来历 [J]. 中原民兵 , 1979(3): 23–24.

县皮店公社朱店大队基干民兵龚善典听到呼救声，纵身从 3 米多高的陡坡跳到河里，迅速向落水的人群游去。他救起 57 岁的龚康玉老大爷和另一位女青年后，已冻得脸色乌紫、浑身颤抖。但他不顾这些，再次下水救人，光荣地献出了自己的生命。1982 年 4 月 8 日，河南省委、省人民政府、省军区授予他"舍己为人的英雄民兵"称号。1982 年 3 月 16 日凌晨，陕县宜村公社王村大队青年民兵南增劳在陕县南塬万亩灌区的放牛山隧洞和全班民兵共同进行开凿施工时，由于洞内严重缺氧，大家胸闷憋气，喉咙发苦，两眼流泪，任忠昌、任伟峡、郝灯元 3 人昏倒在洞里。南增劳不顾个人安危，两次往返险区把任伟峡和郝灯元背到安全地带。这时他已经精疲力尽，但为了抢救任忠昌，毅然重回险区，在随后跟来的老民兵任银方的帮助下，把任忠昌抬到一辆架子车上，但没走多远，被路障挡住，南增劳用微弱的声音催促任银芳出去喊人。当人们赶来时，南增劳已经倒在架子车下，任忠昌得救了，南增劳却光荣牺牲了。1982 年 7 月 30 日，河南省人民政府、省军区授予他"雷锋式英雄标兵"称号。像以上这些临危不惧舍己救人的英雄民兵还有很多，如为抢救落井群众而英勇献身的商丘县城北公社张八庄大队基干民兵班长史金良、为抢救落水儿童英勇牺牲的罗山县青山乡青山村基本民兵李学详等，河南省委、省政府、省军区都分别授予他们"舍己为人的模范民兵"称号，或被追认为革命烈士，并追记一等功。[①] 相似案列还有很多，我们不再一一叙述。

在学雷锋和建设社会主义精神文明活动中，广大民兵以雷锋为榜样，把为人民群众做好事、办实事视为自己义不容辞的责任，广泛持久地开展便民活动。下面以湖北省为例：

1981 年 5 月 5 日，湖北省军区政治部发布《关于开展学习雷锋树新风，争当先进民兵活动的意见》，这坚定了广大民兵学习雷锋的信心和决心。他们在学习雷锋、搞好自身精神文明建设的同时，走向社会为人民群众做好事。城市民兵组织了各种不同形式的义务服务队，走上街头为人民群众服务；农村民兵积极参加不计报酬的公益劳动和帮助烈军属代耕代收，帮助五保户解决生活困难，帮助贫困户治穷致富。仅在 1982 年第一个全民文明礼貌月中，湖北全省组织的"青年民兵服务队""学雷锋小组"就有 9 万多个。其中，汉川县马口镇人民武装部和共青团一起，组织全镇民兵开展为

---

① 　王英洲，张建中．当代河南民兵 [M]．北京：当代中国出版社，1996：232-234．

民义务服务活动，参加的民兵有 600 多人，服务项目达 30 多个。马口镇民兵义务服务队从 1981 年成立后，采取定期组织，集中活动；定点挂钩，分散活动；定人定户，上门服务的方式，常年活动在马口镇的大街小巷和附近社队，做了大量好事，受到了群众的热情赞扬。当阳县草埠湖农场高坡大队民兵连开展义务"十帮"活动：一帮烈军属、五保户照顾生活；二帮困难户、开边户种责任田；三帮群众理发；四帮群众缝补衣服；五帮群众修理农具；六帮群众修理电器；七帮群众打扫公共卫生；八帮农业技术指导；九帮管理全队树木；十帮大队搞好法制教育，积极维护社会治安。① 该大队民兵连通过开展此种活动使雷锋精神在民兵中发扬光大。

在河南，下文以郸城县城郊公社杨庄大队基本民兵班长王玉芝为例。她是"雷锋式民兵"王玉兰的妹妹，王玉兰牺牲后，她踏着姐姐的脚印走，为家乡群众做了大量好事。她用自己攒的钱买了台缝纫机，自学了裁剪和缝纫技术。仅在 1981 年，就为军烈属、五保户、困难户和其他群众做衣服 300 多件，缝补衣服 400 多件。在她的倡议下，成立了 3 个民兵学雷锋小组，积极开展助人为乐活动。1982 年，麦收季节，王玉芝和几个民兵一连工作了 3 个通宵，为 9 家困难户收割了 50 多亩麦子。1982 年和 1983 年，这几个学雷锋小组为群众做好事 300 多次，帮群众收种庄稼 90 余亩，送肥 250 余车。群众纷纷夸赞玉芝和玉兰都是雷锋式的好民兵。王玉芝先后被河南共青团省委和河南省妇联命名为"新长征突击手""三八红旗手"。商丘市五交化公司民兵连结合本职工作，发挥专业特长，组成民兵义务维修小组，设立"学雷锋为民服务站"，为群众免费维修交电产品。②

中原民兵在社会生活中处处为群众着想，主动出钱、出工，兴办各种公益事业，给学雷锋活动注入了新的内容。据 1986 年的不完全统计，河南各地民兵共筹资 56 万元，建小学 36 所、幼儿园 28 所、敬老院 15 所，受到当地干部群众的高度赞扬。新县陡山河公社大塘大队有一条河，河上的两座独木桥是周围 3 个公社、11 个大队的群众砍柴、下地、赶集的必经之路。由于年久失修，这两座桥腐烂倒塌，来往群众只能淌水过河。住在附近的民兵王长荣，在家庭的支持下，用准备办婚事的钱筹备了 150 多个石墩、70 多米石条。从 1981 年冬起，他和父亲、弟弟连续施工 5 个多月，

① 湖北省军区 . 湖北民兵史话 [M]. 武汉：湖北人民出版社，1989: 344–345.

② 王英洲，张建中 . 当代河南民兵 [M]. 北京：当代中国出版社，1996: 234–235.

在这条河上架起了 6 座石桥，基本解决了群众的过桥问题，过往群众无不称赞。镇平县寺山乡菊花场北有条 "滚驴沟" 九曲十八弯，谷深路险，经常发生人畜伤亡事故。1983 年春，该村民兵杨青林和爷爷、父亲一起，每天早出晚归，劈坡修路。经过 20 多天的艰苦劳动，劈出了宽 1 米多、长 1 100 多米的盘山道，有效保证了行人的安全。乡党委和人民武装部把这条路命名为 "精神文明路"。淇县高村乡杨晋庄民兵葛龙海，依靠个人技术专长，开展汽车修理服务，脱贫致富后，不忘乡亲，先后出资 1 万元，帮助本村建水塔，使全村用上了自来水；出资 7 万元帮助建设乡中学和修缮村办小学；投资 6 万元用于植树造林，使家乡浮山数百亩荒地披上了绿装。1984 年，葛龙海被共青团中央命名为 "新长征突击手"。济源市西北部王屋山区，有一个叫水洪池的山村。这里海拔高达 1 400 米，山高路险，一直没有一条通向山外的公路。1984 年，全村人均收入还不足百元，为了改变贫穷闭塞的落后面貌，村民兵连连长苗田才决心组织民兵修筑一条出山的公路。1985 年 10 月 25 日，他们打响了开山凿路的第一炮，经过两年半的艰苦努力，使一条长 15 千米、宽 10 米的盘山公路延伸到山外，结束了山村 "十八盘、鬼门关、上山歇半天、下山心胆颤" 的历史。台前县侯庙乡黄固堆村民兵连，在指导员李佃柱的带领下，组建建筑工程安装公司，开赴大庆油田、承包工程项目，取得可观经济效益后，组织民兵为本村架设高压输电线，修建水塔，建设标准化中、小学，修筑环村公路，拓宽大街小巷，兴办青年之家、民兵之家、妇女之家和文化活动室，购置图书，添置文体器材，使全村公益事业得到了较大发展，群众的物质文化生活得到了明显改善。[①]

六、民兵青年之家

在 "民兵青年之家" 出现之前，民兵的学习场所是 "政治夜校"。例如，武汉市 "1977 年以前，郊区、县生产队曾办有 '政治夜校'，民兵以夜校为学习政治、文化的场所。"[②] 十一届三中全会后，党的工作重点转移，我国城乡经济建设出现了空前的大好形势。随着物质生活的提高，广大人民群众对文化生活的要求更为迫切。人们向往丰富多彩的精神文化生活，厌倦政治教育中的形式主义，许多民兵上课不到课，到课不听课。再加

① 王英洲, 张建中. 当代河南民兵 [M]. 北京: 当代中国出版社, 1996: 237–238.

② 湖北省地方志编纂委员会. 湖北省志（军事志）[M]. 武汉: 湖北人民出版社, 1996: 616.

上没有固定的教室，上课打"游击"，课堂上经常很冷清。为了提高到课率，有的单位不得不用一斤小麦或一元五角钱作为民兵听一次课的报酬。但是搞来搞去，月课还是经常落空。面对当时改革开放新形势下出现的新情况，人民武装部门普遍感到，政治工作的对象是人，而人的思想是随着政治形势和物质条件的变化而不断变化的。在已经变化了的情况面前仍墨守成规是不行的，欲要教育人，必先吸引人。只有采取灵活多样的教育形式，引起民兵参加活动的兴趣，才能取得良好的效果。① 因此，在这样的历史背景下，"民兵青年之家"这个集民兵于娱乐、学政治、学文化、学科学、学军事、开展学雷锋树新风的重要阵地应运而生，并显示出它强大的生命力。

1979 年，"民兵青年之家"首先在湖北出现，至 1981 年湖北省共有"民兵青年之家" 8 267 个，1982 年达到 24 000 多个，1984 年在湖北省普及，达到 50 000 多个。

河南省"民兵青年之家"最早出现于西平县。驻马店军分区在西平县进行民兵政治教育改革试点时，以原有的政治夜校为基础，购置了文体器材，订购了报刊图书，办起了全省第一批"民兵青年之家"，受到农村民兵青年的欢迎，政治教育到课率大幅度提高。河南省军区党委及时发现并充分肯定了这一创造。1982 年 5 月，在驻马店召开全省农村民兵政治教育现场经验交流会，组织与会代表参观了西平县和确山县的一些"民兵青年之家"，要求各地把"民兵青年之家"作为民兵工作的四项基本建设之一，并且提出了"民兵青年之家"的五有标准，即有学习室、有报刊图书、有文体器材、有活动制度、有民兵政治课登记本。各军分区和人民武装部积极与地方相关部门协作，迅速掀起兴办"民兵青年之家"的高潮。1984 年，全省应建"民兵青年之家" 46 688 个，实建 43 244 个。"民兵青年之家"的普遍建立，使民兵课堂教育有了固定的场所，促进了民兵政治教育制度的落实。同时，各地积极利用"民兵青年之家"组织民兵学科学、学文化，开展健康有益的文体活动，以建设社会主义精神文明。②

在河南，建立"民兵青年之家"的过程中，首先遇到的是资金问题。资金筹集，一是集体拨款。这多是较富裕单位的办法。例如，沁阳县西向

① 《当代中国》民兵分卷河南省军区编写办公室. 光辉的历程 巨大的成就——当代河南民兵资料汇编 [G]. 郑州：河南省军区编写办公室，1984：56.
② 王英洲，张建中. 当代河南民兵 1949—1995 年 [M]. 北京：当代中国出版社，1996：163.

五街，其是全省少有的富村，人均年收入超过 3 000 元，集体固定资金超过 1 500 万元，每年工业产值即达 825 万元。村里一拍板，拿出 7 000 多元钱和 15 间房，建了一个配有放映机、收录机、彩色电视机、10 多种报刊和 1 500 多册书籍的"民兵青年之家"。室内名人书画琳琅满目，书橱、沙发、电风扇样样齐全。二是自筹资金。即采取组织民兵包工盖房、种经济田、割芦苇、搞运输、开山采石等办法筹集资金。例如，武陟县二铺营乡，人民武装部和乡团委利用训练间隙，组织民兵青年挖河清淤 16 000 多立方米，所得款 6 000 多元全部支援各村建立"民兵青年之家"。三是捐款捐书。例如，沁阳县西紫陵村，由于工副业连续亏本，没钱办"家"，民兵连长就和团支部书记、妇联主任带头捐款 200 多元，并发动民兵青年开展"献一本书、看千本书"活动，也建立起一个"家"。①

在湖北，在建立"民兵青年之家"的资金来源上，也采取了多渠道的方式，如武汉市民兵"其资金来源：一靠民兵连业余时间承包工程的收入。二靠单位资助，也有少数人捐赠。"②"民兵青年之家"的普及和其设施的完善，使"民兵青年之家"对民兵青年具有强大的吸引力，使其真正成为改革开放新时期民兵青年的重要阵地。

"青年之家青年爱，爱民连队民兵夸，青年民兵同奋斗，广阔农村开鲜花。"这是描写"民兵青年之家"的一首诗。下面以宜城县朱市公社杨河大队为例来探讨"民兵青年之家"的功能。

第一，"民兵青年之家"是民兵青年的乐园，是他们的娱乐场所。

以杨河大队民兵连为例。踏进大队部首先映入我们眼帘的是两个男青年的爬杆比赛。只见左边那个青年以矫健的动作，领先爬上了顶端。在单双杠的侧边，有两个女青年正在打羽毛球，当发现我们几个"不速之客"后，便"鸣锣收兵"了。在公社人民武装部长周德荣和民兵连长杨安现的引导下，我们参观了杨河大队的家。在这里，既有室外活动场地，又有室内娱乐设施；既有电视机、图书室，又有娱乐室。电视机左边墙上是"表扬栏"，光荣榜上刊登着 40 名劳动模范名单。右边墙上是"民兵青年合刊"专栏，图书室内，在一个长近 10 米的土制木架上，按政治类、文学类、科技类、画册等四个方面，井井有条地摆满了图书、杂志，约有 500 册。图

---

① 《当代中国》民兵分卷河南省军区编写办公室. 光辉的历程 巨大的成就——当代河南民兵资料汇编 [G]. 郑州：河南省军区编写办公室，1984：57-58.

② 武汉地方志编纂委员会. 武汉市志（军事志）[M]. 武汉：武汉大学出版社，1992：220.

书管理员告诉我们，其中还有一些图书被民兵青年借去了。娱乐室内，摆着乒乓球台、康乐球、军旗、象棋和扑克等，墙上还挂着胡琴、笛子和演戏用的道具等。从连长那里得知，他们以家为阵地，教唱革命歌曲，排演文艺节目，组织球类比赛，开展丰富多彩、健康有趣的文体活动，活跃了农村青年的文化生活，陶冶了高尚情操。[①]

第二，"民兵青年之家"是对民兵青年进行政治教育，培育青年民兵学习文化知识，培养"有理想、有道德、有文化、有纪律"四有新人基地。

以杨河大队六排青年民兵王天成、杨安国等四人的前后变化为例：1978 年，他们初中毕业后，结成一伙，昼伏夜出，上跑襄樊，下窜南漳，扰乱社会治安，群众说他们是"飞虎队"。一天晚上，这四个"夜猫子"在南漳境内捉黄鳝，闯入学校教室，一人扛走了一个课桌。问题暴露后，民兵连、团支部的领导上门做工作，同他们谈心，请他们参加"民兵青年之家"的活动，组织他们学习有关法律条例，进行法制教育，谈是非，划界限，激励他们弃旧图新，争取做个好青年。在"民兵青年之家"的熏陶下，他们迈出了新的步伐。王天成从"民兵青年之家"中借出一本有关木工和农用家具的书籍资料，自学木工技术。经过一段时间的刻苦钻研，他成了远近闻名的"青年鲁班"，除外出打家具搞副业外，还担负起生产队的农具修理，义务为群众修农具 180 多件。杨安国和其他两名青年的思想也转变了，自动成立了"帮工队"，为困难户、五保户排忧解难，为群众做好事，还积极参加巡逻执勤。他们坚持原则，敢于同坏人坏事做斗争，维护群众利益，群众称赞他们是四化建设的"保卫队"。1982 年底，杨安国还加入了共青团，当上了基干民兵。[②]

第三，"民兵青年之家"是对民兵进行思想政治教育，鼓动民兵积极参加社会主义精神文明建设，开展学雷锋、树新风、做好事活动的基地。

下面以一农户被人帮工为例：老罗家 3 口人，种了 12 亩责任田。儿子在队办砂石厂工作，他和老伴都是 50 多岁的人了，农忙时间就很紧张。1982 年秋收时，女儿女婿从老远赶来，帮忙收割了一亩半成熟的稻谷，又赶回割自己责任田的稻谷。不巧下了一阵雨，老罗望着铺在地里的稻谷干着急，如果收不起来，过两三天就会生芽坏掉了；这时青年民兵谭大礼路过这

---

① 赵荣强，赵国安.文明之家——访宜城县朱市公社杨河大队"民兵青年之家"[J]. 中原民兵，1983(4): 4–7.

② 同上。

里，得知此情况后，安慰老罗别着急，转身邀来七八个民兵青年，帮助他抢收。老罗心里嘀咕开了：我家无劳力，怎么还的起工？但火烧眉毛，老罗还是认为把谷抢收了再说。到了中午，这些青年还空着肚子。老罗劝大家吃了饭再干，民兵青年们望着阴沉沉的天，说啥也不停工。老罗只好回家蒸了一锅红苕，送到田边。就这样，大家边啃红苕，边挑打稻谷，赶在大雨之前收打完毕。刚检场，一场大雨来了，几个人的衣服都淋得湿透。他们高高兴兴地回家换衣服，老罗紧皱的眉头也舒展开了。秋收已过半年多了，老罗也没有给这些民兵青年还过工，但只要他家有啥难题，民兵青年照样伸出友谊之手，给予无私援助，他再也不感到"单门独户"的孤单了。这个大队在"民兵青年之家"里经常对民兵青年进行政治思想教育，开展学雷锋、树新风、做好事活动，使民兵青年的精神面貌发生了很大变化。民兵青年组织学雷锋小组 11 个，义务帮工队 8 个，为群众和集体做好事 900 多件，植树 9 000多棵，修路 5 000 多米，帮"四属户"种责任田 1 600 多个劳动日。干部群众反映："民兵青年之家"像个"滤毒罐"，净化了被污染的空气，使大家都从心眼里支持办好"民兵青年之家"。[①]

第四，"民兵青年之家"是民兵学习科学文化知识、学习生产技术的重要基地。"要致富，学技术""家家有了责任田，户户需要技术员"，实行责任制后，民兵青年对学习掌握农业技术的要求十分迫切。

杨河大队"民兵青年之家"顺应这一潮流，在家里开展了学习文化科学技术的活动。他们购买科普书籍，订阅科技报刊，举办农技讲座，把学文化科学知识作为"民兵青年之家"的一项重要活动内容，受到了民兵青年的欢迎，得到了社员群众的拥护。到 1983 年，全大队 80% 的民兵青年基本上掌握了主要农作物的栽培管理和病虫害的防治技术。1981 年，全大队因对水稻的三代三化螟防治不力，受害严重，影响收成。1982 年，广大民兵青年把学到的治虫技术运用于实际，抗御了三代三化螟的危害，获得了丰收，全年粮食总产 175 000 公斤，比 1981 年增产达 25 000 公斤。在杨河大队的民兵青年中，涌现出不少的"科学迷"。一排基干民兵黄之清，以前存在"庄稼活不用学，人家咋作我咋作"的思想，听技术课不积极。1982 年中稻下秧时，虽然别人催芽他也催芽，但由于对贵朝二号新品种特

---

① 赵荣强，赵国安.文明之家——访宜城县朱市公社杨河大队"民兵青年之家"[J].中原民兵，1983(4): 4–7.

性不了解，违背科学用泼冷水法降温，结果 100 多斤谷种被浇死。教训使他觉悟，他到"民兵青年之家"里借了本《水稻栽培技术》，找到了技术员补课，再次催芽后获得成功。从此，他迷上了科学，获得水稻亩产 550 多公斤的好收成。又如，三排基干民兵薛有林，科学育棉，在 1982 年先旱后涝、棉花普遍减产的情况下，皮棉单产仍达到 150 斤，他光荣地出席了县社劳模代表会。①

"民兵青年之家"的出现，克服了政治夜校学习内容单调乏味的缺陷，吸引了广大民兵青年，扭转了青年人摸牌赌博、寻衅闹事的坏风气，把他们吸引到了学科学、学文化的正路上来。对于"民兵青年之家"，广大干部群众给予了很高的评价。一位农村党支部书记说："一个村子要改变村风民俗，首先是抓好民兵青年，抓民兵青年关键是办好'民兵青年之家'。办'民兵青年之家'一本万利，一个'家'办好了，千家万户也就跟着好了。"时任河南省委第一书记刘杰也说："在农村，在城市，我们要造就一代新人，这一代新人要有理想、有道德、有文化、守纪律。'民兵青年之家'就是造就一代新人的一个很重要的形式。"② 在管理制度上，"民兵青年之家"也逐渐完善。例如，1984 年，武汉军分区政治部推广东西湖新沟农场办"民兵青年之家"的经验，克服了一些"民兵青年之家"物品丢失、秩序混乱等现象。③ 管理制度逐步完善，使"民兵青年之家"不但成为政治教育的重要阵地，而且成为开展文娱活动、学习文化科学技术知识、互通经济信息以及生活顾问的基地。如武汉市 1984 年全市出现民兵专业户、文明户、经济联合体 40 028 个，参加科技知识培训班达 20 660 人，民兵业余体育队 815 个，业余文艺宣传队 666 个，新闻报道员 1 133 人。④

七、创先进活动和民兵代表大会

开展各种形式的"创先"活动，历来是人民军队政治工作的优良传统，也是民兵政治工作的主要内容和方法，通过"创先"活动，树立典型，表

---

① 赵荣强，赵国安.文明之家——访宜城县朱市公社杨河大队"民兵青年之家"[J]. 中原民兵，1983(4)：4-7.

② 《当代中国》民兵分卷河南省军区编写办公室.光辉的历程 巨大的成就——当代河南民兵资料汇编 [G]. 郑州：河南省军区编写办公室，1984：59.

③ 武汉地方志编纂委员会.武汉市志（军事志）[M]. 武汉：武汉大学出版社，1992：220.

④ 同上。

彰先进，对于动员群众，开展各项工作具有鼓舞、示范和促进作用。中华人民共和国建立初期，中原民兵就已经围绕清匪反霸、土改镇反、抗美援朝、发展生产等运动，开展了"立功劳模""评功记工"等创先进活动。创先进活动在民兵中树立了榜样，对影响和带动民兵工作的开展起到了重要作用。在精神文明建设中，中原民兵广泛开展了创先进活动，有力地促进了中原民兵精神文明建设的开展。

中共十一届三中全会以后，各级人民武装部门深入调查研究，摸索开展民兵"创先"活动的经验，使创先活动可以适应改革开放新形势的发展。我们以湖北省为例："1981 年，湖北省军区在坚持开展民兵工作'三落实'先进单位的同时，又发出'学雷锋树新风，争当先进民兵'的活动。1982 年，在湖北全省部队、民兵建设社会主义精神文明建设经验交流会上明确提出：在地方党委的统一领导下，把建设精神文明活动同开展创造民兵工作'三落实'先进单位活动结合起来；把建设精神文明的成果，作为衡量先进单位和先进个人的重要条件。1984 年 5 月，湖北省军区印发《光荣榜》，表彰在两个文明建设中涌现出来的先进专职人民武装干部、优秀连长、优秀民兵政治教员各 100 人和先进民兵连 100 个，进一步调动了广大民兵开展创先进活动的积极性。"①

民兵代表大会是民兵进行评先进活动的重要场所，对民兵开展创先进活动，起到了重要作用，以表 4-1 为例：

表 4-1　湖北历届民兵代表大会简况表（截取 1977—1980 年）

时　间	会议名称	出席人数	主要内容	备　注②
1977.11	湖北省军区召开全区部队、民兵学大庆、大寨、雷锋、硬六连，创造民兵工作三落实先进单位和积极分子代表大会	931	贯彻中共十一大精神，揭发批判反党乱军破坏民兵建设罪行，总结民兵工作"三落实"经验，52 个先进代表介绍经验，树立 31 个先进单位、21 个先进个人典型。时任省委、武汉军区、湖北省军区领导人杨得志、王平、陈丕显、张秀龙、陈继德到会或讲话	民兵代表 600 人

① 湖北省地方志编纂委员会.湖北省志（军事志）[M].武汉：湖北人民出版社，1996：621-622.
② 同上书，第 623-624 页。

续　表

1980.3	湖北省军区召开的民兵、部队先进单位和个人代表大会	810	贯彻中共十一届三中全会精神，总结交流围绕四化建设加强民兵、部队建设经验，深入开展"三学一创"活动，动员部队和民兵为建设、保卫四化做贡献。36个民兵先进单位，23个民兵先进个人受表彰。时任武汉军区、湖北省委、湖北省军区领导人张才千、陈丕显、林维先、张秀龙、陈继德等出席会议或讲话

表 4-1 反映了湖北省军区召开民兵代表大会的情况，它对表彰民兵先进，顺利开展民兵"创先"活动起到了重大作用。

总之，中原民兵开展的创先进活动，在民兵中树立了榜样和标杆，有利于其自身精神文明素质的提高，在社会主义精神文明建设中发挥出主力军作用。

第三节　社会秩序的守护者

中华人民共和国成立后，中原民兵一直担任着重要目标的守护任务，有效地保护了铁路、桥梁、仓库和重点工程等重要目标的安全，打击各种破坏活动，有力地保卫了社会主义建设的成果。

1973 年，湖北省民兵共派脱产民兵 336 人守护铁路桥梁 27 座、隧道 2 个；到 1975 年，全省共组织脱产民兵 627 名，分别对 42 个重要目标进行守护，湖北各地还组织 5 000 多名民兵担负护厂、护库等保卫任务。1976 年，民兵守护目标增加 44 个，撤出 10 个；截至 1977 年 2 月，湖北省共派出民兵 1 071 人对 77 个目标进行守护，其中铁路桥梁 58 座、隧道 8 条、电台 2 个、棉花仓库 7 座、炸药库 1 座、油库 1 座。节假日和一级战备期间，还组织民兵 28.5 万余人，对全省 1 万多个目标进行守护。截至 1983 年底，湖北省民兵共守护各类目标 85 个，其中重点工程 2 个、桥梁 61 座、隧道 8 条、仓库 12 处、电台 2 个，共动用民兵 1 346 人，执勤哨位 91 个，并根据不同等级，分别采取固定驻点守护和季节性守护相结合，定期分批轮换。

　　国家的一些重要的保护工程，如铁路、航道、大型水库等，到处都有中原民兵执勤的身影，他们默默无闻地为祖国奉献着，以避免重大事故的发生。

　　中原民兵守护铁路安全。1981年8月17日夜晚，郧县白云山地区山洪爆发，淤泥沙石埋没了白云山隧道附近的铁路。担任守护任务的民兵朝着迎面而来的列车挥动手电筒，打出列车手势，列车紧急刹车，避免了一起重大交通事故。事后，襄樊铁路分局授予该民兵班一面"警惕戒备，勇救列车"的锦旗。

　　民兵护航不怕牺牲，保护导航线路胜过自已的生命。1973年3月的一天，满载旅客的"东方红64号"轮逆江而上，正在江边劳动的一班民兵副班长向家祝忽然发现导航电话线被山上滚下的飞石打断，电话是行轮的耳朵，信号台就是靠它指挥的，同时行轮通过下游不远的地方还是一段布满礁石的险道，属于错船禁区。当时情况十分紧急，刻不容缓，闻讯赶来的民兵班长毛忠藩立刻抓住线头拼命地向另一端拉去，又从女民兵张享贵手里接过另一端线头缠着的钢钎，急速的电流迅速从他身上通过，顿时，毛忠藩感到眼前发黑，头昏脑胀，汗珠从额头直往下滚。他咬紧牙关，振作精神，顽强地用身体导电长达12分钟。信号台因而保持了电话畅通，顺江而下的三艘行船和驶上来的一艘客轮安全地通过了峡区隧道。

　　护航不畏险，设标排艰难。在巫峡中部傅里溪航道南侧，有一座名叫"大牛儿石"的礁石，枯水季节，"牛头"高出水面20多米，挡住半边航道；洪水季节，淹没了礁盘，"牛头"时隐时现。每当夜航，航标工人常因"牛头"上航标灯熄灭而无法靠近检修，只能把艇停在"牛身"附近守候，用艇上的信号灯指引航轮。为了保证行轮的安全，必须炸掉"大牛儿石"上的林立石峰，拨掉"牛头"。楠木园的7名男女民兵，协同航道工人开赴"大牛儿石"下，他们立在船头，脚下是翻滚的江水，面前是直插云天的陡峭石峰，民兵就搭人梯，攀绳索爬上去，把钢钎大锤一件件传上工作面，在礁盘上挥锤打眼干了起来。放炮时，没法上岸躲炮，他们就把身体紧贴偏岩壳，东边放炮西边躲，3天时间放了40多炮，炸平了礁盘，制服了这头"恶牛"，为巫峡航道清除了一大隐患。[①]

　　广大中原民兵在执勤的过程中，打击了犯罪分子，保卫了国家财产

① 解放军湖北军区.湖北民兵史话[M].武汉：湖北人民出版社,1989:484.

的安全。被人们誉为"大坝卫士"的长江三峡葛洲坝民兵，从 1973 年开始，将工区划分为 8 个联防区，出动 490 名民兵进行联防执勤，民兵日夜巡逻在施工现场，保护了工程设备的安全。1973—1983 年，他们共组织民兵 12 万人次参加守护执勤，配合公安机关破获案件 1 000 余起，制止斗殴 100 余次，收缴凶器 700 余件；民兵共追回被盗钢材 1 700 多吨，木材 370 多立方米，有效地保证了大坝的建设、通航、发电。护库民兵连，同库区职工、社队民兵组成联防，先后两次扑灭山火，保护了库区的安全。1983 年 1 月 26 日下午，附近山头烧荒放火，护库民兵闻讯跑步赶到现场，与库区职工、附近群众一起，经过 3 个多小时的奋力扑救，终于扑灭山火，保护了仓库的安全，使附近 1 600 余亩树林免遭损失。

　　在河南，1981—1985 年，仅在洛阳地区参加护路的民兵排除险情达 41 次，协助铁路公安部门抓获犯罪分子 59 人，处理其他铁路案件 26 起。[①]在濮阳，河南油田人民武装部组织的民兵执勤分队无时无刻不在守护着被誉为"中原明珠"的河南油田的百里油区。自 1979—1983 年，民兵配合公安部门查获盗窃油田物资器材的大小案件 800 多起，追回赃物价值达 25 万多元，被称为"油田卫士"。双河油矿采油五队有一口用来观察地下油层压力变化的技术资料井。为了获得准确数据，1981 年 1—9 月，工人先后向这口井内注入 18 吨柴油，但每次都会被人偷放掉。职工连续七次去提取资料都没有成功，使国家受到了近万元的损失，严重影响了生产。基干民兵排长董富连听说后，主动向领导请求申请了保护这口井的任务。每天晚上，他带领 6 个民兵步行四五里赶到现场，分散潜伏在离井口 30 多米远的黄豆地里。当时正值深秋天气，地上水湿，身上经常被蚊虫咬。民兵在地上连趴七八个小时，每次都是一身水一身泥。经过 12 个日夜，还是没见偷油人的踪影，但民兵毫不松懈，仍密切注视着油井周围的动静，1981 年 9 月底的一天夜晚，民兵们第 13 次在井场周围潜伏起来。凌晨一点多，一个挑着水桶的模糊人影悄悄地走进井场，在观察四周无人后开始作案。潜伏了 13 个夜晚的民兵，在此时一跃而起抓住嫌疑犯，保证了技术资料获取的成功。[②]

① 河南省地方史志编纂委员会. 河南省志（第二十二卷 军事志）[M]. 郑州: 河南人民出版社，1995: 675.

② 魏喜信，王金亭. 油田卫士 [J]. 中原民兵，1983(4): 16.

　　中原民兵在执勤的过程中，还充分注意保护人民群众的生命安全，把人民群众的安危挂在心上。据不完全统计，1973—1985 年，湖北省守护铁路的执勤民兵先后抢救遇险群众 20 余人。1982 年 1 月 27 日下午，从郧县将军河火车站开出的一列货车即将通过将军河 2 号隧道，正在马家坪大桥执勤的民兵周炳学发现一名妇女还在前面轨道上缓慢行走，小周高声呼叫，该妇女仍无反映。在危急之时，他不顾个人安危飞奔过去，用力将那妇女推出轨道，火车顺利通过，妇女得救了，事后他才知到该妇女是一名耳聋妇女。1970 年以来，他们共护送老弱病残和儿童 1 000 多人次安全过桥，当发现有的行人在河边喝脏水时，民兵们就在桥边办起简易"供水站"，请过往群众饮水。[①]1978 年 7 月 26 日，鄂西陡降暴雨，且河水位猛涨，当阳县慈化区共和乡马家桥一带一片汪洋，马家桥桥面上的水已经没及胸深。当晚 8 时，一个中年男子头顶一个六岁多的小男孩过桥，由于天黑水急，桥面又无栏杆，不幸被激流冲走。正在这里观察汛情的乡油脂加工厂职工刘春政发现后，衣服鞋子没脱就跳入水中，一把抓住了小孩。他一手托起小孩，一手与激流拼搏，用尽全身力量，将小孩送上了岸。可回头一看，那男子正一沉一浮地在洪水中挣扎，又被冲出了 20 多米远。刘春政第二次冲入激流，将这位男同志抓住，艰难地将他拖上了岸，又借来独轮车将他父子二人送往大队卫生室抢救。[②]

　　在经济体制改革新时期，随着城乡经济体制改革的进行，影响到了部分执勤民兵的切身利益，一些公社党委适应了变化的新形势，采取一些改革措施，保证执勤民兵的切身利益，解除他们的后顾之忧，提高执勤民兵的执勤积极性。

　　下面以鄂陕交界的湖北郧县将军河公社为例。该公社担负着管辖内的襄渝铁路的守护任务。为了确保祖国西南"大动脉"的畅通无阻，1981 年该公社党委随着变化了的新形势采取了一些改革措施，消除了执勤民兵的后顾之忧，措施如下：

　　（1）由个人带粮改为公社供应。这个公社山大人稀，面积 900 多平方千米，27 个大队都分配了铁路执勤任务。三分之二的大队离执勤点在 20 里以上，最远的兴光大队达 25 公里。以前执勤民兵一直是从家里带粮。农村实行生产责任制后，各队的口粮标准不均，粮食品种不一的矛盾更加突

① 湖北省地方志编纂委员会.湖北省志（军事志）[M].武汉：湖北人民出版社，1996：645–647.
② 本刊通讯员.基干民兵刘春政在激流中救出两人 [J].中原民兵，1978(5)：13.

出，这给集体准备伙食带来了不少困难。对此，该公社党委研究决定：铁路执勤民兵的口粮随各队夏、秋卖公粮时一次性交到公社，由公社粮管所统一供应，口粮低于30斤的补足30斤；食油从产油较多的大队调剂，按社直机关干部的标准供应。这样，民兵到公社卖粮，最远只有十公里，他们再也不用为粮、油犯愁了。

（2）执勤民兵不分配联产计酬任务。1980年初，该公社绝大多数队将旱坡红薯地按人口或劳力划给各家各户，种植油料和猪饲料，实行联产奖惩。执勤民兵也分到了责任田。一排长孙兴成，家有爱人和两个孩子，共分土地8亩，缺劳力，耕种困难。有些民兵也有些类似情况，不能安心执勤。该公社党委发现情况后，认为联产计酬不能一刀切。1980年3月在公社三级干部会上宣布，执勤民兵不分联产计酬的油料、饲料地，缺少劳力的家庭酌情减少任务。民兵终于又可以安心地站在执勤岗位上。

（3）落实政策，不减少民兵的个人收入。按当时的国家政策规定，参加铁路执勤的民兵报酬按照亦工亦农待遇，每月40元，交队20元，余下为个人生活费。1980年以来，随着多种经营的发展和经济政策的放宽，该公社许多队富裕起来。1980年底，有70%的大队日工分值在7角以上，少数队超过1元。有的干部受"向钱看"的影响，提出了执勤民兵不交款，也不参加队里记工、分配的做法。该公社党委及时纠正了这种倾向，多次在干部会上教育大家要正确处理国家、集体和个人利益之间的关系，坚持交款记分、在队分配的规定，保证了执勤民兵不低于同等劳力的收入。1980年8月，该公社民兵张相国患病住院一个月，但党委照发工资、照记工分，使执勤民兵深受感动。

（4）给民兵拨出农副业生产地。该公社党委经常教育民兵树立艰苦奋斗、以哨所为家的思想，同时也积极为他们改善物质生活条件。该公社党委书记在大桥大队蹲点时，经常利用检查生产的机会将大桥大队干部领到民兵住处询问、了解民兵的生活困难，动员他们为民兵拨送部分生荒地。经过大桥大队和生产队同意，民兵先后在驻地开荒12亩，生活质量不断改善。1980年，执勤民兵连共收粮食4 525斤，蔬菜73 380斤，油655斤，产肉1 935斤，积累现金993元，菜、油、肉基本自给，每月伙食费仅需8元左右。以前是靠酱菜过日子的五班，1980年杀了两头大肥猪，人均食肉60余斤，成了"油水大"的冒尖班。

该公社党委的改革，激发了民兵的执勤热情，民兵心爱哨所，以路为家，履行"铁道卫士"的光荣职责，该公社和守护民兵连也多次被上级树为铁路执勤先进单位。[①]

总之，在经济体制改革新时期，这种改革体现了实事求是的精神，它适应了变化了的新形势，提升了民兵参加执勤的积极性，确保了铁路、桥梁、航道、仓库等重要目标的安全，使民兵成为了社会秩序的守护者。

第四节　应对突发事件——社会的坚强柱石

一、抗洪抢险

在历次洪水灾害中，中原民兵都发挥了抗洪抢险主力军的作用，平时各级人民武装部门即把动员组织民兵参加防汛抢险作为其重要的中心任务之一。积极组织民兵维修堤防，进行防汛抢险的技术训练和演练；汛期组织民兵抢险突击队、护堤的巡逻查险队和抢险救灾队，指挥和带领民兵战斗在最前线。例如，"湖北省地处长江中游，河湖港汊密布，素有千湖之省，历史上曾多次发生洪涝灾害，全省民兵在历次抗洪救灾中都战斗在最前线。在 1954、1980、1983 年的防汛抢险救灾中，全省民兵分别出动 50 万、100 万和 191 万余人（约占全省抗洪大军总数的 70%），为抗洪救灾做出了巨大贡献。"[②]而在河南省，据不完全统计，"中华人民共和国成立至 1985 年，参加治理河道的民兵约 3 912 万多名，完成土石方 79.8 万多立方米；参加防汛抢险的民兵 5 816 万人次，开挖土石方 2.17 亿立方米，抢救转移人民群众 89.75 万人，抢救牲畜 69.69 万头"。[③]

在河南，民兵在历次抗洪抢险中均发挥了重要的作用，做出了突出的贡献，成为保卫广大人民群众生命财产安全的坚强柱石。

1975 年 8 月 5—8 日，洪河、汝河、沙颍河、唐河、白河流域发生了历史上罕见的特大暴雨，暴雨中心降雨量达 1 631.1 毫米。堤防漫溢 316

---

① 叶传射.加强对铁路执勤工作的管理 [J].中原民兵，1981(5): 3–4.

② 湖北省地方志编纂委员会.湖北省志（军事志）[M].武汉：湖北人民出版社，1996: 632.

③ 河南省地方史志编纂委员会.河南省志（第二十二卷 军事志）[M].郑州：河南人民出版社，1995: 677–678.

公里，水库垮坝 56 座。驻马店、许昌、周口、南阳 4 个地区的 32 个县、市，340 个乡，均遭受了洪水的严重袭击。万亩良田被淹，数万间房屋倒塌，1 200 多万人陷入洪水之中。灾情发生后，灾区民兵迅速投入到抗洪抢险斗争中，先后出动 178 万余名民兵，日夜奋战在抗洪抢险前线。他们英勇顽强地与洪水搏斗，奋不顾身地抢救人民的生命财产，共增筑堤坝 9 800 多千米，抢救转移人民群众 27.4 万多人，抢救牲畜 3 000 多头，粮食 750 万公斤，还抢救出国家、集体和群众的大量财产。

　　这次民兵抗洪抢险的主要特点是：一，激战洪峰、排除险情。暴雨凶猛，险情突然。广大民兵视水情为敌情，一声号令，立即出动，迅速奔赴险工地段。8 月 8 日凌晨，确山县薄山水库水位猛涨，超过坝顶 0.45 米，处于危急之中，水库管理人员鸣枪报警。该县任店乡 700 多名民兵听到信号后，头顶倾盆大雨，脚踏崎岖小路，翻山越岭，从四面八方奔到大坝，同赶来抢险的解放军指战员共同战斗。他们取土石 1.7 万多立方米，在 510 米长的大坝上，筑起高 1.5 米、底宽 2 米的土坝，增厚了防浪墙，排除了险情，保住了下游几十万人的生命财产。在抗洪斗争关键时候，沈丘县泉河下游北岸河堤有漫溢决口的危险，严重威胁着沙南 8 个公社人民群众的安全。中共沈丘县委决定在险情地段筑堤，防御洪水。一队队以民兵为主的抗洪大军，共计 7 万多人，火速开赴工地，仅一天一夜的时间，便筑起了一条底宽 10 米、高 4 米、长 25 千米的大堤，阻止了滚滚洪水。其二，救人、抢粮、保村庄。抗洪抢险的主要任务是抢救人民的生命财产。许多民兵公而忘私，先人后己，不顾个人安危，奋力抢救别人。8 月 8 日，遂平县王张庄遭到洪水洗劫，全村除了五所仓库外，房屋全部倒塌，几百名群众聚集在摇摇欲坠的库房顶上，拼命向外呼救。正在执行抢救任务的驻马店市两个民兵连闻讯后立即前往抢救。在他们到达距王张庄 1 900 多米的地方时，被洪水挡住去路。民兵纷纷扑到水里向呼救的地方游去。当游出 100 多米时，又有一条 10 米宽的激流横在面前，有的被冲出几十米。他们丝毫不灰心，继续向前游去，绕过漂浮物，闯过漩涡，经过 3 个多小时的努力，将 228 名群众转移到了安全地带。8 月 11 日，洪水涌向洪河下游的新蔡县练村公社甘湾、称湾等 7 个村庄，把离村不远的东风水闸冲开一个缺口，附近 8 000 名群众的生命财产受到严重威胁。已经在堤坝上搏斗了几天几夜的甘湾大队民兵营长王新安，冒着生命危险，4 次下到一丈多深的激流中，用土包堵塞缺口，土包被湍急的洪水冲走。缺口越冲越大。在危急关头，王新安第 5 次抢起土包冲入水中，用身体压在泥土包上，缺口被堵住了，但王新安却献出了自己年轻的生命。当地群众含着眼泪说："黄继光为解放人民舍身堵枪眼，王新安为保护人民舍身堵缺口，他和黄继光一样！" 1976 年 7 月 20 日，国务院、中央军委发布命令，授予王新安"英雄民兵营长"称号。① 可见，民兵在河南 1975 年 8 月的大洪水抢险救灾中发挥了重要作用，不仅出动规模大，还表现出了极高的个人素质。

而在 1982 年夏季，河南又发生了洪水灾害，民兵在抗洪抢险中同样也发挥了重要作用。

1982 年 7 月中旬至 8 月下旬，河南由南向北出现 3 次暴雨、大雨天气过程，淮河、黄河流域大、中河流堤防不断出现险情，人民生命财产受到严重威胁。广大民兵在各级人民武装部门的组织指挥下与汹涌的洪水展开了一场激烈的搏斗。7 月中旬，淮河、洪汝河汛情发生后，河南省军区防汛指挥部指挥长、副司令员赵举即率指挥组赶赴淮滨，组织指挥部队、民兵抗洪抢险。信阳军分区正在召开的民兵工作会议提前两天结束，各县人民武装部长、政委连夜赶回本县部署抗洪抢险。各县人民武装部除留一名部领导值班外，全部奔赴抗洪抢险第一线。信阳军分区政委黄洪荣、副司令员张宝林带领民兵到达汛情最严重的淮滨县淮河干流，组织扒除阻水圈堤，扩大淮河行洪能力。经过 5 天 5 夜连续奋战，战胜入汛以来的最大洪峰，确保了淮河大堤的安全。7 月 19 日，固始县徐嘴子堤坝出现洪峰，洪水超过保证流量每秒 730 立方米，超过保证水位 1 米，险情迭出，在这里防护堤防的 1 400 多名民兵，在县人民武装部部长王位道的组织指挥下，分成 4 组轮番加固险工堤坝。经过 8 天 7 夜的奋战，先后排除险情 8 次，运土 2 000 多立方米，把大堤加高了 1 至 2 米，保证了 3 次特大洪峰顺利通过，确保了县城安全。7 月 24 日夜晚，淮滨县毛庄附近 3.9 千米长的堤段告急，其中有 100 多米即将漫溢，有的地方已经出现裂缝。紧急关头，县人民武装部部长汪先华率 2 400 多名民兵迅速赶到，在没有照明条件的情况下，从离河堤 1.5 公里的地方取土，将百米险堤普遍加高了 1 米，保证了每秒 6 000 立方米流量的洪峰顺利通过。息县临河乡围孜村女基干民兵郑爱英，不顾个人安危，从将要倒塌的房屋中救出两名儿童，自己身

---

① 王英洲，张建中. 当代河南民兵 1945—1995 年 [M]. 北京：当代中国出版社，1996: 123–125.

负重伤，被河南省人民政府授予"抗洪抢险模范"称号，河南省军区给她记一等功。驻马店军分区司令员李广安、政委常精武等 28 名团以上干部，分别坐镇宿鸭湖、薄山水库、洪汝河、奎旺河险段和新蔡县河坞大闸等要害部位，动员组织 48 万民兵护堤护坝，抢修加固险段。7 月 22 日夜晚，汝河水位急剧上涨，遂平县人民武装部政委刘太堂、副部长郭本修带领民兵抢险突击队冒着倾盆大雨连夜加固险堤。在洪水离坝顶只有 40 厘米的危急情况下，民兵团结战斗，以惊人的毅力和速度抬土，垒草袋加高了大堤。经过 4 个小时的激战，加宽加高了大堤，排除了险情。当遂平县粮食、物资仓库进水时，600 多名民兵奋战 5 天 5 夜，抢运出粮食 102 吨、百货物资 5 400 多箱、烟叶 1 600 捆、化肥 200 吨、麻袋 5 万条，使国家财产免受损失。在这次抗洪抢险斗争中，沿淮地区先后动员组织民兵 138 万多人，抢救转移群众 13 万多人，抢救各种物资 1 000 多吨、大牲畜 9 700 多头，堵复河堤决口 2 500 多处。正当淮河流域抗洪抢险斗争激烈进行之时，黄河堤防也出现了险情。1982 年 8 月 2 日，黄河花园口出现每秒 15 300 立方米的特大洪峰。沿黄各军分区、人民武装部紧急动员 180 多万民兵，汇成坚不可摧的抗洪大军，日夜守护在黄河大堤上，先后排除各种险情 44 次，使洪峰安全通过河南境段。洪峰到来之前，新乡军分区副政委曹建芝带领干部、战士和民兵抢险突击队，迅速赶赴黄河大堤险工堤段——武陟花坡堤。他们一面加固大堤、一面抢修子堤，连续苦战了 3 天 3 夜。8 月 2 日 9 时洪峰到来时，在洪水高出坝顶 16 至 20 厘米的情况下，子堤发挥了作用，19 万亩庄稼和 20 万人民的生命财产未受到任何损失，安阳军分区政委段振国、副司令员张早，率领机关干部、战士和民兵日夜坚守在黄河大堤上。8 月 6 日深夜，王集闸堤防站附近出现溃漏，200 多名民兵突击队人员跳入激流，经过 3 个小时的紧张搏斗，堵住了溃洞，使大堤转危为安。长垣县民兵在守卫境内 40 多千米的黄河北岸大堤时。提出"人在堤在，水涨堤高，誓死守卫黄河大堤"的口号，先后填堵裂缝，抢修下陷等险工段 31 处，使多险堤段安全度过汛期。1982 年 10 月，河南省人民政府在郑州召开抗洪抢险庆功表彰大会，人民武装战线有 30 个单位和个人受到了河南省人民政府的表彰。①

　　在湖北，1983 年 7 月 3 日下午，正当黄石市防汛全线吃紧的关键时刻，

---

① 王英洲，张建中.当代河南民兵 1945—1995 年 [M].北京：当代中国出版社，1996：216–218.

位于市中心地带 252 米长的海观山大堤出现严重漏水、塌方，构成了对该市的最大威胁，引起了全市人民震惊。这里一旦溃口，将给整个黄石市造成不堪设想的后果。黄石市委、市政府决定把抢险突击任务交给民兵。市人民武装部连夜从华新水泥厂、大冶铁矿等 17 个单位抽调民兵抢险突击队员 2 800多名，分 3 班轮番突击，筑堤加固。民兵不顾长期作战的疲劳，顽强战斗，一天完成 3 080 多个土石方，短短几天，将海观山大堤由原来的 23 米加固到 28 米，顺利通过洪峰，使黄石市免于一场灾难。时任市委书记袁照臣在总结表彰大会上赞扬"民兵在抗洪抢险斗争中所表现出来的英勇顽强奋不顾身的斗争精神和高度的组织纪律性，给我市人民留下了深刻的印象，是一支能在关键时刻用得上、打得响、信得过的防汛抢险力量。"[①]

　　民兵在灾后恢复生产、重建家园中也发挥了重要作用，广大民兵在抗洪抢险取得重大胜利的基础上，带头返回家乡，生产自救，继续与洪水灾害作斗争。他们灾后抓紧抢修抢种，恢复农业生产。各地或以民兵组织形式，或以民兵为骨干带领广大群众整修农田，抢耕抢播。1975 年 8 月，河南发生大洪水，商水县在洪水退后迅速出动 235 个民兵营，2 389 个民兵排，69 000 多名民兵和群众，抢种晚红薯约 23.13 平方千米，荞麦约 7.47 平方千米，秋菜约 14.33 平方千米，菱草和其他作物约 16.47 平方千米，受到了周口地区抗洪指挥部的表扬。项城县先后组织 5 万民兵群众进行农田基本建设大会战，除按期完成汾河清淤复坝任务外，还修复机井 325 眼，新打机井 164 眼，修复水灌站 16 处，新开排水渠道 7 条，为大灾之后进一步发展生产奠定了基础。[②]另外，他们采用多种渠道集聚资金，解决灾后困难。灾后，民兵等群众烧砖瓦、搞建筑、做木工、编篾器、跑运输，从事各种工、副业生产，自筹生产资金恢复和发展生产。山区民兵带头种瓜种菜，采集山货，大搞副业弥补灾后造成的损失；平原湖区的广大民兵充分利用自然条件，捕鱼捉虾，采菱挖藕，在市场卖掉后买回种子、肥料和生产用具，解决了生产、生活的急需。1980 年，湖北公安县甘厂公社为尽快恢复生产，由公社人民武装部副部长带领 500 名民兵到葛洲坝工地参加劳动，历时 4 个月，收入 32 万元，帮助群众度过了暂时困难。民兵把开展生产自救、重建家园、彻底战胜自然灾害作为自己的光荣职责和义务，

---

① 　湖北省军区．湖北民兵史话 [M]．武汉：湖北人民出版社，1989：452．

② 　王英洲，张建中．当代河南民兵 1945—1995 年 [M]．北京：当代中国出版社，1996：123–125．

并为之付出了艰苦卓绝的努力。他们主动放弃个人利益，胸怀全局，为国分忧，为民造福，充分体现了广大民兵高度的政治觉悟和共产主义崇高品质。① 同时，他们还带头自力更生，重建家园。洪水过后，良田被冲，房屋倒塌，损失严重。湖北英山县石镇公社是全县受灾最严重的公社之一，公社人民武装部副部长姜建国，与桃花冲大队党支部一道制定了救灾措施，坚持自力更生，克服"等、靠、要"的思想，他还拿出自己的积蓄100元钱给大队买回晚稻种。又与民兵连长马峰走访了20多家垮房危房户。组织人力帮助社员找回被洪水冲走的家用物资及生产工具，帮助群众迅速重建家园，大大激发了群众的抗灾热情。石镇公社人民武装干部和民兵干部，在救灾中一直坚守岗位，主动带头挑重担。有200余名连排干部带领3 000名民兵担负着重要工程的抢修任务；他们每天都是一身泥，一身汗，仅四天时间，就修堤筑路8 000米，恢复田地约0.32平方千米，筑堰150道。在7名专职人民武装干部中，有5名同志承担了重灾队的救灾任务，他们给党支部当参谋，出主意，做规划，组织和带领民兵群众开展了较大规模的会战，使生产自救活动开展得热气腾腾。②

可见，无论是在灾前挽救人民群众的生命财产还是灾后的重建工作，民兵都发挥了极重要的作用，这是由民兵自身的特点决定的。

首先，民兵是由当地群众组成的，地域近，遇到紧急情况，易于组织调动，能及时地应对灾害突发事件。比如，1982年7月中旬以来，襄阳地区连续遭受大暴雨，山洪暴发，河水猛涨，导致一些地方房屋倒塌，交通中断，农田被冲毁。当天，谷城县人民武装部正在召开全县专职人民武装干部会，闻讯灾情，立即休会，部党委做了抗洪抢险的紧急动员，分头奔赴灾区。副部长高崇友立即带领16名干部赶到现场，组织北河、冷集两个公社的2 600多名民兵，奋战4天4夜，筑新河堤12 000多米，堵住了缺口。③

其次，民兵是不穿军装的解放军，具有高度的责任感、强烈的爱民意识和牺牲精神，在灾后重建家园中充分发挥了自力更生、生产自救的主力军作用。比如，淮滨县人民武装部部长汪先华，政委曾德林和副部长蔡

---

① 解放军湖北军区. 湖北民兵史话 [M]. 武汉：湖北人民出版社, 1989: 457.

② 《中原民兵》通讯员. 洪波过后志不衰 大地任凭我安排 [J]. 中原民兵, 1983(9): 13.

③ 张永安. 抢险救灾打头阵 恢复生产当尖兵——襄阳军分区机关、部队和民兵为战胜水灾做出贡献 [J]. 中原民兵, 1982(9): 15.

祖成，自抗洪抢险以来，日夜奋战在淮河大堤上，哪里有险情，就到哪里去指挥、去战斗，有时一天吃不上饭，喝不到水，但仍然带领民兵防洪护堤。1982 年 7 月 21 日，地处淮河、史灌河、泉河汇流的固始县三河公社，行洪区内的董元、黄营和建湾 3 个大队的圈堤，严重阻碍泄洪，堤外五个公社一片汪洋，威胁着人畜安全。当县人民武装部接到地区防汛指挥部决定炸堤的命令后，武装部长王位道带领 8 名干部和公安人员，当即乘车赶到公社，晚饭都没吃，就扛着炸药，顶着倾盆大雨蹚水 7.5 公里赶到了这 3 个大队，连续作战 18 个小时，完成了炸堤任务，使洪水畅通。全区广大民兵日夜坚守岗位，巡堤排险，营救被洪水围困的群众。淮滨县芦集公社 300 多名民兵组成的突击队，在淮河堤防上奋战了 6 天 6 夜，填堵大的塌方、漏洞 38 处。涂营公社腰庄生产队护卫的一段淮河大堤，有一处坝底塌陷两米，出现了一个盆口大的漏洞，随着洪水的涌进，洞口急剧扩大，情况异常危急。基干民兵杜永春立刻从家里抱来三床棉被填入洞口，其他民兵群众也相继抱来 30 多床，终于堵住了洞口。之后，他们又用 300 多条装土草袋进行了加固，及时排除了决堤的危险；潢川县付店公社武装部长胡继祖带领民兵，在风雨中蹚着齐腰深的水，经过 40 多个小时，把洪水围困的 30 多个生产队的群众和牲畜转移到了安全地带。[①] 在灾后重建家园过程中，如 1983 年湖北孝感洪灾后，动员民兵近 100 万人次，组织电动机 247 台，水车数万乘，日夜不停排渍复秋。到处机声隆隆水车呼呼，排出渍水约 47 亿多立方米，面积达约 527 平方千米，使大水茫茫的田地很快变为了绿洲。[②]

最后，民兵具有相应的技术手段，这也是其能发挥抗洪抢险主力军的一个重要方面。例如，湖北省民兵通信分队，自 1975 年组建以来，在抗洪抢险斗争中发挥了重要作用。组建十年（1975—1985 年）间，有 58 个连队，9 780 名通信兵，参加大小规模的抗洪救灾 920 次，动用各种无线电台 4 100 余部次，电话单机 1 730 余部次，被复线 1 480 余对公里。1983 年 6 月下旬—7 月上旬武汉特大洪水期间，武汉造船厂 4 个民兵潜水员 3 次潜入水中，每次下水都超过规定时间 40 分钟，终于查准险情，

---

① 胡修学. 在信阳地区抗洪抢险中——各级人民武装部门和广大民兵再立新功 [J]. 中原民兵，1982(9): 16.

② 解放军湖北军区. 湖北民兵史话 [M]. 武汉：湖北人民出版社，1989: 457.

在其他民兵的协助下堵住了漏洞。[①]

二、救火、抗旱、除害兽

民兵组织一般是由当地群众组织起来的，具有地域近、易集中等特点，这些也决定了民兵能及时快速地应对当地的突发事件，能有效地保护人民群众的生命财产不受损失。

民兵在救火战斗中，充分显示了其突击队的作用。据不完全统计：1949—1985 年，湖北省民兵共投入救火战斗 90 余次，出动民兵 2 万余人次，救出群众 3 000 余人，保护森林约 70 平方千米，抢救出石油、棉花等物资 1 700 吨，价值 300 多万元。民兵为抢救人民群众生命财产做出了突出的贡献。

1977 年 3 月 9 日，钟祥县大同棉花加工厂起火，正在当班的基干民兵张先中，在国家财产即将遭受损失的危急关头，毫不犹豫地扑向火海，用身体来回扑打火苗。在他的带动下，民兵群众奋力扑救，保住了价值 280 万元的棉花和其他财产。

1981 年 5 月 7 日下午 2 时许，湖北神农架林区红坪林场二道沟地区，因社员烧荒种地不慎，引起了一场森林大火。一发现火情，红坪林场就立即动员了 300 多名民兵投入抢救，林区武警中队和其他林场的 200 多名民兵、工人也都先后参加了战斗。到 5 月 8 日，火势本已经减弱，但到了 9 日上午，突然刮起大风，山火骤然复发，火借风势，风助火威，滚滚烈火犹如一条奔腾的"巨龙"，以 2 千米宽的横面，几丈（1 丈 ≈ 3.33 米）高的火头，每小时百余米的速度翻滚不熄。9 日零时，湖北省委接到灾情报告，立即召开紧急会议，成立了"灭火救灾指挥部"和"前方指挥部"，除命令林区全力以赴组织灭火外，同时命令郧阳、宜昌两个军分区各支援一个连，房县、兴山两县人民武装部各动员 500 名民兵，准备必要的车辆、灭火工具和生活用品，集结待命。郧阳地委、林区政府联合组成的北路灭火前方指挥部，根据火情，决定由离火场较近的木鱼、红坪、酒壶、红花朵 4 个林场和板仓公社再组织 1 000 名民兵，于 5 月 9 日凌晨 6 时前赶到灭火现场参加灭火战斗。山区民兵居住分散，离火场近的也有 35 公里。偏偏天气不好，毛毛细雨下个不停，漆黑的夜晚伸手不见五指，崎岖的山路

---

① 湖北省地方志编纂委员会 . 湖北省志（军事志）[M]. 武汉：湖北人民出版社，1996: 636.

寸步难行。时间紧，任务急，能不能按时赶到，对于千余民兵也是一次严峻的考验。火情就是命令，民兵一接到通知，都以最快的速度，从各个不同的方向汇集到一起，火速向现场开进。木鱼林场段江坪民兵连正在山上伐木，接到命令时天色已黑，经过简单动员，民兵二话没说，连夜冒雨赶到灭火第一线；酒壶林场人民武装部，半夜11点多接到命令，迅速组织200多民兵，冒着小雨出发，经过5个多小时急行军，翻山越岭，赶了30多公里路，按时到达指定地域。"火龙"翻滚，烈焰飞腾，阵阵热浪迎面扑来。民兵把火场当战场，发扬了不怕艰难困苦、不怕流血牺牲的革命精神，一部分民兵用刀剁锯子锯，在大火的前方开出一条十几米的隔火道；另一部分民兵利用平时训练中学到的爆破技术，用炸药包炸断火头。为了尽快清除火患，民兵有的用树枝扑打，有的用衣服、雨衣覆盖，有的用双脚踏，哪里火苗最旺，他们就争着扑向哪里。虽然手上烧起了泡，身上划满了道道血口，但没有人去理睬一下，有的民兵被烟熏得昏死过去，醒来后又冲了上去；头发、眉毛被烧，手被烧伤，坚持不下火线。5月10日下午2时，经过三天三夜的紧张战斗，森林大火终于被扑灭，保住了10万余亩原始森林的安全 。[①]

在河南，如1984年1月14日，郑州市酒精厂发生重大火灾，市区1 500多名民兵同驻郑部队一起参加灭火，共同扑灭了大火。[②] 可见，在历次重大火灾的扑救中，中原民兵都是一支强有力的劲旅。

河南湖北两省也经常面临着旱灾的威胁，民兵在大旱灾面前，充分显示了其抗旱主力军地位。以湖北省为例，中华人民共和国成立以后，曾多次发生过特大旱灾。全省民兵在各级人民武装部门的领导下，成建制地开赴抗旱第一线。据不完全统计：从1949年至1985年的十几次大旱灾中，湖北省共投入民兵建制连队37 274个，出动民兵1 107万人次，投入抽水机10 298台次，开沟挖渠63 407条，找泉水7 514处，挖水井6 790眼，抗旱救灾面积累计达1 782万亩。1978年的特大旱灾，荆州地区组织8万多民兵投入抗旱，引水5.5亿立方米，灌田118万余亩。鄂城县杜山公社5 000多名民兵在人民武装干部的带领下，5天内在梁子湖修建了一座提水

---

① 湖北省军区.湖北民兵史话[M].武汉：湖北人民出版社，1989：462–463.

② 河南省地方史志编纂委员会.河南省志（第二十二卷 军事志）[M].郑州：河南人民出版社，1995：616.

站和 2 000 多米长的引水渠，灌溉旱田约 6.67 平方公里。[①]1981 年，襄阳地区遭到了百年未遇的大旱。从 1980 年 10 月以来，冬旱夏旱续伏旱，降雨量不到往年同期的五分之一，有些地区甚至只有十分之一。不少地方渠道断流，堰塘见底，禾苗干枯，连吃水都十分困难。在严重的自然灾害面前，襄阳地区广大人民武装干部和民兵顽强地坚持抗旱斗争，1981 年入夏以来，襄阳军分区和各县人民武装部就分别发出通知，紧急动员民兵投入抗旱斗争。充分发挥了抗旱主力军的作用。1981 年 8 月上旬，襄阳军分区机关和各县人民武装部抽出 400 多名干部战士，组成 20 多个抗旱工作组，深入旱区社队，了解情况，组织民兵抗旱。谷城县人民武装部政委韩明保深入到北河公社 20 个大队协助地方干部指挥抗旱。当他发现三叉管理区几个大队因用水发生矛盾后，立即召集有关的大队干部开会，就地协商解决，并让公社武装部长带领民兵巡逻护渠，合理放水。

1981 年 7 月下旬，南漳县沐浴公社张湾大队约 0.52 平方千米夏秋作物遭受了严重威胁，由于两个多月未下雨，水稻田里裂开了道道口子，棉花叶子都开始卷曲，社员、干部都心急如焚。在这个大队蹲点的管理区武装部长王茂明更是不安。当他了解到这个大队靠山边有一条水沟，前些年因工程量大，曾两次准备修排灌站都没修成时，就和党支部一起去查看水源，并做出决定，挑选了 30 名基干民兵组成突击队抢修排灌站。白天，他跳到齐腰深的水里挖泥，疏通水道；夜晚，他同民兵一起打桩、运土、砸地基；困了，就用凉水把头浇一浇继续工作，硬是七天七夜没下工地，直到水管里排出哗哗的流水。襄阳县高庄管理区，有三个地处岗地的大队用水全靠熊河水库供给。但是，1981 年由于雨量少，水稻刚插完，熊河西干渠就开始断流，随即塘堰也现了底，刚插下的秧苗眼看就要干死。在这紧急关头，这三个大队民兵连的干部纷纷向大队支部和管理区党支部请战，要求到 10 多里外的柳陈岗水库提水抗旱。党总支经过实地勘察，批准了他们的请求，挑选了 69 名基本民兵，背上炊具和铺盖，开赴岗上，日夜抽水，终于保住了秧苗。[②]

中原民兵中的高炮分队还充分利用自身优势，实施人工降雨，有力地支援了地方抗旱。例如，湖北省全省还先后派出 48 个高炮分队，出动高炮民兵 1 020 次，实行人工降雨 256 次，受益面积达约 1.188 万平方千米。

① 湖北省地方志编纂委员会 . 湖北省志（军事志）[M]. 武汉：湖北人民出版社 , 1996: 637.

② 赵荣强 . 襄阳地区人武干部和民兵抗旱救灾纪实 [J]. 中原民兵 , 1981(10): 20.

1973 年，湖北省革命委员会下发文件，批转了省人工降雨办公室关于 1974 年人工降雨安排的请示报告。而后，武汉、襄樊、黄石、宜昌等市及其所属县相继成立了人工降雨办公室或领导小组，抽调了大批民兵和高炮协助干旱地区实施人工降雨。广大民兵和气象工作技术人员一起，坚持实验服务于农业生产的原则，采取定点与巡回流动作业相结合的方法，转战广大受旱区域，抓住有利天气条件，积极实施降雨作业，有力支援了农业抗旱斗争。1975 年，湖北武昌进入梅雨前的少雨阶段，一直未下过透雨，农作物遭到干旱的严重威胁。江岸车辆厂民兵高炮连进点后，不分昼夜，坚守岗位，严阵以待，捕捉"战机"。到 6 月 25 日零时，他们抓住弱冷空气过境的有利时机，炮击影响区，炮响雨落，仅 40 分钟降雨量即达 25 至 30 毫米，使周围 4 个大队喜获及时雨。首次降雨成功，农民群众喜在心里，笑在眉梢，一位村干部紧握着民兵的手说："炮还真"神"呢！好雨！好一场及时雨啊！我们丰收在望了"。旱天旱地，酷暑盛夏，在外的民兵生活十分艰难。由于各方面条件所限，不少降雨点上的民兵吃的是咸菜，睡的是地铺，碰到水源奇缺的地方，连用水都很困难，就是在这样的条件下，他们的降雨实验一次次获得成功，有的成功率高达 95% 以上。[①]1975—1978 年，武汉市组织城区 21 个民兵高炮队 840 人，分批赴武昌、广济、罗田、麻城、黄陂、应城、孝感等地农村支援抗旱，进行人工降雨 50 余次，成功率达 95% 以上，每次降雨量 10 至 40 毫米，累计受益面积约 90 平方千米。[②]

在河南与湖北的一些山区，经常有一些野兽出没，危害当地农业生产，常常是广种薄收或有种无收。在当时给山区的人民群众生产生活带来很大的危害，在湖北一些山区还流传着这样一句话："种地不防兽，等于你没种。"可见，在一些山区野兽确实对庄稼危害严重。在湖北，由于当阳、恩施、宜昌等几个地区山地较多，害兽危害更为严重。

为了保卫山区人民群众的生命财产安全，在各级人民武装部门的积极组织和发动下，中原民兵开始有控制地开展打猎活动。据不完全统计，1949—1983 年，湖北省民兵共组成打猎队 2 万余个，参加民兵 11 万余次；消灭各种害兽 21 万余头，各种害鸟 1 874 万余只，保护庄稼约 42 平方千

---

① 湖北省军区编.湖北民兵史话 [M].武汉：湖北人民出版社,1989:460.

② 河南省地方史志编纂委员会.河南省志（第二十二卷 军事志）[M].郑州：河南人民出版社,1995: 637.

米，受到了人民群众的赞扬。1975年3月，神农架林区宋洛乡女基干民兵陈传香，从豹子口中抢救乡亲，她勇敢地骑在豹子背上，赤手空拳与凶豹搏斗，终于打死一只7尺多长的金钱豹，救出一名妇女和儿童，保护了在场群众的安全。湖北省革命委员会和湖北省军区授予她"打豹英雄"的光荣称号，并奖授她半自动步枪一支。①

湖北兴山三阳公社桐木园大队的民兵排长神枪猎手张永金被人们誉为"庄稼卫士，护粮能手"。他把狩猎护粮当成自己应尽的义务，张永金居住的桐木园村海拔1 200多米，东北两侧有大片的原始森林，周围数十里都是崇山峻岭，且人烟稀少，荆棘丛生，是野猪繁衍生息的天然场所。这里的野猪成群结队，活动猖獗，经常出没于粮田菜地，有时还跑到社员猪栏里，人们为了防止野猪糟踏庄稼，曾采用了多种办法，如在田间地头搭起棚子，通宵守护，年投工2 000多个劳动日，每年要花费众多劳力还不能从根本上解决问题。看到这些，张永金决心为民除害。他自备了火药猎枪，养了11条猎狗，每逢夏秋季节便在野猪活动的区域狩猎。为了摸清野猪的活动规律，提高狩猎技能，他专门用了两个多月时间，牵着猎狗跟踪野猪的脚迹，从中进行观察、研究，根据已经熟知的规律再上山狩猎，就很少扑空，有时能打好几头。1979年9月的一天，8头野猪齐头并进向张永金窜来，他转身一躲，来了个侧身近射，子弹穿过一头小猪的前夹，射中了一头大猪的心脏，来了个"一箭双雕"。1980年6月，他在水月寺大队赵家阴坡赶出两群野猪后，又单刀直入，隐蔽而迅速地接近猪群。野猪借助群威嚎叫如雷，把他团团围住，一头粗壮的大猪口吐白沫猛窜过来，张永金临危不惧，一枪将它打死，其他野猪顷刻惊乱，争相逃命，他在百米以外再射一枪，又有一头滚下山坡；接着他穷追几千米，接连打死11头，创造了日猎野猪13头的最高纪录。从1979—1984年，他共打死野猪642头，当时按一头野猪一生损害粮食3 500公斤计算，共保护粮食224.7万公斤，他曾被评为湖北省1982年特等劳动模范。②

三、总结

中原民兵在社会功能方面的影响，明显的可以分为两个部分。

---

① 湖北省地方志编纂委员会编.湖北省志（军事志）[M].武汉：湖北人民出版社，1996：639–640.
② 解放军湖北军区.湖北民兵史话[M].武汉：湖北人民出版社，1989：464.

第一，在移风易俗，精神文明建设中的巨大作用。

第二，在抗洪抢险、执勤、维护社会治安、应对突发事件等方面发挥巨大作用。

十一届三中全会前，中原民兵社会功能方面的影响并没有全面展开，仅在移风易俗、净化社会风气等方面产生了一定作用；十一届三中全会后，彻底结束了"以阶级斗争为纲"的政治运动，中原民兵在精神文明建设中发挥了重大作用，这是因为：

第一，民兵是不穿军装的解放军，要受到地方武装部门和党支部的双重领导，经常接受政治教育，与人民解放军联系密切，能够受到人民军队良好风气的熏陶。

第二，民兵可以充分利用自己组织的优势，如在各级人民武装部的统一指挥下，开展大规模的治理脏乱差活动，建立"义务服务队"，开展建立"文明新村"。民兵的组织性是民兵在移风易俗、精神文明建设中发挥巨大作用的重要条件。

第三，民兵具有群众性。民兵分布于全国的广大地区，城乡基层，扎根于广大的人民群众之中，广大民兵的自觉行动，将产生巨大的影响和带动作用，起到以点带面的效果。民兵与人民群众的紧密联系，是其能够发挥关键作用的重要因素。

第四，民兵具有政治夜校和"民兵青年之家"这样良好的学习场所。尤其是"民兵青年之家"，在社会主义精神文明建设过程中，成为宣传精神文明建设的重要阵地，起到了关键性的作用。

中原民兵能在抗洪抢险、应对突发事件方面发挥重大作用，这是因为：

首先，中原民兵是一个群众性的军事组织，是一个具有坚强纪律的战斗集体，具有吃苦耐劳、不怕牺牲的精神。

其次，民兵大多数是由当地的群众组成的，遇到突发事件，能够就地组织起来，及时赶到事发现场，且民兵对当地情况比较熟悉，工作起来也比较容易。这也是民兵能够发挥重大作用的地域因素。

最后，随着民兵装备技术的发展，一些专业技术民兵，如通讯兵、民兵潜水员等，可以在抗洪抢险和应对突发事件中充分利用自身装备技术优势发挥重要作用。

后 记

一、中原民兵十三年历史的总结

1973—1985 年，在中原民兵十三年的发展历史中，中原民兵在政治生活、组织训练、经济建设和社会功能等方面都发生了重大变化。

在政治生活上，中原民兵经历了从政治运动的急先锋到恢复正常的政治教育这样一个过程；在指导思想上，经历了从以阶级斗争为中心、反修、防修，防止资本主义复辟到为社会主义两个文明建设服务转变这样一个过程。

1973—1976 年，这一段时期的民兵政治生活以开展各种各样的政治运动为主，先后经历了批修整风、批林批孔、反击右倾翻案风等数次运动。中原民兵中开展的这些政治运动，是当时全国政治运动的一部分。在中原民兵的历次政治运动中，体现了以下特点：其一，在历次运动中，都强调理论的学习，但民兵只是从学习理论中寻找只言片语作为批判的工具，并没有真正地读懂理论。且中原民兵的思想是没有主心骨的，体现了随风倒的特点。其二，在一些运动中，一些民兵体现出不理解、不支持的特点，如在批林批孔运动中，对批孔的不支持。在批判内容上，绝大多数都是错误的。例如，对林彪军事理论的批判，也是不科学的。采用了开批判会、树立典型、进行新旧社会对比等多种批判形式。其三，历次运动中，都以批判作为促生产、促战备的动力。在一定时期内，也产生了暂时促进生产发展的假象。但从长远上看，给国民经济造成了巨大的损失，这也反映了1966—1976 年经济发展的特点。

中原民兵之所以成为这些政治运动的急先锋是有着深刻的原因的：第一，当时民兵的数量庞大，在民兵中开展各种政治运动，使民兵成为政治运动的急先锋，不仅能使民兵成为保卫无产阶级专政的柱石，还能在人民群众中起到以点带面的效果，从而达到"反修、防修、防止资本主义复辟"的目的。第二，民兵是有组织的，在民兵组织中开展政治运动相对来说也比较容易。

在政治运动中，大多数中原民兵缺乏辨别力，主要原因如下：首先，出于当时大的社会背景，迫于当时的政治高压，很多民兵不得不盲目地服从。其次，1973年"四人帮"鼓动民兵参加社会阶级斗争，建立"民兵指挥部"，成立"三位一体"，妄图篡夺民兵的领导权，提出以造反派为基础改造民兵，使一些"打、砸、抢"分子混进了民兵队伍，导致一些民兵组织的性质发生了变化。最后，对毛泽东盲目地个人崇拜，也是导致民兵失去辨别力的一个重要因素。

粉碎"四人帮"后，中原民兵进行了批判"四人帮"，肃清流毒的运动，中原民兵对"四人帮"的罪行进行了声讨，尤其是对"四人帮"妄图篡夺民兵的领导权及以破坏民兵建设的罪行进行了深刻的揭露。这是唯一一次批判内容完全正确的政治运动。但由于华国锋坚持"两个凡是"的错误思想，这次运动并没有完全摆脱以"阶级斗争为纲"。

批判"四人帮"运动的结束，标志着民兵中政治运动的彻底结束，十一届三中全会后，中原民兵恢复了政治教育的制度。1978年，开展了"六个坚持，六个反对"的政治教育，继续肃清"四人帮"的流毒，1982年以后，民兵的政治教育转向为社会主义的精神文明和物质文明建设服务。中原民兵的政治生活完全走上了正确的轨道。

在经济建设方面，十一届三中全会前，中原民兵是生产建设的主力军，在农业生产中，中原民兵带头学大寨，带头开山辟田，兴修水利，植树造林，对改变当地的贫穷落后面貌，做出了不可磨灭的贡献。在工业生产方面，以"大庆人"为榜样，以车间为战场，积极开展修旧利废、增产节约、技术革新等活动，为工业发展争做贡献。活跃在基层岗位的众多基层民兵，他们在平凡的岗位上，做出了不平凡的业绩，是劳动人民群众中的优秀代表。遍布工农业生产中的中原民兵科研组充分发挥自己既懂科技知识，又有生产经验的优势，在农业生产中积极进行品种改良与病虫害防治；在工业生产中积极开展技术革新，并积极开展科学普及。在国家的大型工程建设上，中原民兵也是一支主力军，在当时国家物资供应困难的条件下，一些民兵组织还主动克服重重困难，自力更生，自己解决物资供应问题，其精神是难能可贵的。

中原民兵能够成为工农业生产建设的主力军的原因如下：首先，中华人民共和国建立后，在相当长的一段时期内，我国的生产力还很落后，很多生产还要靠手工来完成，中原民兵成为当时生产建设的主力军，是符合当时的历史背景的。其次，民兵具有组织纪律性，这也决定了他们能够进行大型的生产劳动，这也是中原民兵能够承担各种急难险重任务的一个重要条件。最后，民兵是不穿军装的解放军，具有顽强的吃苦耐劳、不怕困难，以及自我牺牲精神。这些都是中原民兵成为生产建设主力军的必要条件。十一届三中全会后，随着工作重心的转移，城乡经济体制改革逐步展开，中原民兵在工农业生产中的作用也发生了变化。中原民兵成为发展商品生产的主力军，在农村，中原民兵积极兴办乡镇企业，出现了大量的两户（民兵专业户和万元户），他们致富不忘群众，组织了各种"经济联合体"，无偿给贫困户提供资金、技术，并帮助其进行销售等，起到了典型示范、以点带面的作用。在城市，民兵也积极以主人翁的态度为工厂出谋划策，积极想办法，开展技术革新，进行各种承包。中原民兵为经济体制的改革做出了巨大的贡献。这是因为：其一，中原民兵是有组织的，能够在各级武装部门的领导下，在当地党支部的支持下，更好、更快地理解新时期党的政策。其二，民兵大多数是青年人，很多人具有一定的文化知识和生产技术，特别是一些退伍军人民兵，更是具有坚韧顽强的作风，有的还具有一定的管理经验，成为兴办企业的骨干力量。其三，"民兵青年之家"成为民兵学习科学技术、进行经验交流的重要阵地。

在组织训练上，中原民兵的组织训练可以以 1981 年为界，分为两个阶段。1981 年以前，在组织上，中原民兵实行普遍民兵制，民兵分为三个层次，武装民兵、基干民兵和普通民兵。基本上是县设民兵师，公社设民兵团，大队设民兵营（连），在城市，几乎每个基层单位都有民兵组织，民兵的组建面极宽，民兵的数量也庞大。在训练上，是以普遍训练为主，普通民兵都要参训；在计酬制度上，采取误工记工制度。

党的十一届三中全会后，随着城乡经济体制改革的展开，逐步出现了新的调整，如随着农村的分队，对民兵重新分组，对基干民兵的重新调整等。在训练上，采取了小型分散的训练方法，结合各自的生产特点进行见缝插针的训练。对一些参训人员实行代耕、代岗来解决他们训练中出现的问题。在计酬制度上，依然是误工记工制度，但实行了适当的奖惩，更加注重训练的质量。

1981 年，中原民兵遵照中央军委新的指示精神，进行了改革。在组织上，首先是缩减了层次，取消了武装民兵；缩小了民兵的组建面，取消了县设民兵师，人数大大减少，民兵队伍更加精干。在训练上，也以集中、重点训练为主，训练时间也大大缩短（统一调整为每年 15 天）。随着民兵训练场地的建成，中原民兵的训练也更加正规化，加强了专业技术兵的训练。其中，培养军地两用人才的训练方法，是训练中摸索出来的好方法，既为军队储备了兵员，又为地方培养了建设人才。在计酬制度上，也开始转向由武装部发补助金。

中原民兵在组织训练上的变化是有其深刻的原因的：其一，普遍民兵制是适应计划经济体制的。在计划经济体制下，当时农村的生产组织形式是生产合作社，实行集体劳动，计酬是工分制。在城市，所有制形式十分单一，只有集体所有制和全民所有制这两种所有制形式，这种生产组织形式有利于民兵的编组。而且，这种生产组织形式是不太注重经济效益的，民兵的训练等活动也就不存在严重的误工。相反，由于民兵的有组织性和顽强的作风，反而能在集体劳动中起到骨干作用。而在商品经济体制下，商品经济讲究效率，生产组织形式是各种形式的责任制，在农村实行家庭联产承包责任制；在工厂也建立了各种形式的生产责任制。计酬制度完全与生产者的劳动效益挂钩，这也决定了进行经常性的大规模训练，势必要侵犯到民兵的个人利益，进而影响经济建设。因此，民兵组织必须进行精简，民兵训练必须进行改革。其二，是适应新时期国防思想转变的结果，在革命战争年代，发扬毛泽东的人民战争思想，确立了"三结合"的战争体制，即主力军、地方军与民兵相结合，而民兵是进行人民战争的基础，依靠这种战争体制打败了日本帝国主义和蒋介石反动政府，建立了中华人民共和国。中华人民共和国成立后，民兵制度得到了保持。1958 年，中苏关系恶化，在我国面临着苏联严重威胁的情况下，毛泽东提出了大办民兵师，实行"全民皆兵"，这在当时我国国防技术条件比较落后的情况下，对苏联是一种威慑，对保证我国的国家安全起到了很大作用。在 20 世纪80 年代，随着我国国防实力的逐步增强和国际形势趋于缓和，已经不需要全民皆兵来保卫国家的安全，而应腾出更多的人力、物力、财力进行经济建设。因此，在这种形势下，就必须对民兵组织进行调整改革。在对传统民兵建设加强的同时，建立了一支新型的国防后备力量即预备役部队，走出了一条"平时少养兵，战时多出兵、出奇兵"的崭新道路。

在社会功能方面，中原民兵的作用主要可以分为两个方面：其一，中原民兵在移风易俗、精神文明建设中的作用。其二，民兵在执勤、抗洪抢险和应对突发事件等方面的作用。在第一个方面，改革开放前，中原民兵主要表现在移风易俗方面，如新婚俗、学雷锋等，并没有全面的展开。改革开放后，中原民兵积极响应党的十二大开展精神文明建设的号召，在各地武装部的领导下，在农村积极开展创建文明新村活动，改变村容村貌，树立新风尚。在城市，积极开展创建文明城市活动，集体开展治理"脏乱差"活动；建立"为您服务"义务服务小组，学雷锋，做好事；服务部门改善服务质量；建立文明监督岗等，为精神文明建设做出了巨大贡献。中原民兵在精神文明建设中发挥了巨大作用：首先，民兵是不穿军装的解放军，接受人民武装部门的领导，经常受到政治教育，与人民解放军有着密切的联系，受到部队良好风气的熏陶，具有良好的个人素质。而广大民兵又是普通群众中的一员，部队的这种良好风气，通过广大民兵的自觉行动表现出来，能够起到以点带面的效果，产生巨大的辐射力，从而带动整个社会良好风气的形成与发展。其次，民兵具有组织性，能够在当地党支部和武装部门的领导下，开展统一活动。例如，开展创建文明村中的"两带"活动，创建文明城市中的集体治理"脏、乱、差"活动。最后，中原民兵具有"民兵青年之家"这个开展精神文明活动的重要阵地。1973—1985 年，河南、湖北的一些重大的工程项目中，如重要桥梁、隧道、航道、铁路、公路等，始终都有中原民兵的守护。在抗洪抢险和应对突发事件中（如救火、抗旱等），中原民兵都是主力军，为保卫国家和广大人民群众的生命财产安全做出了重要贡献。这是因为：首先，民兵具有地域近、易组织、人情熟、能够及时赶到事发现场等特点；其次，民兵具有军人素质，具有吃苦耐劳、不怕牺牲的英雄气概；最后，一些专业技术兵具有相应的技术条件和设备，在抗洪抢险和应对突发事件中发挥了关键性作用，如通讯兵、民兵中潜水员等。

二、对中原民兵转型的分析

1973—1985 年是中国社会发生转型的重大时期，即结束了文化大革命，开始了经济体制改革。这一时期也是中原民兵工作发生重大转型的时期，在政治生活上，结束了以阶级斗争为纲的政治运动，恢复了正常的民兵政治教育制度；在经济建设中，民兵从在计划经济体制下的集体劳动中的主力军转变为经济体制改革中勤劳致富的先锋；在组织上，从普遍民兵制到民兵精简，建立精干的民兵队伍；在训练上，也由普遍训练转变为集中化的专业化重点训练；在社会功能上，中原民兵从"社会阶级斗争"的先锋转变为社会主义精神文明建设的主力军，对当时社会风气的好转起到了重大的作用。社会发生了转型，民兵工作也发生转型，那么社会转型和民兵工作转型之间有什么关系吗？首先，我们来看当时民兵工作转型的背景：

第一，经济体制发生了转变，计划经济体制要求其劳动者进行集体性的劳动，这种生产组织形式是民兵组织能够大规模存在的基础，而新的商品经济体制，建立各种生产承包责任制，这种制度更加注重生产效率，其劳动者也以个体劳动为主。经济制度的变化，也必然使民兵制度发生变化。

第二，邓小平对于国际形势新的判断。1984年11月1日，邓小平《在军委座谈会上的讲话》中说："讲战争危险，从毛主席那个时候讲起，讲了好多年了，粉碎四人帮后我们又讲了好久。现在我们应该真正冷静地做出新的判断。这个判断，对我们非常重要，我们能够安安心心地搞建设，把我们的重点转到经济建设上来。没有这个判断，一天诚惶诚恐的，怎么能够安心地搞建设？不可能安心地搞建设，更不可能搞全面改革，也不可能确定我们建军的正确原则和方向。"[1] 1985年6月，邓小平在《中央军委扩大会议上的讲话》中指出：在较长时间内不发生大规模的世界战争是有可能的，维护世界和平是有希望的。根据对世界大势的分析，以及对我国周围环境的分析，我们改变了以前认为战争的危险很迫近的看法。"[2] 邓小平提出了和平与发展是世界的两大主题。因此，在新的国际形势下，也没有必要保持庞大的民兵组织，使之时时处于临战状态。

第三，改革开放新时期国防思想转变的结果。从根本上说，民兵制度是国防建设中的一部分。1985年6月，在一次中央军委召开的扩大会议上，根据邓小平对战时形势的新判断和我国对外政策的新调整，提出了军队和国防建设指导思想的战略性转变，即把军队工作从立足于早打、大打、打

① 邓小平. 和平和发展是当代世界的两大主题 [M]. 北京：人民出版社，1993: 105.

② 邓小平. 在军委扩大会议上的讲话 [J]. 共产党员下半月，2014(8): 64.

核战争的临战状态真正转入和平建设的轨道。根据改革开放新时期邓小平做出的国防建设指导思想实行战略性转变的决策，和国防建设要服从于国家经济建设大局的思想，对民兵预备役工作进行了新的调整，确定了"减少数量，提高质量，抓好重点，打好基础"的十六字方针。减少数量，就是控制后备力量建设的规模，减少民兵人数，使这支队伍更加精干实用，以有利于减轻人民负担，有利于国家经济建设，有利于精兵利器；提高质量，就是通过平时有组织、有计划地建设措施，使后备力量的组织编制、武器装备、教育训练、政治思想、作风纪律等都得到加强，提高战斗力；抓好重点，就是把有限的财力、物力用在后备力量建设的主要方面，将主要精力放在战时最需要、平时最难解决的工作上，抓好边海防和重点人防城市的后备力量建设，抓好预备役部队和基干民兵，特别是预备役干部和专业技术兵建设；打好基础，主要是为战时快速动员和后备力量建设的长远建设做好基础性工作。① 因此，随着改革开放新时期国防建设思想的转变和民兵新的工作方针的提出，民兵工作必然也要发生转型。

第四，从政治背景上看，以阶级斗争为纲已经被彻底抛弃，利用民兵"反修、防修、防止资本主义复辟"已完全没有必要。相反，庞大的民兵组织反而不利于改革开放新时期的社会稳定。比如，在商品经济形势下，流动人员增多，就给民兵的武器管理增加了一定难度。因此，对民兵组织进行改革，也就势在必行。

从中原民兵转型的国际国内背景看，必须对民兵组织进行调整，民兵的人数必须进行精简，才能符合改革开放新形势下我国经济建设和国防建设的需要。

在民兵组织调整的同时，中国的社会也在发生急剧变革，如何在新形势下，使民兵的转型为社会变革服务呢？

我们先从当时的社会条件看：首先，计划经济体制正在被打破，新的商品经济体制正在建立，在这个新旧体制交替的过程中，急需一支能够认清党在改革开放新时期政策的力量起带头示范作用。其次，1966—1976年，社会风气遭到了一定的破坏，在发展商品经济的同时，也出现了一些新问题，正如邓小平指出的"这几年生产是上去了，但是资本主义和封建主义的流毒还没有减少到可能的最低限度，甚至解放后绝迹已久的一些坏事也

① 郑文翰.毛泽东思想研究大系（军事卷）[M].上海：上海人民出版社，1993：371–372.

在复活。我们再不下大的决心迅速改变这种情况，社会主义的优越性怎么能全面地发挥出来？"① 因此，在社会主义进行物质文明建设的同时，也必须加强精神文明的建设，在精神文明建设中也需要一支表率的力量起示范带动作用。

最后，中原民兵在转型中能够在两个文明建设中发挥重要作用，也有其自身优势：其一，民兵具有普遍性、群众性，在当时，即使民兵精简后，民兵还保持有相当的数量（到1982年底，全国民兵组织的调整基本完成。全国民兵总数保持在1亿左右，比原来减少了60%，民兵占人口的比例，由原来的26.7%减少到了10.7%②）。这是民兵能够发挥作用的重要条件。这也决定了民兵在广大的人民群众中，能够发挥自己的影响，起到以点带面的作用，能够带动整个社会物质文明和精神文明建设的发展。其二，民兵具有光辉的传统，在人民群众中有良好的群众基础。在社会主义建设中，中原民兵一直是生产建设的主力军，他们的吃苦耐劳、顽强拼搏以及自我牺牲精神，一直为人民群众所尊崇。民兵是不穿军装的解放军，他们具有良好的军人素质，在社会生活上，也一直是典范。其三，中原民兵是有组织性的，在各级武装部和党支部的领导下，统一进行经济建设、开展各项活动也比较容易。其四，中原民兵具有良好的个人素质，许多民兵具有一定的科学文化知识和一定的生产技能，"民兵青年之家"也为民兵学习科学文化知识和进行精神文明建设提供了一个良好的场所。

由于当时的社会需要和中原民兵自身所具有的优势条件，在各级武装部门的领导下，中原民兵在社会转型时期两个文明建设中充分发挥了主力军作用，做出了巨大的贡献。

因此，社会的转型也决定了民兵的转型，民兵的转型是随着社会转型的变化而变化的，在社会的转型中，如能依据当时的社会条件，进行符合实际的正确的民兵工作，充分发挥民兵的优势，就能够进一步促进社会的转型，从而带动整个社会的发展。

三、对民兵未来发展的展望

在当前，我国已经进入社会主义市场经济阶段，市场经济是以价值规

---

① 邓小平.邓小平文选（第3卷）[M].北京：人民出版社，1993：143–144.
② 韩怀智.当代中国民兵[M].北京：中国社会科学出版社，1989：81.

律为基础进行资源配置的经济，进行各种经济活动，获取最大经济效益，已成为广大人民群众日常生活的中心。在国际上，和平与发展是当今世界的主题。世界各国都在致力发展本国的经济，以经济和科技为基础的综合国力较量将最终决定本国在国际上的地位。从军事上看，未来的战争是高科技战争。武器装备的更新日新月异。那么，在这种新的国际国内形势下，民兵还有没有存在的必要，是不是数量愈少愈好，没有更好？而且，在现实生活中，民兵的数量确实已很少了，已较难见到民兵。民兵的发展是不是已成为历史？

早在 1978 年 7 月 11 日，邓小平在听取民兵工作报告时就指出："我们是三结合的武装力量体制，野战军、地方军和民兵相结合，就是人民战争。民兵就是要提高到战略地位。现代条件下的人民战争，老的游击战还是有用的。例如，民兵从地道里出来，用导弹打敌人的坦克，就是现代武器的游击动作。也可以藏在山洞里，突然出现，袭击敌人。对飞机场也可以利用夜暗或地道接近，突然行动。"[①]

1978 年，在全国民兵工作会议上，聂荣臻阐述了人民战争在新的历史条件下如何运用的问题。他指出："在未来反侵略战争中，我们的主要作战对象是帝国主义，他们不但拥有大量的先进的常规武器，而且还拥有大量核武器。帝国主义侵略我国，将利用其装备优势，在空军、海军、空降兵配合下，使用大量坦克机械化部队，实行高速度大纵深地进攻，企图达到速战速决的目的。我们要战胜这样高度现代化装备的敌人，最根本的办法，还是要靠人民战争。""人民战争思想，是毛主席军事思想的核心，是放之四海而皆准的真理。不论武器如何发展，都改变不了人民战争的规律，改变不了'兵民是胜利之本'的根本原理，就是我们的武器装备高度发展了，我们还是要坚持毛主席人民战争的战略思想，打人民战争。实行野战军、地方军和民兵三结合的武装力量体制，是进行人民战争的最好方式，可以创造出制服具有现代化装备的敌人的办法，弥补我们武器装备的不足，变敌人的长处为短处，变我军的劣势为优势。人民战争是我们的根本优势，是我们克敌制胜的法宝，过去靠它，现在靠它，将来还是靠它"。1980 年 9 月，聂荣臻在听取总参谋长杨得志汇报全军高级干部战略问题

① 邓小平.邓小平论国防和军队建设：重视现代条件下的民兵工作[M].北京：军事科学出版社，1992：59.

研究班对国防战略讨论情况时，再次强调指出："我们的战略方针，总的还是毛主席说的打人民战争。人民战争在各个不同阶段有不同的表现形式。"在会议讨论中，就积极防御的战略方针如何具体理解产生了不同意见的情况，聂荣臻说："我同意对积极防御战略方针的解释，战略上是防御的，战役战术上是进攻的。这是毛主席说的，现在还是这样。战略方针和战略方针具体化的问题，都是军队的头等大事，应该在充分调查研究的基础上，有明确统一的说法，报中央、军委审查批准后，大家都照此执行。采取措施，坚守某些战略要点是必要的，以争取时间。同时注意把民兵组织落实好，打起仗来配合正规军作战。敌人来了，他们不要往后退，而是往两边散；敌人过去了，就又集中拢来，破坏它的后勤供应线。现代战争对后勤供应依赖更大，敌人就怕这个。只要我们顶住帝国主义的头几个攻势，以后就好办了。所以，对人民战争这个重要方面，民兵游击队的重大作用，不要忽视。"1985 年 3 月，他在审查《中国大百科全书》军事卷关于人民战争的条目释文时说："科学技术的高度发展，导弹核武器的出现，战争将在更加广阔的空间，空前紧张、残酷和激烈的条件下进行。我们打人民战争，应该发动人民利用各种手段打击敌人。仍然应该实行野战军、地方军与民兵游击队相结合的武装力量体制。民兵游击队应在陆、海战场上以新的水平发挥更大的作用。要重视以保卫战略要点和主要城市为目的的阵地防御战，同时应重视能大量歼灭敌人的运动战。应组织全国规模的对军队后勤的支援。[1]"聂荣臻的这些重要论述，把现代条件下如何进行人民战争具体化了，体现了"着眼其特点，着眼其发展，才能在现代条件下继续取得人民战争的胜利"的论点。

在新的历史时期，江泽民曾指出："在和平时期，在现役部队减少的情况下，我们要特别加强国防后备力量建设，把民兵预备役工作做好。我们绝不能等重大事情发生了，再想到军队和国防后备力量建设，尤其是各级领导，在和平时期就应该高度重视和支持民兵工作。""民兵作用很大，要把民兵组织好、训练好。我希望省军区的同志继续发扬红军长征精神，为建设强大的国防后备力量，为积极参加和保卫社会主义现代化建设而奋斗。"[2]

在党的第十五次全国代表大会上，江泽民又明确指出："加强国防和军

---

① 聂荣臻.聂荣臻军事文选 [M].北京：解放军出版社，1992：541.

② 王建国.最新国防动员工作实务手册 [M].北京：中国知识出版社，2004：845.

队建设，是国防安全和现代化建设的基本保证，各级党组织、政府和人民群众要关心、支持国防和军队建设""加强民兵、预备役部队建设，完善国防动员体制。①"江泽民的讲话，强调了新时期民兵工作的重要性。江泽民关于新时期军队建设的一系列重要理论，是对毛泽东军事思想和邓小平军事思想的继承和发展，其思想体系和精神实质具有高度的一致性，进行人民战争，始终是一个重要原则。

胡锦涛在十七大报告中指出"全面履行党和人民赋予的新世纪新阶段军队历史使命，必须坚持以毛泽东军事思想、邓小平新时期军队建设思想、江泽民国防和军队建设思想为指导""建立和完善军民结合，寓军于民的武器装备生产体系、军队人才培养体系和军队保障体系，坚持勤俭建军，走出一条中国特色军民融合的新路子。深入研究新的历史条件下建军治军特点规律和人民战争战略战术，繁荣和发展军事科学。""增强全民国防观念，完善国防动员体系，加强国防动员建设，提高预备役部队和民兵建设质量。坚持拥军优属，拥政爱民，积极开展军民共建，巩固军政军民团结。""各级党组织、政府和人民群众要一如既往支持国防和军队建设，军队要继续为经济社会发展服务。②"胡锦涛的讲话为当前和今后如何开展民兵工作指明了方向。

习近平总书记在十九大报告中指出：坚持富国和强军相统一，强化统一领导、顶层设计、改革创新和重大项目落实，深化国防科技工业改革，形成军民融合深度发展格局，构建一体化的国家战略体系和能力。完善国防动员体系，建设强大稳固的现代边海空防。组建退役军人管理保障机构，维护军人军属合法权益，让军人成为全社会尊崇的职业。深化武警部队改革，建设现代化武装警察部队。我们的军队是人民军队，我们的国防是全民国防。我们要加强全民国防教育，巩固军政军民团结，为实现中国梦强军梦凝聚强大力量！③习近平总书记在十九大报告中明确提出"富国和强军相统一"的思想，强调军民融合是国家战略，既是兴国之举又是强国之策，形成军民融合深度发展格局，构建一体化的国家战略体系和能力，进一步明确了实现发展

---

① 江泽民. 十五大报告 [R]. 北京：人民出版社，1997.

② 胡锦涛. 十七大报告 [R]. 北京：人民出版社，2007.

③ 《十九大报告辅导读本》编写组. 党的十九大报告辅导读本 [M]. 北京：人民出版社，2017:53—54.

和安全兼顾、富国和强军的统一。他又指出："我们的国防是全民国防"，人民战争的伟力来源于人民，当前应大力弘扬军爱民、民拥军的光荣传统，完善和落实军人荣誉制度体系，加强退役军人的管理保障，维护军人军属的合法权益，加强全民国防教育，完善国防动员体系，巩固发展坚如磐石的军政军民关系，进而凝聚起建设世界一流军队的强大力量。

因此，民兵在未来依然是我国国防的重要力量。坚持民兵制度的重要性，还体现在以下几个方面：第一，民兵制度，从根本上看是我国国防制度的一部分，国防建设以经济建设为基础，而经济建设又依赖国防实力做保障。因此，在服从、服务于经济建设大局的前提下，花费一定的人力、物力和财力搞好民兵建设，增强国防实力，是完全必要的。第二，民兵和预备役相结合是我国重要的兵役制度，是我国后备力量的来源。我国的预备役制度，属于编组型为主体和非编组型相结合的制度，1984年5月31日颁布的《中华人民共和国兵役法》规定，实行"民兵与预备役相结合"。① 民兵中的基干民兵即为第一类预备役（年龄为十八至二十八岁）；民兵中的普通民兵为第二类预备役（年龄为二十九至三十五岁），这是编组型的，既是民兵组织，又是预备役组织，是预备役的主体部分。② 其中，全国数百万适龄的退伍军人，有相当一部分是作为第二类预备役编在普通民兵中的。如果取消了普通民兵，我国民兵的普遍性和群众性的优势将丧失，也将失去一大批经过部队锻炼和训练有素的退伍军人。无论从当前或者长远看，对我国的民兵建设、国防建设都是不利的。第三，民兵在我国的抗洪抢险和应对突发事件中是一支可信赖的重要力量，具有其他群众组织不可比拟的优势。从2007年的抗雪灾，到2008年的四川汶川地震，民兵为保卫人民群众的生命财产安全做出了重大贡献。如果取消了民兵组织，国家将缺少了一支重要的应对突发事件的力量。

因此，坚持民兵制度在新时期依然是十分重要的。民兵在社会主义市场经济条件下，仍然发挥着巨大的作用。那么，在社会主义市场经济条件下，应怎样做好民兵工作呢？笔者认为，

第一，做好民兵与预备役相结合的工作。民兵作为预备役的主要组织形式，可以把大多数的预备役人员编组起来，使之成为有组织的预备役队

---

① 全国人民代表大会.中华人民共和国兵役法[M].北京：解放军出版社,1984.

② 吴景亭.战争动员[M].北京：解放军出版社,1987:306.

伍，这对于平时的管理训练和战时进行快速动员，都是十分有利的。

第二，抓好基干民兵的建设工作，在保持民兵普遍性和群众性的基础上，抓好基干民兵的建设。在社会主义市场经济条件下，要把握好民兵数量和质量之间的关系，要在严格控制民兵数量的基础上重点抓好基干民兵的建设。这是因为，基干民兵是民兵中的中坚力量，是带领民兵执行应急任务、带领民兵参军参战的骨干队伍。基干民兵搞好了，就可以带动整个民兵的建设。在我国目前还不充分发展的情况下，集中有限的人力、物力和财力，集中力量用于重点建设是十分必要的。

第三，服从当地经济建设大局，积极发扬劳武结合的原则。做到这一点，主要从两个方面着手：其一，各级武装部门在提出和制定民兵工作的规划、指标、任务和要求时，一定要考虑到当地经济建设的实际情况和可能，做到实事求是，量力而行，而不能与当地的经济建设相冲突。比如，在农村，就要考虑到一些地区的外出务工人员增多、人员流动性大等现实问题。其二，积极发扬民兵"劳武结合"的传统，积极动员组织民兵参加经济建设，特别是在完成急难险重任务中，充分利用民兵的组织优势，发挥民兵的带头作用，为当地的经济建设做贡献。

第四，坚持军民互利、走军民融合式的新发展路径。中原民兵的专业技术兵训练，培养军民两用人才，起到了很好的效果，在民兵搞好军事训练的同时，利用"民兵青年之家"努力提高民兵的文化知识水平，学习一些民用技术，使民兵能够更好地适应当地经济建设的需要，也适应改革开放新时期"大力培养既能打仗，又能搞社会主义建设事业的需要"的要求。[①]2015 年，习近平总书记首次提出把军民融合发展上升为中国国家战略。2017 年 1 月 22 日，中共中央政治局召开会议，决定设立中央军民融合发展委员会，由习近平任主任。军民融合的实质就是把国防和军队现代化建设深深融入经济社会发展体系之中，全面推进经济、科技、教育、人才等各个领域的军民融合，在更广范围、更高层次、更深程度上把国防和军队现代化建设与经济社会发展结合起来，为实现国防和军队现代化提供丰厚的资源和可持续发展的后劲。以习近平为核心的中共中央，把走中国特色军民融合式发展与实现中华民族伟大复兴紧密联系在一起。这充分说

---

① 蒋宝琪.邓小平新时期国防经济思想研究——1983 年 6 月邓小平为两用人才展览的题词[M].北京：军事科学出版社,1997:210.

明了推动中国国防建设和经济建设良性互动，确保在中国全面建成小康社会进程中实现富国和强军的统一，是实现强国梦强军梦的必由之路，对于提高中国人民解放军能打仗、打胜仗，有效维护国家主权、安全、发展利益，具有极其重要的现实意义。[①]

第五，加强社会主义条件下的民兵政治教育，在社会主义市场经济条件，还存在着以经济利益为中心，不愿当民兵，利益至上和轻视民兵工作，认为民兵无用等思想。因此，在新的历史条件下，民兵的政治教育也要适应新形势、新特点，不断改进。除利用"民兵青年之家""文化活动室"和"联合学校"，以及利用网络新媒体、报刊、广播、电视、电影等多种形式外，还应密切结合民兵执勤巡逻、参战支前、军事训练、抢险救灾等活动，做好思想政治工作，进行现场教育，既能保证各项任务的完成，又有现实说服力，从而从根本上提高民兵的思想觉悟。

民兵制度作为人民战争思想的体现，在未来的社会发展中依然有着它广阔的发展前景。

在巩固国防和保卫祖国的斗争中，民兵仍将发挥巨大的作用。中原民兵的发展历史证明，他们在重点工程的守护、执勤，以及在战争期间积极支援前线等方面，都起到了很大的作用。民兵始终是人民解放军的助手和强大的后备军。

在维护社会治安、巩固人民民主专政中，民兵始终是公安部门的有力助手，是维护国家安定的一支不可忽视的力量。在中原民兵十三年的发展历史中，在历次严打斗争中，广大中原民兵积极配合公安部门，巡逻设卡，打击各种刑事犯罪活动；同公开的、隐蔽的敌人做斗争，为保卫国家的经济建设、保卫广大人民群众的生命财产安全，都做出了不可磨灭的贡献。在未来，民兵依然是维护社会治安的一支重要力量。

坚持民兵制度是和平时期国家实行精兵政策的重要举措。我国自古以来就有"寓兵于农"的思想。在现实历史条件下，我国以经济建设为中心，不可能也完全没有必要保持一支强大的常备军，因此要压缩军队的员额，以腾出钱来发展国民经济，改善军队的武器装备，加速军队的现代化建设。但养兵和出兵是一对矛盾，如何解决"平时养兵少，战时出兵多"的问题呢？事实证明，有了民兵这样一支不脱离生产的强大的群众性武装，

---

① 于川信. 国防建设学 [M]. 北京：军事科学出版社，2015: 333.

就可以解决这对矛盾。在和平时期，实行民兵与正规军相结合，是增强国防力量的一个良好的途径。

坚持民兵制度是适应未来反侵略战争的需要。随着科学技术的发展，武器装备的更新换代日新月异，未来的反侵略战争将是一场高科技战争。未来战争的样式、进程和作战方法，都将有很大的不同。但是，对于我国来说，我国的战略方针是积极防御，无论战争情况怎样变化，保卫祖国、反对侵略这一战争性质不会改变，因此未来的反侵略战争仍然是一场人民战争。民兵是人民战争的基础，民兵在未来的反侵略战争中将有更高的战略地位。我国的传统优势是地大、人多、兵多。依靠这些优势，在抗日战争时期最终打败了日本侵略者。充分发挥这些有利条件，开展现代条件下的人民战争，就能弥补武器装备某方面的不足与落后，最终打败侵略者，夺取反侵略战争的最终胜利。

总之，无论过去、现在或者是未来，无论是在和平时期还是在战争时期，民兵始终都发挥着重要的作用。

回首中原民兵十三年的历史，中原民兵为社会主义建设做出了巨大贡献，形成了优良的革命传统，也积累了一些有益的经验。这些对于搞好今后的民兵工作都是极为有利的。然而，国际国内形势在发展变化，现代科学技术日新月异，民兵建设也必须在继承优良传统的基础上，吸取现代科学的成果，学习各种有益的经验，进行不断的改革和创新，使之日趋完善。只有这样，才能适应历史发展的趋势，适应现代化条件下人民战争的需要。相信未来的民兵工作一定会更有起色，为保卫祖国和全面建设社会主义现代化强国做出更大的贡献。

参考文献

[1] 洛阳军分区报道组.把"龙王"引上凤凰岭——记汝阳县常渠大队民兵兴修水利的事 [J]. 中原民兵 , 1973(1): 10.

[2] 本刊通讯员.干革命非认真看书学习不可 [J]. 中原民兵 , 1973(2): 5.

[3] 本刊通讯员.只有学得好 才能批得深 [J]. 中原民兵 , 1973(2): 6.

[4] 本刊通讯员.俺排办起了读书室 [J]. 中原民兵 , 1973(2): 7.

[5] 本刊通讯员.武汉部队召开民兵政治工作座谈会 [J]. 中原民兵 , 1973(3): 9.

[6] 本刊通讯员.认真培养民兵政工干部 加强民兵政治工作 [J]. 中原民兵 , 1973(3): 14.

[7] 本刊通讯员.民兵的性质不容篡改 [J]. 中原民兵 , 1973(4): 21.

[8]《中原民兵》报道组.某炮营积极帮助民兵——学习打坦克本领 [J]. 中原民兵 , 1973(4): 15.

[9] 江汉区人民武装部报道组.自制训练器材 [J]. 中原民兵 , 1973(4): 16.

[10] 本刊通讯员.总路线精神光辉照 春耕生产掀高潮 [J]. 中原民兵 , 1973(4): 10.

[11] 本刊通讯员.鼓足干劲争上游 多快好省搞建设 [J]. 中原民兵 , 1973(5): 20.

[12] 本刊通讯员.车间就是战场 [J]. 中原民兵 , 1973(5): 21.

[13]《中原民兵》联合报道组.坚持劳武结合 小型分散的训练方法 [J]. 中原民兵 , 1973(5): 12.

[14] 谷城县人民武装部报道组.军民合练打坦克 [J]. 中原民兵 , 1973(5): 15.

[15] 新野县人民武装部通讯组.受到表扬之后 [J]. 中原民兵 , 1973(5): 16.

[16] 本刊通讯员.我们是怎样帮助民兵办好政治夜校的 [J]. 中原民兵 , 1973(8): 15.

[17] 本刊通讯员.全区广大民兵热烈欢呼"十大"的胜利闭幕 [J]. 中原民兵 , 1973(9): 35.

[18] 本刊通讯员.热烈欢呼 坚决拥护 [J]. 中原民兵 , 1973(9): 39.

[19] 本刊通讯员.永远沿着毛主席革命路线胜利前进 [J]. 中原民兵 , 1973(9): 40.

[20] 动力部人民武装部.迎难而上 冲锋在前——蒸汽车间民兵大打设备翻身仗的事迹 [J]. 中原民兵 1973(10): 35.

[21] 本刊记者.农业学大寨民兵带头干——记英山县人民武装部党委组织、动员民兵学大寨的事迹 [J]. 中原民兵, 1973(10): 32.

[22] 本刊通讯员.搞好民兵高炮连的组织建设 [J]. 中原民兵, 1973(11): 18.

[23] 本刊通讯员.加强战备 为打而练 [J]. 中原民兵, 1973(11): 20.

[24] 鄂城县人民武装部报道组.为了做好反侵略战争的准备——七里界大队民兵连军事训练侧记 [J]. 中原民兵, 1973(11): 23.

[25] 大冶县人民武装部报道组.他为战备多打粮——记下乡知识青年民兵排长张建新 [J]. 中原民兵, 1973(11): 31.

[26] 本刊通讯员.不断提高认识 深入批林批孔 [J]. 中原民兵, 1974(2): 16.

[27] 本刊通讯员.运用对比的方法把批林和批孔结合起来 [J]. 中原民兵, 1974(2): 18.

[28] 本刊通讯员.紧密联系实际 深入批林批孔 [J]. 中原民兵, 1974(3): 14.

[29] 本刊通讯员.认真看书学习 深入批林批孔 [J]. 中原民兵, 1974(4): 10.

[30] 本刊通讯员.长垣县民兵批林批孔侧记 [J]. 中原民兵, 1974(4): 36.

[31] 本刊通讯员.江岸机务段民兵团组织广大民兵坚持学唱革命样板戏 [J]. 中原民兵, 1974(4): 43.

[32] 本刊通讯员.黄陂县人民武装部抓好典型推动春耕 [J]. 中原民兵, 1974(4): 12.

[33] 本刊通讯员.深入批林批孔 促进生产发展 [J]. 中原民兵, 1974(7): 24.

[34] 本刊通讯员.深入批林批孔 促进战备落实 [J]. 中原民兵, 1974(7): 20.

[35] 本刊通讯员.认真学习毛主席军事著作 [J]. 中原民兵, 1974(10): 28.

[36] 本刊通讯员.批判林彪否定群众作用的罪行 [J]. 中原民兵, 1974(10): 32.

[37] 本刊通讯员.学习毛主席的十大军事原则 划清两条军事路线的界限 [J]. 中原民兵, 1974(11): 19.

[38] 本刊记者.埠城东街大队民兵认真学习全国农业学大寨会议精神 积极投入普及大寨县运动 充分发挥战斗作用 [J]. 中原民兵, 1975(1): 15.

[39] 本刊记者.下乡知识青年民兵 在坚持乡村的道路上——女基干民兵孔凡花 [J]. 中原民兵, 1976(1): 25.

[40] 荆门县人民武装部.前进在广阔天地里——乔姆公社青年农场民兵改造荒湖滩的事迹 [J]. 中原民兵, 1976(1): 29.

[41] 本刊通讯员.开门办学硕果累累—— 回击右倾翻案风 [J]. 中原民兵, 1976(2.3): 27.

[42] 武昌区人民武装部报道组.运用今夕对比 批驳奇谈怪论 [J]. 中原民兵, 1976(2.3): 32.

[43] 本刊通讯员．在斗争中扎根　在风浪中成长 [J]. 中原民兵，1976(2.3): 38.

[44] 舞阳县张楼大队女民兵班．踏破神圣殿堂　勇当科研主人 [J]. 中原民兵，1976(2.3): 32.

[45] 郾城县五里大队民兵营理论组．批判"三项指示为纲"的修正主义纲领 [J]. 中原民兵，1976(2.3): 24.

[46] 郑州警备区报道组．坚决拥护党中央的英明决议 [J]. 中原民兵，1976(4): 19.

[47] 武汉京华彩印厂，江汉区人民武装部报道组．保卫毛主席　保卫党中央　保卫毛主席的革命路线 [J]. 中原民兵，1976(4): 21.

[48] 咸宁军分区报道组．党中央的英明决议代表了广大民兵的心愿 [J]. 中原民兵，1976(4): 22.

[49] 孝感县人民武装部报道组．学习毛泽东重要指示　坚决反击右倾翻案风 [J]. 中原民兵，1976(4): 26.

[50] 荥阳县人民武装部．"解决"即复辟 [J]. 中原民兵，1976(6): 22.

[51] 基干民兵苏学思，江武军．"台阶"辨 [J]. 中原民兵，1976(6): 23.

[52] 大冶钢厂一轧钢民兵团．英明的决策　伟大的胜利——坚决同"四人帮"反党集团斗争到底 [J]. 中原民兵，1976(11): 23.

[53] 本刊通讯员．列罪状　剥画皮　深揭狠批"四人帮" [J]. 中原民兵，1976(12): 39.

[54] 许昌市人民武装部大批判组．坚持党在民兵建设上的阶级路线 [J]. 中原民兵，1977(1): 40.

[55] 信阳市前进公社红光大队民兵营．对"四人帮"破坏民兵建设罪行的认识 [J]. 中原民兵，1977(1): 16.

[56] 郑州市警备区大批判组．民兵武装绝对不能用来处理人民内部矛盾 [J]. 中原民兵，1977(2): 17.

[57] 本刊通讯员．银针草药寄深情——横坝大队民兵连卫生员徐宋本勤俭办医的事迹 [J]. 中原民兵 [J].1977(6): 20.

[58] 本刊记者．政治挂帅　思想领先——英山县张咀水库工程指挥站党委加强民兵政治思想的工作 [J]. 中原民兵，1978(1): 6.

[59] 本刊记者．用兵练兵的广阔战场——鄂城民兵成建制地战斗在凡口电排工地上 [J]. 中原民兵，1978(1): 21.

[60] 邓斧，宋兵．劳武巧安排　建设练兵两不误 [J]. 中原民兵，1978(2): 20.

[61] 内黄县、社人民武装部报道组．盐碱洼里稻谷香 [J]. 中原民兵，1978(2): 22.

[62] 泌阳县人民武装部通讯组．白云山上架银桥 [J]. 中原民兵，1978(2): 23.

[63] 李远志．喜事新办——拒婚礼 [J]. 中原民兵，1978(2): 26.

[64] 郸城县公路段民兵连工兵连.平战结合 苦练战时过硬本领 [J]. 中原民兵，1978(4): 21.

[65] 张文虎，刘天竞等报道.结合生产特点 开展军事训练 [J]. 中原民兵，1978(5): 5.

[66] 本刊通讯员.基干民兵刘春政在激流中救出两人 [J]. 中原民兵，1978(5): 13.

[67] 郭福泉.艰苦创业十二年——记虞城县赵庄大队"铁姑娘班" [J]. 中原民兵，1978(9): 9.

[68] 上蔡县人民武装部政委卢春海.我对领导机关干部下来检查工作的一些看法 [J]. 中原民兵，1979(2): 13.

[69] 本刊记者.学会两套本领 适应伟大转变 [J]. 中原民兵，1979(2): 4.

[70] 姜宏馍.适应重点转移 加强民兵建设 [J]. 中原民兵，1979(3): 8.

[71] 王洪山，贺保彤.组织建设要适应生产 [J]. 中原民兵，1979(3): 10.

[72] 本刊通讯员.向雷锋同志学习 锦旗的来历 [J]. 中原民兵，1979(3): 23–24.

[73] 本刊记者.学英雄 见行动——继承烈士遗志 抗旱抢插夺丰收 [J]. 中原民兵，1979(5): 10.

[74] 本刊记者.英雄催春花盛开——对越自卫反击战对民兵建设的影响 [J]. 中原民兵，1979(5): 5.

[75] 本刊记者.热气腾腾 硕果累累——河南四百万民兵投入农田水利基本建设战斗 [J]. 中原民兵，1979(5): 27.

[76] 魏昌军.学习英雄精神 争为四化出力 [J]. 中原民兵，1979(7): 3.

[77] 周泽炳.做好军训中的思想政治工作 [J]. 中原民兵，1979(7): 13.

[78] 蔡明国.英雄的妹妹学英雄 [J]. 中原民兵，1979(7): 16.

[79] 廖殊础.一厘钱精神放光彩——沔阳县食品公司民兵连开展增产节约的事迹 [J]. 中原民兵，1979(8): 8.

[80] 陆寿成，郑超.废矿灯又亮了 [J]. 中原民兵，1979(8): 10.

[81] 本刊记者.端正民兵思想 带头执行政策 [J]. 中原民兵，1979(10): 16–17.

[82] 吴金喜.女猪倌任友珍 [J]. 中原民兵，1979(12): 16.

[83] 宿文礼等.女货郎李惠敏 [J]. 中原民兵，1979(12): 17.

[84] 保亮等.兔医生程远华 [J]. 中原民兵，1979(12): 19.

[85] 代玉发等.新渔民李启红 [J]. 中原民兵，1979(12): 20.

[86] 李洪林等.灶台"状元"汪立洪 [J]. 中原民兵，1979(12): 22.

[87] 襄阳地区师范学校民兵营.围绕教学重点 办好民兵促教学 [J]. 中原民兵，1980(2): 2.

[88] 李道畅，谢文礼.农村经济体制改革后——淮阳县委采取措施对参训民兵实行帮工 [J].中原民兵，1980(2).

[89] 毛积德.大有作为的粪姑娘 [J].中原民兵，1980(3): 10.

[90] 易恒群等.蚕花姑娘贡献大 [J].中原民兵，1980(3): 14.

[91] 董光运等.质量标兵冷启芬 [J].中原民兵，1980(3): 11.

[92] 李寿春，刘国权，杨元忠.民兵参加训练等活动 影响民兵个人收入怎么办？——信阳郊区五星公社的做法 [J].中原民兵，1980(9): 11.

[93] 赵荣强等.科研中的尖兵 [J].中原民兵，1980(11): 16.

[94] 来有功.攻关 [J].中原民兵，1980(11): 18.

[95] 邱国新，郭尔圣.民兵去训练 干部来顶班 [J].中原民兵，1980(12): 15.

[96] 梁效益，刘培原.深入调查解疑虑 [J].中原民兵，1980(12): 5..

[97] 本刊记者.改革训练效果好 [J].中原民兵，1981(2): 17.

[98] 钟守智等.在调整中前进 猛攻质量关 产品得畅销 [J].中原民兵，1981(2): 18.

[99] 秀学，全理等.一项改革救活一个厂 [J].中原民兵，1981(5): 19.

[100] 叶传射.加强对铁路执勤工作的管理 [J].中原民兵，1981(5): 3–4.

[101] 晏庭荣.调整民兵组织有利于加强对民兵工作的领导 [J].中原民兵，1981(8): 25.

[102] 本刊记者.在调整中前进 [J].中原民兵，1981(8): 23.

[103] 荣德庆.调整民兵组织有利于提高兵员质量 [J].中原民兵，1981(8): 20.

[104] 赵荣强.把握民兵的思想脉搏 做好调整中的政治工作 [J].中原民兵，1981(9): 11.

[105] 赵荣强.襄阳地区人武干部和民兵抗旱救灾纪实 [J].中原民兵，1981(10): 20.

[106] 本刊记者.备训忙 [J].中原民兵，1981(11): 14.

[107] 河南省群工处.唐河县人民武装部认真进行补课——巩固民兵组织调整成果 [J].中原民兵，1982(2): 13.

[108] 吴伟华.喜事新风 孝感县三民兵移风易俗的故事 [J].中原民兵，1982(2): 18–19.

[109] 本刊通讯员.武汉、郑州广大民兵治理"脏、乱、差"积极做贡献 [J].中原民兵，1982(4): 6.

[110] 张永安等.抢险救灾打头阵 恢复生产当尖兵——襄阳军分区机关、部队和民兵为战胜水灾做出贡献 [J].中原民兵，1982(9): 15.

[111] 胡修学等.在信阳地区抗洪抢险中——各级人民武装部门和广大民兵再立新功 [J].中原民兵 1982(9): 16.

[112] 赵丙元.为实现三个根本好转贡献力量——发挥民兵带头作用 [J].中原民兵,1983(2): 16.

[113] 本刊记者.湖北省加快训练基地建设步伐 [J].中原民兵,1983(2): 13.

[114] 邱国新、唐诗珍.大悟的专职人民武装干部不愁"嫁" 原因：县人民武装部注重培养专职人民武装干部既会做民办工作，又会做中心工作的两用人才 [J].中原民兵,1983(4): 12.

[115] 胡月贤，程怀德.心灵美 体贴病妻传佳话 [J].中原民兵,1983(4): 36.

[116] 龚守鹏.成立"为您服务"小组 [J].中原民兵,1983(4): 23.

[117] 李鹏安，张跃中.义务修车制度化 [J].中原民兵,1983(4): 20.

[118] 赵荣强，赵国安.文明之家——访宜城县朱市公社杨河大队"民兵青年之家" [J].中原民兵,1983(4): 4–7.

[119] 魏喜信，王金亭.油田卫士 [J].中原民兵,1983(4): 16.

[120] 朱景忠等.建设"文明村"的好形势——新蔡县铁台大队建立"联户小组" [J].中原民兵,1983(5): 2.

[121] 本刊记者.顺应改革 全局皆活——郑州市 113 个厂矿企业单位把民兵工作纳入企业管理 [J].中原民兵,1983(6): 14.

[122] 本刊记者."土博士"当上全国人大代表 [J].中原民兵,1983(6): 21.

[123] 焦作市人民武装部.认真抓好民兵的四项建设 [J].中原民兵,1983(7): 10.

[124] 蒋启联等.一兵带全家 一排带全村——罗汉公社人民武装部发动民兵带头建设文明新村 [J].中原民兵,1983(8): 6.

[125] 本刊通讯员.洪波过后志不衰 大地任凭我安排 [J].中原民兵,1983(9): 13.

[126] 本刊通讯员.武汉军分区积极组织现役干部和民兵——参加市容整顿 维护社会治安 [J].中原民兵,1984(4): 5.

[127] 本刊通讯员.建立民兵经济基地 减轻群众负担 [J].中原民兵,1984(7): 28.

[128] 张群.山沟里的商品村 [J].中原民兵,1984(8): 9.

[129] 本刊通讯员.围绕发展商品生产 开展"两带活动"——新洲县三级人民武装部组织民兵开展勤劳致富有方竞赛活动 [J].中原民兵,1984(8): 8.

[130] 徐叔清.一兵带动全村富 [J].中原民兵,1984(9): 23.

[131] 张中华.河南省民兵在发展商品生产中大显身手 [J].中原民兵,1984(10): 8.

[132] 朱开汉.湖北省民兵在保卫和建设社会主义中成绩显著 [J].中原民兵,1984(10): 9.

[133] 袁水才.新乡地区建立民兵专业技术训练中心 [J]. 中原民兵，1984(10): 6.

[134] 本刊通讯员.为明珠添光彩——沙市民兵带头参加文明城市建设 [J]. 中原民兵，1985(1): 6–7.

[135] 中原民兵通讯员.安阳军分区组织民兵带头参加城市经济体制改革 [J]. 中原民兵，1985(2): 16.

[136] 中原民兵记者.邙山脚下科技花 [J]. 中原民兵，1985(2): 5.

[137] 中原民兵通讯员.民兵承包油厂增产增收富民强兵 [J]. 中原民兵，1985(7): 4.

[138] 中原民兵通讯员.白云民兵办金矿五年不筹训练款 [J]. 中原民兵，1985(7): 4.

[139] 中原民兵记者.填补国内空白的人——记天门空压机厂民兵科研组的事迹 [J]. 中原民兵，1985(8): 19.

[140] 王登高.既当军事参谋，又当经济参谋，来凤县各级人民武装部门动员组织民兵为振兴来凤经济作出贡献 [J]. 中原民兵，1985(9): 8.

[141] 熊颜.开展智力“两带”活动组织民兵科学致富 宜昌分区三千余名民兵成为科技骨干 [J]. 中原民兵，1985(9): 14.

[142] 湖北省地方志编纂委员会.湖北省志（军事志）[M]. 武汉：湖北人民出版社，1996.

[143] 湖北省地方志编纂委员会.湖北省志（经济综述）[M].武汉：湖北人民出版社，1991.

[144] 河南省地方史志编纂委员会.河南省志（第二十二卷 军事志）[M]. 郑州：河南人民出版社，1995.

[145] 河南年鉴编辑部.河南年鉴 [J]. 郑州：河南年鉴编辑部，1985: 12.

[146] 郑州市地方史志编纂委员会.郑州市志（第2分册 军事卷）[M]. 郑州：中州古籍出版社，1998.

[147] 武汉市汉南区地方志编纂委员会.汉南区志 [M]. 武汉：武汉出版社，2006.

[148] 武汉市地方志编纂委员会.武汉市志（军事志）[M]. 武汉：武汉大学出版社，1992.

[149] 武汉市青山区地方志编纂委员会.青山区志 [M]. 武汉：武汉出版社，2006.

[150] 湖北省远安县地方志编纂委员会.远安县志 [M]. 北京：中国城市经济社会出版社，1990.

[151] 中国共产党第十二届中央委员会第三次全体会议.中共中央关于经济体制改革的决定 [M]. 北京：人民出版社，1984.

[152] 胡耀邦.十二大报告 [M]. 北京：人民出版社，1982.

[153] 江泽民.十五大报告 [M]. 北京：人民出版社，1997.

[154] 胡锦涛.十七大报告 [M].北京：人民出版社,2007.

[155] 党的十九大报告辅导读本 [M].北京：人民出版社,2017.

[156] 全国人民代表大会.中华人民共和国兵役法 [M].北京：解放军出版社,1984.

[157] 全国人民代表大会常务委员会.中华人民共和国兵役法 [M].北京：中国法制出版社,1999.

[158] 韩怀智.当代中国民兵 [M].北京：中国社会科学出版社,1989.

[159] 当代河南历史丛书编委会.当代河南民兵 [M].北京：当代中国出版社,1996.

[160] 《当代中国》民兵分卷河南省军区编写办公室.光辉的历程 巨大的成就——当代河南民兵资料汇编,[G].郑州：河南省军区编写办公室,1984.

[161] 湖北省军区.湖北民兵史话 [M].武汉：湖北人民出版社,1989.

[162] 解放军武汉军分区.武汉民兵简史 [M].武汉：武汉出版社,1988.

[163] 徐炳龙.历代民兵考略 [M].武汉：武昌椿华楼,1934.

[164] 富勒.西洋世界军事史 [M].钮先钟,译.桂林：广西师范大学出版社,2004.

[165] 升和,鲁岩.民兵常识 [M].哈尔滨：黑龙江人民出版社,1985.

[166] 成都军区政治部群联部,四川省军区教导大队.民兵政治工作概述[M].成都：四川省社会科学院出版社,1985.

[167] 吴于廑,齐世荣.世界史 [M].北京：高等教育出版社,1994.

[168] 郑毅,李冬梅,李梦.共和国要事珍闻（中卷）[M].长春：吉林文史出版社,2000.

[169] 高皋,严家其."文化大革命"十年史 [M].天津：天津人民出版社,1986.

[170] 程中原,夏杏珍.历史转折的前奏：邓小平在一九七五 [M].北京：中国青年出版社,2004.

[171] 郑文翰.毛泽东思想研究大系（军事卷）[M].上海：上海人民出版社,1993.

[172] 邓小平.邓小平文选（第3卷）[M].北京：人民出版社,1993.

[173] 聂荣臻.聂荣臻军事文选 [M].北京：解放军出版社,1992.

[174] 王建国.最新国防动员工作实务手册 [M].北京：中国知识出版社,2004.

[175] 吴景亭.战争动员 [M].北京：解放军出版社,1987.

[176] 蒋宝琪.邓小平新时期国防经济思想研究 [M].北京：军事科学出版社,1997.

[177] 邓小平.邓小平论国防和军队建设 [M].北京：军事科学出版社,1992.

[178] 有林，郑新立，王瑞璞 . 中华人民共和国国史通鉴 [M]. 北京：红旗出版社，1993.

[179] 胡娟娟 . 我国大办民兵师时期（1958—1985）的民兵建设探析 [D]. 长沙：中南大学，2010.

[180] 范科琪 . 建国后上海城市民兵运动研究（1958—1966年)[D]. 上海：复旦大学，2009.

[181] 于成龙 . 抗战时期晋绥根据地民兵组织研究 [D]. 临汾：山西师范大学，2013.

[182] 唐鹏 . 北美殖民时期的新英格兰民兵制度 [D]. 长沙：湖南师范大学，2009.

[183] 徐家荣 . 从民兵到正规军——美国军队职业化体制的建立 [D]. 济南：山东师范大学，2007.

[184] 赵宝中 . 人力资源计分卡在民兵组织建设中作用 [D]. 天津：天津大学，2004.

[185] 喻军 . 春运：返乡的民兵知多少？——春运对加强流动兵员组织建设的启示与对策 [J]. 中国民兵，2007(2): 28–29.

[186] 谷钢 . 民营企业民兵工作初探 [J]. 国防，2007(6): 55–56.

[187] 杨文龙 . 下足工夫 成效自见——对非公企业民兵政治教育的探索与思考 [J]. 中国民兵，2007(3): 36–37.

[188] 邱启建 . 从当前农村民兵建设存在的问题、成因及对策 [J]. 国防，2007(10): 48–49.

[189] 郑治栋 . 积极组织民兵预备役部队参加和支援新农村建设 [J]. 国防，2007(3): 30–34.

[190] 蔡斌 . 浅谈民兵预备役人员如何在构建和谐社会中求作为 [J]. 国防，2008(3): 70–71.

[191] 炎林彭，曾政雄 . 冰雪考验后备军——湖南省军区民兵预备役部队抗击雪灾闻思录 [J]. 中国民兵，2008(3): 8–10.

[192] 高山 . 以科学发展观指导民兵预备役建设 [J]. 华北民兵，2007(7): 38.

[193] 朱延军，赵长印，容宪辉 . 着眼边防实际，加强民兵党支部建设 [J]. 军队党的生活，2008(4): 57.

[194] 朱正怀 . 对调整加强民兵组织建设的若干认识 [J]. 国防，2007(4): 40.